参透MACD指标

短线操盘、盘口分析与A股买卖点实战

第2版

杨金◎著

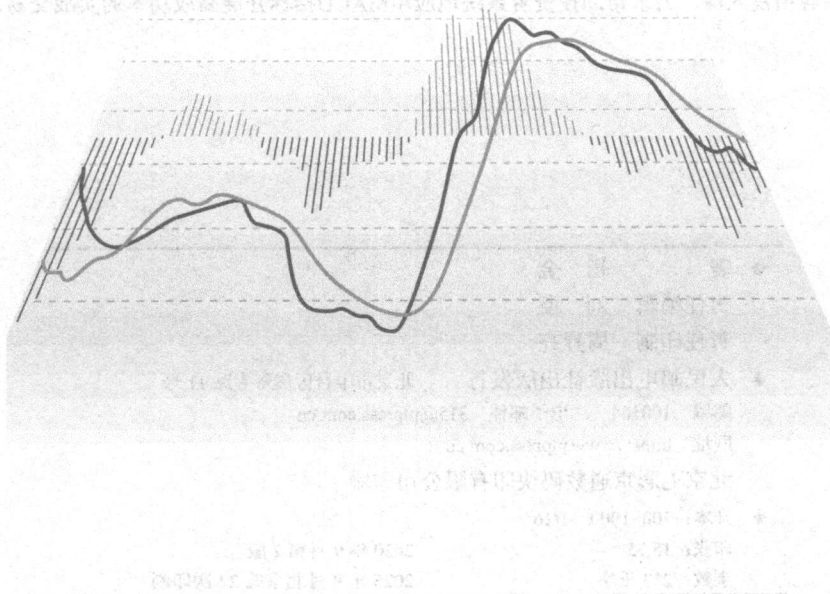

人民邮电出版社

北京

图书在版编目（CIP）数据

参透MACD指标：短线操盘、盘口分析与A股买卖点实战 / 杨金著. -- 2版. -- 北京：人民邮电出版社，2020.9
ISBN 978-7-115-53803-1

Ⅰ. ①参… Ⅱ. ①杨… Ⅲ. ①股票投资—基本知识
Ⅳ. ①F830.91

中国版本图书馆CIP数据核字(2020)第064897号

内 容 提 要

本书以MACD指标的用法为核心，既讲解了MACD指标的基础内容，又全面细致地分析了MACD指标的实战用法，并结合量价、均线、KDJ指标讲解了技术分析的综合运用之道。

本书共10章。第1章讲解了股市波动原理，介绍了从软件中调用MACD指标的方法、股市的基础理论和波段交易策略等内容；第2~6章为全书核心部分，是对MACD指标的各种实战用法的全面讲解，包括基本原理与架构、研判核心、波段买卖技术、柱线交易技术等内容，以大量的实例表现了具体的指标形态；第7~10章则为综合性内容，介绍了MACD指标的进阶运用方法及一些能够帮助投资者捕捉牛股的指标形态，还讲解了打造MACD交易系统的相关内容。

本书内容由浅入深，力求帮助投资者系统地应用MACD指标开展高成功率的实战交易。

◆ 著　　　　杨　金
　　责任编辑　刘　姿
　　责任印制　周昇亮

◆ 人民邮电出版社出版发行　　北京市丰台区成寿寺路 11 号
　　邮编　100164　　电子邮件　315@ptpress.com.cn
　　网址　https://www.ptpress.com.cn
　　北京七彩京通数码快印有限公司印刷

◆ 开本：700×1000　1/16
　　印张：15.75　　　　　　　　　　2020 年 9 月第 2 版
　　字数：233 千字　　　　　　　　2025 年 9 月北京第 22 次印刷

定价：59.80 元

读者服务热线：(010)81055296　印装质量热线：(010)81055316
反盗版热线：(010)81055315

MACD 指标：把握波段高低点

　　股市是一个对消息高度敏感的市场，市场"情绪"转变速度快。短线交易盘的瞬息变化，往往会造成价格的大幅度波动。

　　对于投资者来说，股市的大幅度波动所导致的结果就是财富的转移：低位买进的投资者在高位抛出，他们获得了利润；高位接盘者则会因随后的下跌而亏损。市场充满了分歧，对于高位、低位的不同判断最终体现在多空力量对比上：判断正确的投资者可以领先市场一步；判断错误者，则将受到市场的惩罚。

　　从长期走势来看，反映股市变动的指数并没有出现稳步增长，反而是徘徊不前；但如果从中线波段来看，指数却大起大落。结合股市运行的这种特点，投资者最好的操作模式就是波段出击，追随市场热点的转换并结合个股的市场表现，在一次次的波段交易中让利润滚动增长。

　　波段交易既要遵循趋势运行规律、合理运用波段波动形态等技术分析方法，也要注重市场风格的转换及热点题材的呈现，MACD指标就是众多技术分析工具中比较好的一种。

　　MACD 指标既继承了移动平均线 MA(Moving Avevage 简称为均线) 能呈现趋势的特性，也具备指示短线高低点的功能。MACD 指标的运行形态、柱线伸缩、与零轴的位置关系等，均可作为波段交易的研判依据，且不失准确性。但是，对于技术分析来说，单独运用某种方法难免有所局限，它往往只能让我们看到市场的部分交易情况，而综合应用多种技术分析方法，才能更全面、更准确地揭示市场运行规律、把握多空力量的转换。

对于 MACD 指标来说，情况也是如此。单独使用 MACD 指标虽然也可以分析市场情况、预测价格走势，但是，若能结合其他分析方法，例如 K 线、量价、均线、KDJ 指标等，成功率会更高。本书正是以此为目标，在详细讲解 MACD 指标用法的基础上，结合多种技术分析方法，来构筑一个基于 MACD 指标的中短线交易系统，从而帮助读者在交易实战中提高成功率。

第1章　透视股市波动原理　/1

第 2 章　**MACD 指标基本原理与架构**　/ 36

第 3 章 **MACD 指标研判核心 / 58**

第 5 章　MACD 波段卖出技术　/ 107

第 6 章　MACD 柱线交易技术　/ 128

第 7 章 **"MACD+ 量价"实战分析 / 152**

第 8 章　"MACD+ 均线 /KDJ"实战分析 / 182

第 9 章　结合 MACD 指标捕捉牛股 / 206

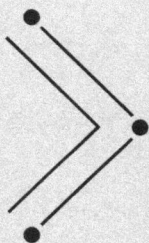

第 1 章

透视股市波动原理

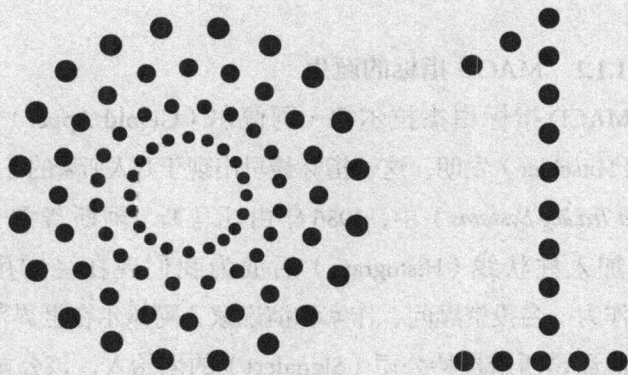

波动，是股市价格运行的核心特征。无论是整体的运行趋势还是小范围的震荡，无论是走势具有一定独立性的个股还是代表着市场整体的大盘指数，查看股价走势图，我们可以发现，它们都是以"波动"的方式上升或下降。

MACD 指标就是一种波浪式的波动形态，在形态上它与股价的波动特征相吻合。在本章中，我们将在了解 MACD 指标的波浪式形态特征的基础上，以经典的技术理论为出发点，在学习 MACD 指标的原理、使用方法、实战指南前，构建一个必备的技术理论系统。

1.1　MACD 指标的波浪特征

平滑异同移动平均线（Moving Average Convergence/Divergence），简称 MACD 指标，是股票交易中最经典、最常用的技术指标之一，也是一种极为实用的长短兼顾型实战指标。它由移动平均线发展而来，既保留了移动平均线可呈现趋势的这一特性，又具备在震荡市场中指导短线操作的功能。

1.1.1　MACD 指标的诞生

MACD 指标由杰拉尔德·阿佩尔（Gerald Appel）及弗雷德·希契勒（Fred Hitschler）发明，这一指标最早出现于两人所著的《股市交易系统》（*Stock Market Trading Systems*）中，1986 年由托马斯·阿斯普雷（Thomas Aspray）在其中加入柱状线（Histogram）后成为我们现在经常用到的 MACD 指标。

作为一名投资顾问、作家和演说家，阿佩尔在世界范围内享有很高的声誉，他还是西诺拉特公司（Signalert）的创始人，该公司是一家管理着数亿美元客户资产的投资咨询公司。

基于对投资市场的理解和对经验的总结，阿佩尔较为系统地对投资市场进行了研究，著有 10 多本投资理财类图书，如《机会投资》（*Opportunity Investing*）、《懒人赚大钱：每三个月操作一次的简单投资方法》（*Beating the Market, 3 Months at a Time*）、《阿佩尔均线操盘术：活跃投资者的超级工具》

（ *Technical Analysis: Power Tools for Active Investors* ）等，其中，《阿佩尔均线操盘术：活跃投资者的超级工具》被美国股票交易权威传媒"股票交易者"（ Stock Trader ）评为当年最佳图书之一。

阿佩尔有着自己独到的投资理念和较为完善的风险管理措施，他的交易方法获得了很多投资者的认可。阿佩尔的投资理念主要体现在他所概括的成功投资者应该具备的4个要素上。

（1）自律观念，要始终遵守自己的交易体系。

（2）限制损失，以事先计划的方式限制损失。

（3）交易体系，计划你的交易，交易你的计划。

（4）控制情绪，任何时候都要控制情绪以避免错误。

其中的（1）（2）（4）这3点很好理解，我们主要来看看第（3）点——交易体系。

交易体系，简单来说，就是指导投资者开展交易的一套程序、规则。不同的投资者往往会基于不同的侧重点来建立交易体系。例如，一些投资者以量价为基础建立交易体系，一些投资者以MACD指标为基础来建立交易体系，也有一些投资者综合多种盘面信息来建立交易体系。

交易体系与投资者的知识架构有关，既涉及技术面的分析方法，也涉及买卖策略。对于自律的投资者来说，建立一个有计划的、有组织的交易体系很重要。一个有计划的、有组织的交易体系有助于帮助投资者养成良好的交易习惯，并可以避免盲目交易带来的风险和不可控危机。

能否认真、有效地把交易体系运用到每笔交易中，是决定交易成败的关键所在。但是，投资者在实际运用时，往往凭直觉进行交易，并且常常感情用事，使得交易体系的作用无法正常发挥。最为常见的一种情况是，大部分投资者经常对股票市场抱有自己的期望，也会因此改变自己原有的交易体系。这样，即便交易体系显示可以买进时，投资者也会因其他理由而断定市场不会有变化，于是最终依据自己的决定而不是交易体系行动。

每个投资者构建的交易体系都不可能是完备的，任何体系都会有暂时运行得不理想的时期，投资者在一笔交易不成功时就立即决定要放弃这一体系的做法是不明智的。正确的做法是从失败中汲取教训、总结经验，从而完善自己的交易体系。例如，有些投资者正在积极使用 MACD 指标且效果不错，但 MACD 指标也不能保证每次交易都获利，若仅仅因为某次交易出现了亏损，投资者就否定了这一指标，从而转换目标、寻找其他交易体系，这显然不是明智的做法。只要这一交易体系能让交易成功率有较大的提高，它就是值得肯定的，投资者应该做的就是资金调度、策略制订和风险管理。

在应用交易体系时，投资者看似在使用它，但实际上并不一定时时严格执行。应用交易体系的关键点在于把情绪排除在外。投资者应多在盘后做研究，避免在盘中进行情绪化交易。

阿佩尔的交易体系和自律行为为他带来了成功，他对成功交易的 4 点建议对于广大投资者来说有着很好的借鉴意义。本书所讲解的 MACD 指标也正是阿佩尔交易体系中的重要内容之一。

1.1.2 主图与副图指标

股票行情软件的窗口分为主图窗口与副图窗口。当走势图切换到 K 线图界面时，主图窗口为 K 线图窗口，下面的成交量等窗口则为副图窗口；当走势图切换到分时图界面时，主图窗口为分时线运行的窗口，下方展示的分时量、量比曲线等窗口为副图窗口。在一个界面下，只有一个主图窗口，但可以有多个副图窗口。

当技术指标与 K 线图共用一个坐标系时，这类指标被称为主图指标，例如移动平均线 MA、瀑布线 PBX、布林线 BOLL 等均是主图指标。

大多数技术指标都是以一个窗口的形式出现在主图下方，这些指标被称为副图指标，如平滑异同移动平均线 MACD 指标、随机指标 KDJ 指标、动量指标 MTM 指标等均是副图指标。

图 1-1 为股票行情软件窗口布局示意图。这是日 K 线走势图的界面，有一个主图窗口和两个副图窗口，副图窗口数量可以自行设定。在主图窗口中叠加了移动平均线，这是一个主图指标；下面的两个副图指标分别为成交量

VOL、平滑异同移动平均线 MACD。

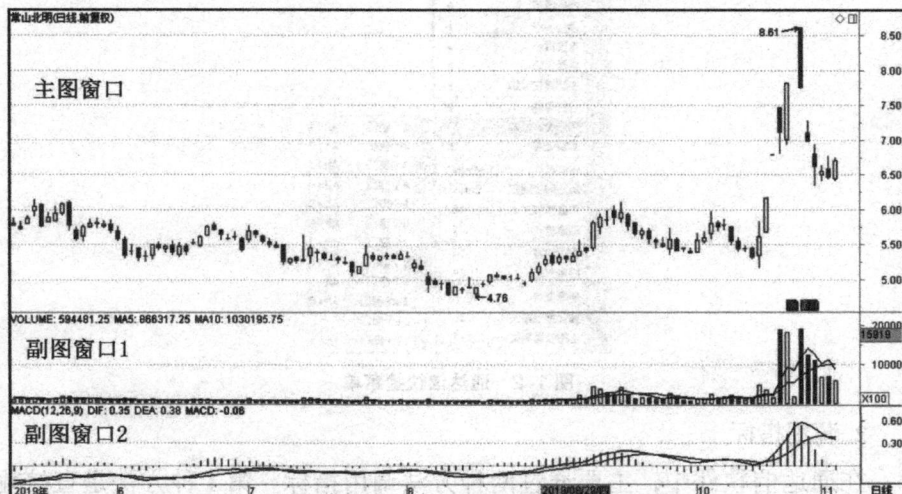

图 1-1 股票行情软件窗口布局示意图

1.1.3 从软件中调用指标

常用的股票行情软件有通达信、同花顺等，虽然它们的功能模块有所不同，但行情的显示结果大同小异。学习技术指标，首先需要懂得如何从股票行情软件中调用相关指标。

我们先来看看在通达信软件中调用指标的方法。

1.设定副图窗口数量

在日K线图界面的主图窗口空白处，右击可以调出快捷菜单，如图1-2所示。通过其中的"指标窗口个数""×个窗口"就可以设定副图窗口的数量，其中，"3个窗口"代表1个主图与2个副图，"4个窗口"代表1个主图与3个副图，依此类推。一般来说，副图窗口必配1个成交量窗口，如果再增加1个 MACD 副图指标，则可设定为"3个窗口"。

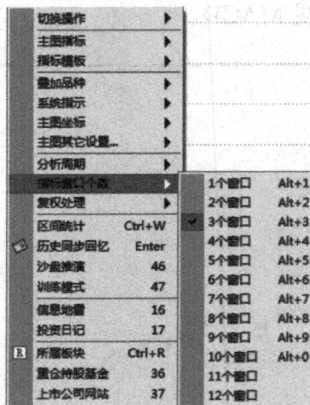

图 1-2　通达信快捷菜单

2. 调用指标

在通达信软件中，主要通过两种方法调用指标。第 1 种方法是直接输入指标的英文简称，例如，打开日 K 线走势界面后，先选中相应的副图窗口，选中副图窗口左侧的矩形框，随后在键盘上输入 MACD 指标的英文简称"MACD"，此时可以调出一个与之相对应的键盘精灵窗口，如图 1-3 所示。用上、下方向键在这一窗口中选中对应条目，按回车（Enter）键就可以调用 MACD 指标了。

图 1-3　键盘精灵窗口

有一些指标我们无法确定它的英文简称，这时可以通过选择的方式来调用它。首先在主图窗口的任意位置右击，在快捷菜单中先选择"系统指示"，再选择"专家系统指示"，如图 1-4 所示。弹出的列表中列出了通达信软件提供的全部指标，找到我们所需的指标并选中它，随后单击"确定"即可。

同花顺软件的指标调用方法也是类似的。先选中相应的主图或副图窗口，再通过右击调出快捷菜单，如图 1-5 所示。"叠加指标"主要用于在主图窗口中叠加主图指标，"常用线型与指标"主要用于调用相应的副图指标，"多指标组合"主要用于设定副图窗口的数量。

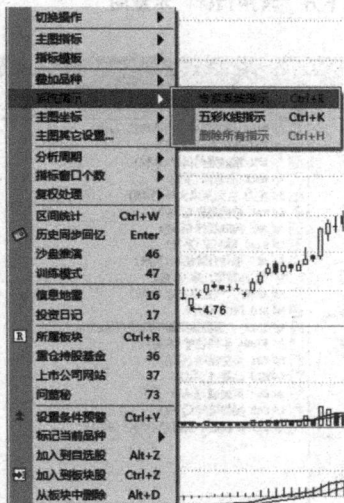

图 1-4 通达信"系统指示"项　　　　图 1-5 同花顺快捷菜单

还应注意的是，同花顺软件中的个别指标的快捷键与通达信有所不同。例如，同花顺中的移动平均线的快捷键不是"MA"，同花顺软件在主图窗口中叠加均线指标时，主要通过图 1-5 中所示的"常用线型与指标"选项来调用。

在同花顺软件中，在至少是"三图组合"的情况下，可以看到副图窗口的左下角有一个"设置"按钮，它可以设定常用的各个副图指标。在选中相关的副图区域后，单击最下方一行的相应指标，就可以实现副图指标的快速切换。

单击图 1-6 所示的"设置"后，打开图 1-7 所示的窗口，可以将左侧指标系统中的某些指标加入常用指标中，也可以删除一些常用指标。

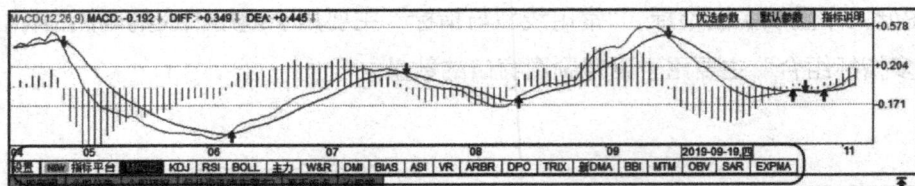

图 1-6　同花顺 MACD 副图窗口下方"常用指标"示意图

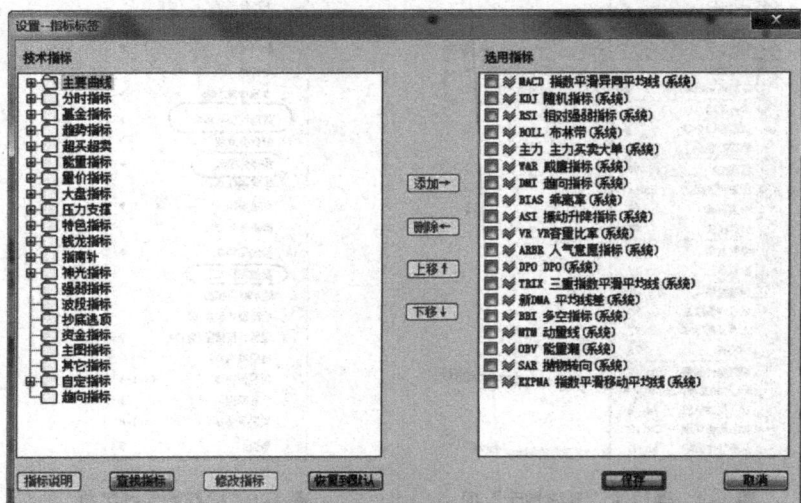

图 1-7　设置—指标标签示意图

1.1.4　峰与谷的波浪特征

股价的合理波动是股市运行的基础，也是 MACD 指标的基本特征之一，在 MACD 指标窗口中，随着股价走势的波动，我们可以看到指标在上下波动的过程中会形成相应的"峰"与"谷"。

在图 1-8 所示的 MACD 指标的"峰"与"谷"示意图中，指标窗口有两条指标线，一条为 DIFF 线，另一条 DIFF 线的移动平均曲线——DEA 线。DEA 线是对 DIFF 线进行平滑处理后的结果。DIFF 值是收盘价短期、长期指数平滑移动平均线间的差值，DIFF 线是将每个交易日的指标值进行连接所得，它呈现为峰谷交替的形态。图 1-8 中标示了 DIFF 线的峰与谷。在具体学习 MACD 指标原理前，我们可以先简单了解 DIFF 线的峰与谷。

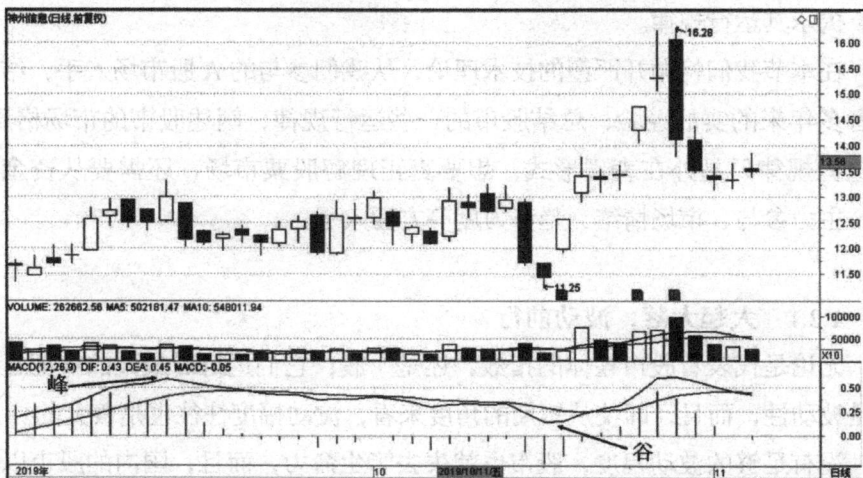

图1-8 MACD指标的"峰"与"谷"示意图

"峰"出现在多方力量转弱、空方力量转强时，表明此前为多方力量占优，股价多处于上涨状态。峰的形态越鲜明、所处的位置越高，表明多空力量对比格局转变的概率越大，个股走势出现转折的可能性越大。

"谷"的含义正好相反，它出现在空方力量转弱、多方力量转强时，表明此前为空方力量占优，股价多处于下跌状态。谷的形态越鲜明、所处的位置越低，表明多空力量对比格局转变的概率越大，个股走势出现转折的可能性越大。

除了"峰"与"谷"的基本特征之外，还有"零轴"对指标窗口的分割，两条指标线的交叉关系、位置关系，柱线的变化以及MACD与移动均线、KDJ等指标互补运用等方法，这些内容既补充了MACD指标的用法，也有利于提高实战交易的成功率。在随后的章节中，我们将由浅入深地对这些内容进行逐一讲解。

1.2 牛熊交替的运行格局

我们应以宏观的角度、概览的方式来了解股票市场，不能局限于品种的选择，也不能局限于时间尺度，这样才可能更为清晰、准确地描述股票市场，揭示其运行规律。

在本节我们将抛开严谨的技术理论，从我们参与的 A 股市场入手，结合笔者多年来的实战经验，总结股市的一些运行规律，阐述股市的市场格局。但这些规律只是外在表现形式，想要真正理解股票市场，还需要从资金推动、主力参与、市场情绪、趋势力度等方面入手。

1.2.1 大起大落，波动前行

无论是代表着股市整体的指数，还是个股，它们运行时最大的特征之一就是波动性，而且，即使从短期的角度来看，波动幅度往往也是极大的。

没有足够的波动幅度，股市也就失去了生命力，而且，国内的股市以散户群体为主，这无疑又进一步加剧了股市的波动性。

图 1-9 为上证指数 2018 年 12 月至 2019 年 10 月走势图，图中用折线简化了上证指数的波动，可以让我们更清晰地看出其在运行中的波动特征。在这段时间里，出现了几个较大幅度的波动，如果投资者不了解市场的这种波动特征，而采取长期持股的策略，则很难实现利润增长。

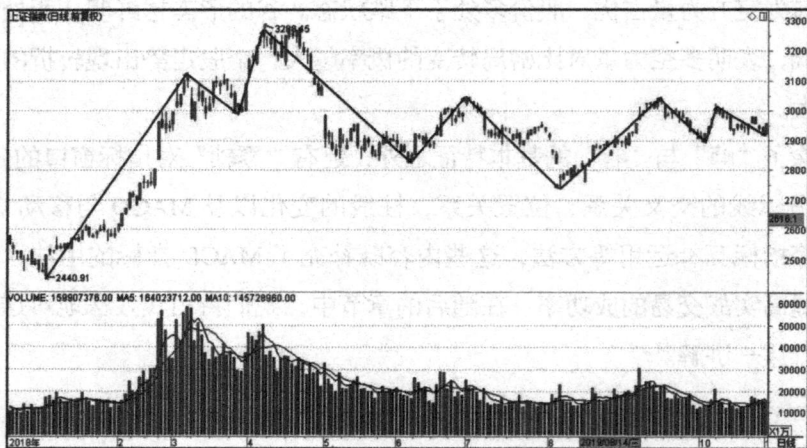

图 1-9　上证指数 2018 年 12 月至 2019 年 10 月走势图

股市正是在这种大幅度波动中不断前行并实现财富的不断转移。可以说，能够更好把握股市波动节奏的投资者可以从中获利、跑赢市场，而无视股市波动、不懂"高抛低吸"原则的投资者多会出现亏损，甚至是较大幅度的亏损。

1.2.2 二八分化，市场风格

"二八分化，市场风格"是指数量较少的大盘权重股（代表着"二"）与数量众多的中小盘股（代表着"八"）分属两个阵营，在场外增量资金入场力度不足、股市处于震荡中时，这两个阵营的股票在走势上往往有着明显的不同。例如，当大盘权重股"翩翩起舞"时，中小盘股往往"蛰伏不动"；当中小盘个股特别是题材股较为活跃时，大盘权重股则难有突出的表现。

大盘权重股对于指数的影响是极大的。大盘类股票与中小盘股票在走势上出现了明显的分化，这就是二八分化格局，此时的指数并不能准确反映股市整体的运行情况，我们一定要注意这一点。很多时候，赚了指数却赔了钱，就源于这种二八分化格局。下面我们结合 2018 年 6 月至 2019 年 11 月的股市运行来说明在二八分化格局下指数失真的情形。

图 1-10 为中小盘指数 2018 年 6 月至 2019 年 11 月的走势图，图中叠加了同期的上证指数走势。

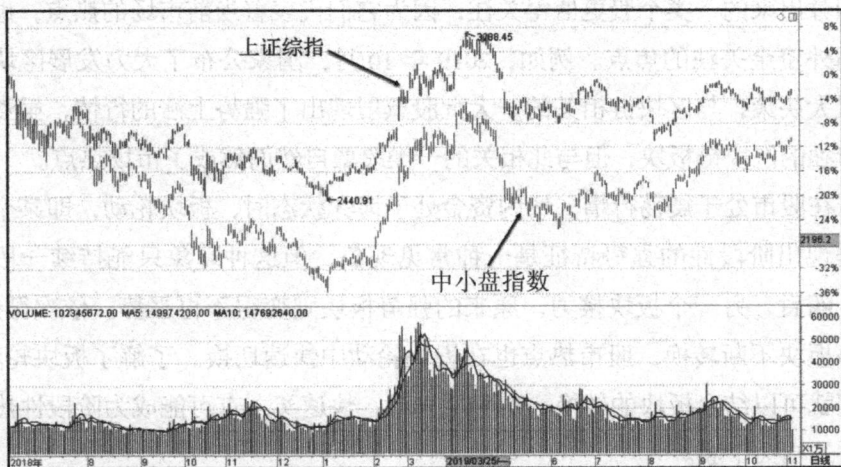

图 1-10 中小盘指数 2018 年 6 月至 2019 年 11 月的走势图（叠加同期上证指数走势）

上证指数采用了加权平均的计算方法，上市公司的总市值越大，其指数的影响力就越大。可以说，上证指数的波动与大盘权重股的运行更为匹配，中小盘指数则主要反映中小盘个股的整体走势。

通过对比可见，在这一年多的时间里，上证指数与中小盘指数的走势相同，两个指数在图中左侧的起点位置相同，但在行情推进过程中，中小盘指数明显低于上证指数，走势相同，但幅度发生分化。

这就是股市中的二八分化格局，如果我们不了解这种情况，单独看上证指数，很可能会误以为股市及个股的运行十分平稳。然而事实并非如此，大多数个股在此期间跌幅极大，很多个股甚至跌破了 2015 年股灾中的最低点，出现很多投资者在 2500 点下买股，却被套在了 3000 点上方的现象，而这种现象正是对这种二八分化格局最好的反映。

1.2.3　热点题材，板块轮动

板块既是组织股票、进行股票归类的一种方法，也是市场资金追逐的具体目标。股市不乏热点，而热点往往正是以板块的方式呈现的。

除了以区域、行业等传统方式划分的板块外，以最新出现的消息、题材等划分出来的一类个股更值得关注，因为它们代表着当前市场的热点，也是场内外资金关注的焦点。例如，2019 年 10 月，国家公布了大力发展区块链的重大决策，与区块链相关的一大批股票展现出了强势上涨的行情，虽然没有单独的区块链板块，但与此相关的一类股票自然而然成了市场热点。

在股市处于震荡行情、场内资金处于博弈状态时，板块轮动，即某个板块呈现出阶段性的强势特征是一种常见现象，但这种现象只能持续一段时间。随后，另一个板块接力，原来的强势板块则变得不再强势。依次循进，强势板块不断转换，股市热点也在板块轮动中快速切换。了解了板块轮动，我们就可以结合板块的转换、个股的异动，快速买入有可能成为阶段性热点板块的相关个股。

在板块轮动的背景下，率先启动的板块持续时间较长，反弹力度往往也较大，追涨买入的风险较小；而后启动的板块情况则相反，更适合提前买入，而不是追涨买入。

1.2.4 涨停突破，龙头启动

参与国内股市，一定要了解"龙头股"这个概念，它是热点板块的"旗帜"，也是带动同类个股股价上涨的"领头羊"。

当市场热点出现后，能够率先获得资金的大力买入，出现飙升走势的个股，可以被称为龙头股。龙头股不是孤立的，它是某一题材下的龙头股或某一板块内的龙头股，常常以涨停突破为启动方式；而且如果热点的持续性较好，则龙头股很可能连续涨停。可以说，在大市震荡不前、指数整体上涨乏力时，追涨龙头股不失为一种好的交易方式。下面我们结合一个案例来看看什么是板块热点，什么是龙头股。

图 1-11 为万集科技 2019 年 4 月 2 日分时图，当日个股以涨停板的方式强势突破启动，随后开始短线飙升，中短线内的涨幅巨大。此股隶属 ETC（Electronic Toll Collection，电子不停车收费系统）概念板块，在 ETC 政策的助推下，在图 1-12 的右侧可看到，万集科技与创业板指数重合，它的上涨势头表明其为热点板块的龙头股。

图 1-11 万集科技 2019 年 4 月 2 日分时图

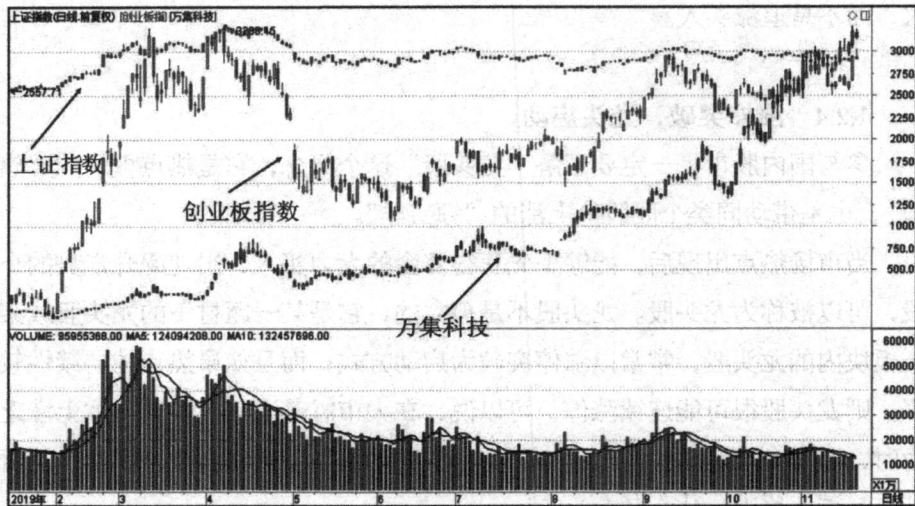

图 1-12　万集科技、创业板指数与上证指数 2019 年 1 月至 11 月走势图

1.2.5　风格切换，强者恒强

对于股票市场的运行格局来说，虽然大盘走势可能横向震荡，个股走势可能短线上涨，但是，从中线的角度来看，"强者恒强"是一种常见的运行格局。这是因为一旦市场资金开始介入某个热点板块、某类题材股，如果没有足够的获利空间，也没有较长时间的强势运行，大资金很难全身而退。这是从资金运作方面来理解强者恒强的运行格局。

但是，我们还应了解强势板块或强势股的出现是源于市场风格的切换还是热点题材的阶段性特点。如果是源于市场风格的切换，其持续性就会更强；如果是源于热点题材的阶段性特点，其持续性则与热点题材的宣传力度有关。

图 1-13 为中小盘指数 2016 年 9 月至 2017 年 6 月走势图，图中叠加了同期上证 50 指数。在经历了 2015 年、2016 年的 3 轮大幅下跌之后，场内外资金更热衷于追逐有业绩支撑的大盘股，其中上证 50 成分股是大资金追逐的热点，市场风格出现了明显转换。

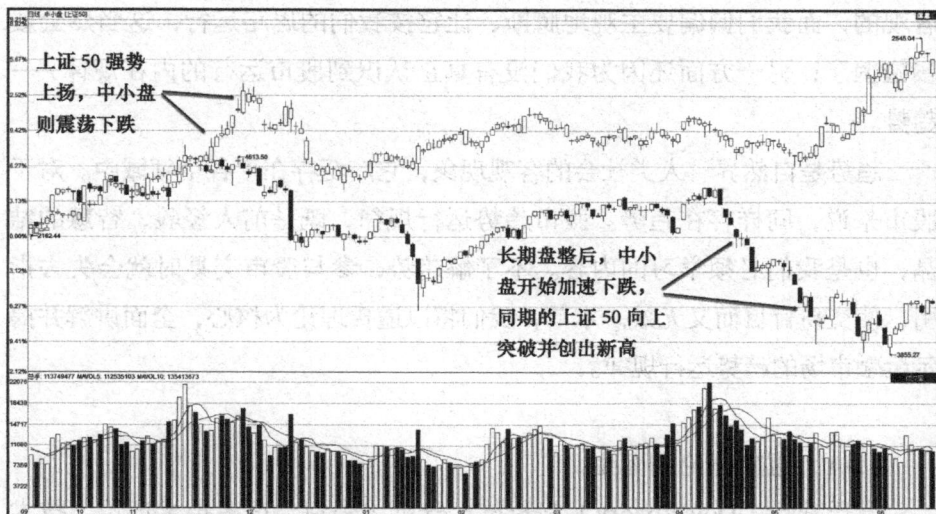

上证50强势上扬，中小盘则震荡下跌

长期盘整后，中小盘开始加速下跌，同期的上证50向上突破并创出新高

图1-13 中小盘指数2016年9月至2017年6月走势图（叠加同期上证50指数）

对比二者走势可以看出，在中小盘指数节节下跌、反弹无力的情况下，上证50指数则能够强势整理并再创新高。两者在走势上的明显背离就是市场风格切换的结果。如果我们不了解市场风格切换的这个特征，而固执己见地买入那些看似处于低位且弱势运行的中小盘股，则将出现亏损。

强势股不可能一直强势，当个股累计涨幅较大时，一旦出现由强转弱的迹象，就应及时卖股离场；反之，弱势股一般也不会一直弱势下去，一旦弱势股获得资金流入、受到市场关注，就会变得强势起来。在实盘交易中，我们既要关注个股前期走势的强弱情况，也要结合它的累计涨跌幅度，注意把握强弱之间的转变。

1.3 趋势运行规律——道氏理论

很多投资者在自己的判断与市场走向相悖时，往往会满腹牢骚，或者说"涨到顶了，市场泡沫该破了"，或者说"跌到底了，个股已明显被低估了"。之所以会这样，一方面是因为我们在炒股时本末倒置了，市场是客观的，而我们偏偏要主观地臆断、让它按我们的思路运行，这当然会屡屡碰壁了；另一方面还因为我们没有真正认识到股市运行的内在规律——趋势。

趋势是自然界、人类社会的客观现象，它广泛存在于各个领域中。对于股市来说，同样存在趋势。股市趋势运行规律，既是前人经验、智慧的结晶，也是我们必须学习的内容。不了解趋势，参与股市交易时就会失去指引，使交易盲目而又无效。本节，我们将以道氏理论为核心，全面讲解并揭示金融市场的趋势运行规律。

1.3.1 道氏理论的诞生

道氏理论（Dow Theory）首开技术分析之先河，很多技术理论、技术分析方法都是建立于道氏理论之上的，可以说，道氏理论是技术分析领域中最早的基础理论。道氏理论的基本思想最早由查尔斯·亨利·道（Charles Henry Dow，1851—1902，《华尔街日报》的首位编辑和道琼斯公司的共同创立者）提出，这些观点散布在他发表的众多社论中。1902 年，在查尔斯·道去世以后，威廉·彼得·汉密尔顿（William Peter Hamilton）和罗伯特·雷亚（Robert Rhea）继承并发展了道氏理论，他们所著的《股市晴雨表》和《道氏理论》成为后人研究道氏理论的经典著作。现在我们所见到的道氏理论可以看作是这 3 人共同研究的成果。

为了反映股票市场的运行情况，查尔斯·道选取了一些具有代表性的股票，采用算术平均法进行计算，编制出"道琼斯指数"。最初的道琼斯股票价格平均指数只选取了 11 种具有代表性公司的股票。自 1897 年起，道琼斯股票价格平均指数开始分成工业与运输业两大类，其中工业股票价格平均指数包括 12 种股票，运输业股票价格平均指数则包括 20 种股票，并且开始在道琼斯公司出版的《华尔街日报》上公布。

通过对道琼斯指数历史走势的研究，查尔斯·道发现了股市运行的一些特征，这就是道氏理论的雏形，也是对股市趋势运行规律的最早的解释。在当时，投资者普遍认为个股的走势是具有独立性的，而股市整体的走势并无研究价值且无规律可言。可以说，道氏理论所提出的关于股市的趋势运行规律无疑是具有开创意义的，它使投资者眼前一亮，并带来了一种全新的思维方法。

当然，道氏理论是以股市整体为研究对象，只是论述了股市的趋势运行规律。但是在实践中，我们发现，指数既能反映市场的整体表现，又能反过来带动个股前进，它同样适用于描述个股，这可以说是道氏理论的一种延伸应用。

1.3.2　股票市场的 3 个运行级别

股票市场的运行情况依据规模大小可以划分为 3 个级别：基本趋势（主要趋势）、次级走势（折返走势）、短期波动。

基本趋势（或称为主要趋势），就是我们所说的"趋势"，它是价格走势的主要运行方向，是大规模的上下运动，这种变动持续的时间通常为一年或一年以上，并会导致股价增值或贬值 20% 以上（注：道氏理论认为是 20%，但 20% 这个标准很显然不再适应当前的金融市场，笔者认为 50% 是一个更好的测量标准）。

基本趋势依据方向的不同，可以分为上升趋势、横向震荡趋势、下跌趋势。基本趋势的最大特点就是它有明确的发展方向，不会轻易改变。图 1-14 为这 3 种基本趋势的运动方式示意图。

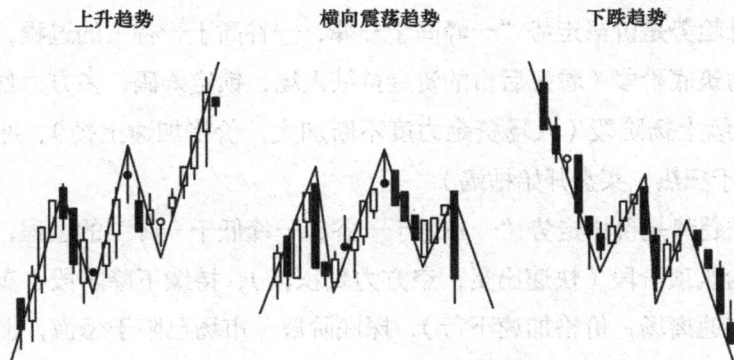

图 1-14　3 种基本趋势的运动方式示意图

次级走势（或称为折返走势）是与基本趋势的运行方向相反的、中等规模的走势，它既可以是上升趋势中的回调走势，也可以是下跌趋势中的反弹走势。其持续时间从几周到几个月时间不等，一般不会更长。

短期波动是价格在数个交易日内的波动，多受一些偶然因素影响。

图 1-15 为市场的 3 个运行级别示意图，基本趋势是指从"1"一直到"6"这个价格波动的大方向，次级走势是指像从"2"至"3"或是从"4"到"5"这样的过程，而像从"A"到"B"这样的小波动则属于短期波动。

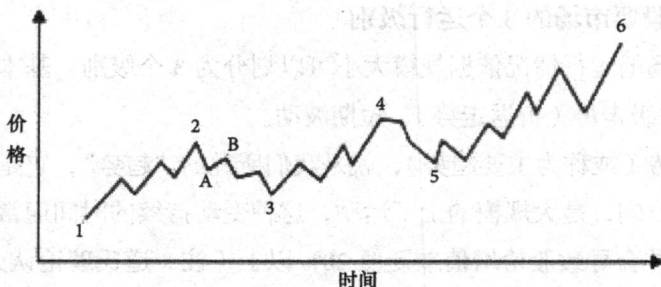

图 1-15　市场的 3 个运行级别示意图

1.3.3　升势、跌势的 3 阶段划分法

为了更好地描述趋势，特别是方向明确的上升趋势及下跌趋势，道氏理论将升势及跌势分别划分为 3 个运行阶段。

上升趋势是价格走势"一峰高于一峰、一谷高于一谷"的过程，可以将其划分为筑底阶段（看好后市的资金持续入场，锁定筹码，多方力量不断积累）、持续上扬阶段（入场资金力度不断加大，价格加速上扬）、冲顶阶段（市场趋于狂热，买盘开始枯竭）。

下跌趋势是价格走势"一谷低于一谷、一峰低于一峰"的过程，可以将其划分为筑顶阶段（快速出货，空方力量积累）、持续下降阶段（卖盘不断增加，加速离场，价格加速下行）、探底阶段（市场已陷于恐慌，但空方力量开始不足）。

1.3.4　成交量对趋势的验证作用

成交量的变化可以用来验证基本趋势的运行情况。一般来说，在基本上升趋势的持续运行过程中，成交量与价格走势会呈现出一种"量价齐升"的形态；反之，在基本下跌趋势的持续运行过程中，成交量则持续保持在一种相对缩小的形态之中。但是在利用成交量来验证基本趋势时，我们一定要注意，成交量仅仅是一种辅助工具，是对价格波动变化的参照和验证，成交量并非总是跟随趋势变化，例外的情况也并不少见。当基本趋势的运行与成交量的变化形态背离时，或者说成交量的变化无法有效验证基本趋势的运行情况时，我们仍应以价格走势为第一要素来验证趋势。

1.3.5　趋势的"惯性"及反转信号

"趋势具有强持续力，直至出现反转信号"，这既是对趋势运行规律的一种阐述，也是指导投资者交易的实战准则。

趋势一旦形成，就具有很强的持续力。我们可以将其理解为趋势运行的"惯性"，这种"惯性"与大众投资者及机构投资者的跟风心理、宏观经济的走向、企业盈利能力持续向好等因素有关，但归根结底，还是因为市场形成了风向标，引导着市场思维的持续。

在没有明显外力作用的情况下，现有的趋势会在这种持续力的推动下继续推进、保持，从而使股市或个股在一个较大的时间跨度内有明确、单一的运行方向。

但是，一种趋势不可能永远地运行下去，随着原有趋势的持续力不断减弱，随之而来的就是反转。道氏理论指出，趋势在行将结束之时，会有明确的反转信号出现，这些信号使得我们能够把握住趋势的反转时机。

很多投资者在上升趋势中过早地"逃顶"，或者是在下跌趋势中过早地"抄底"，都是源于没有充分认识到现有趋势的强大持续力，在没看到明确反转信号时就入场或离场，只凭借主观的臆断作出决策。事实证明，上升趋势的顶部区往往远高于我们此前预计的高度，而下跌趋势的底部区也大大超出了我们的想象。

1.3.6 道氏理论的不足

1. 道氏理论只是指明了趋势，但没有说明如何跟随趋势

当基本趋势确立，道氏理论假设这种趋势会一直持续，直到趋势被外来因素破坏而发生改变，但趋势的涨跌幅度无法根据道氏理论来判断。所以当一轮趋势刚起步或在途中时，应用道氏理论判断并追逐基本趋势是有利可图的，但是道氏理论却无法指出这轮大趋势的顶或底在哪个区域，如果在错误的时机（如牛市的顶部、熊市的底部）仍旧以原有的趋势发展方向来利用道氏理论进行判断，就会出现严重的操作失误。

2. 对于个股走势帮助不大

道氏理论主要用于揭示大势方向，虽然大势方向也普遍适用于个股，但个股走势也存在较强的独立性，而且大势方向在很多时候也是模糊不定的。道氏理论注重长期趋势，在中期趋势的判断上，特别是在不知是牛市还是熊市的情况下，不能给投资者提供明确的指导。因而，具体到个股上，道氏理论的作用不大。

1.4 波浪运动原理——波浪理论

道氏理论虽然阐明了趋势运行的一些基本规律、基本特征，但是并没有指出趋势运行细节。上升趋势或下跌趋势，在实际运行时是否有特定的运动方式？是否有一些典型的形态特征能够描述趋势运行？对此，波浪理论给出了解答。

1.4.1 波浪理论的诞生

波浪理论（Wave Principle）是美国证券分析家拉尔夫·纳尔逊·艾略特（Ralph Nelson Elliott）于 20 世纪 30 年代提出来的一种重要的金融市场分析工具。艾略特前后大约用了 10 年的时间潜心研究，才最终完善了这一具有基石意义的技术分析方法。

艾略特利用道琼斯工业股票价格平均指数作为研究工具，发现不断变化的股价结构性形态拥有自然和谐之美。根据这一发现，他提出了一套相关的市场分析理论。艾略特认为，股票的价格与大自然中的潮汐、波浪一样，呈现出一种周而复始的波浪形运动方式，这种运动方式是一种"可识别的模式"。如果说道氏理论告诉人们何为大海，那么波浪理论则指导人们如何在大海上冲浪。

艾略特总结出了市场的 13 种形态（Pattern），在市场上这些形态反复出现，但是出现的时间间隔及幅度大小并不一定具有再现性。而后他又发现了这些呈结构性形态的图形可以连接起来形成同样形态的更大的图形。于是他提出了一系列权威的用来解释市场行为的演绎法则，并特别强调波动原理的预测价值，这些演绎法则就是久负盛名的艾略特波段理论，又称波浪理论。1946 年，艾略特在其所著的《自然法则：宇宙的奥秘》（*Nature's Law: The Secret of the Universe*）中详细地阐述了这一理论。

波浪理论不仅可以用于解释股市的运行，它也被广泛地应用于其他领域，因为波浪理论是自然界波动规律的一种近似的"数学表达模型"，它和传统的图表分析方法及其他股市分析方法不处在同一层次上。波浪理论已超越传统的图形分析技术，它能够针对市场的波动提供全面的分析。

1.4.2　8 浪循环的运动方式

波浪理论认为，股票市场的升势与跌势是交替出现的，一个大的升势之后会紧随着一个大的跌势；同样，一个大的跌势之后，也将紧随着一个大的升势。市场就是以这种升势、跌势交替出现的方式运行的。通过观察，艾略特发现可以用"5 升 3 降"的 8 浪循环来描述趋势运行过程，这也正是波浪理论的核心内容。一个上升趋势与随之而来的下跌趋势通过 8 浪完整地表现出来后，一个循环就完成了，走势将进入下一个 8 浪循环。

图 1-16 展示了这种 8 浪循环的运行方式。

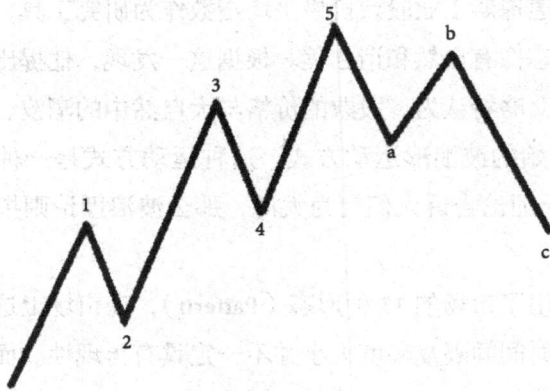

图 1-16　波浪理论中的 8 浪循环的运行方式

　　其中的第 1 ～ 5 浪构成了上升趋势，a、b、c 浪构成了下跌趋势。在这 8 浪中，第 3 浪是上升趋势的主升浪，其涨速、涨幅都领先于其他的上涨浪；c 浪则是下跌趋势的主跌浪，其跌速、跌幅都领先于其他的下跌浪。

　　第 1 浪往往出现在空头市场跌势未尽且多方力量并不强大的时候，由于市场上的空头气氛较重，第 1 浪上升之后会出现第 2 浪的调整回落，其回落的幅度往往很大。从经验来看，第 1 浪的涨幅通常是前 5 浪中最小的。

　　第 2 浪时，市场的多方力量尚未有效聚集，这使第 2 浪的调整幅度往往较大，但是第 2 浪有一个显著特征说明空方力量的减弱，即成交量的萎缩。

　　第 3 浪是上升趋势的主升浪，随着指数的不断上涨，市场人气恢复，由于赚钱效应的持续，场外买盘开始加速涌入，成交量不断增大。第 3 浪在发展过程中常常会在图形上出现势不可挡的跳空缺口，给人一种突破向上的强烈信号。

　　第 4 浪是行情大幅上涨后的调整浪，从形态的结构来看，第 4 浪经常是以三角形或楔形的调整形态进行的，并且第 4 浪的底部不会低于第 1 浪的顶点。这一点是投资者应格外注意的。

　　第 5 浪是三大推动浪之一，但其涨幅在大多数情况下会比第 3 浪小。第 5 浪的特点是市场人气较为高涨，一些二、三线的股票往往会突然发力，其升幅较为可观。

a浪是第5浪后的调整浪，往往会被很多投资者误认为是上升趋势中的一波正常回调浪，然而，如果细心观察，我们就会发现，此浪的调整幅度往往明显大于升势中的正常调整浪。价格走势原有的上升形态在一定程度上受到了破坏，这说明空方力量开始逐步占优，而多方力量则开始变弱。

b浪是a浪过后的一个小反弹浪，此时仍有很多投资者因为已习惯了牛市思维方式，往往还会以为上升趋势尚未结束，很容易误以为这是另一波段的涨势，从而形成"多头陷阱"，许多投资者在此期间惨遭套牢。b浪的成交量一般不大，是多头的"逃命线"。

c浪是下跌趋势的主推动浪，它的出现既与市场抛压不断增强、场外买盘无意入场等场内因素有关，也与宏观经济走势下滑、企业盈利能力下降等场外因素有关。从性质上看，c浪是破坏力较强的下跌浪，c浪在下跌行情中的地位就如同第3浪在上升行情中的地位，持续的时间较长且跌幅巨大。

8浪循环是一种理想化的抽象模型，意在揭示股市运行特征，但真正的市场运行要比8浪循环复杂得多。在股市的实际走势中，大浪中套小浪、小浪中套细浪，浪中有浪，再加上浪的形态有简单和复杂之分，持续时间也不一样，从而使身处股市的投资者很难分辨和把握当前究竟处于哪一浪之中。

1.4.3 推动浪与调整浪

在图1-16所示的5升3降的8浪循环过程中，有所谓的推动浪与调整浪，推动浪和调整浪是价格波动的两个最基本的形态。推动浪是与大市走向一致的浪，调整浪则是与大市走向相反的浪。上升趋势中的推动浪方向向上，下跌趋势中的推动浪方向向下。一般来说，多头市场中的推动浪会使股市股价创新高，空头市场中的推动浪则会使股市股价创新低。

在现实情况中，标准的推动浪往往可以被进一步划分为5个小等级的浪。在牛市中，这5个小浪构成了一个大的上涨浪；在熊市中，这5个小浪构成了一个大的下跌浪。调整浪则往往可被进一步细分为3个更小等级的浪。这就是所谓的"大浪套小浪、小浪套细浪"。

艾略特波段理论认为，不管是多头市场还是空头市场，每个完整循环都会有几个浪。多头市场的一个循环中前 5 浪是总体看涨的，后 3 浪则是总体看跌的。前 5 浪中，奇数序号的第 1 浪、第 3 浪、第 5 浪是上升浪，偶数序号的第 2 浪、第 4 浪是调整浪。在后 3 浪中，偶数序号的第 6 浪（即 a 浪）、第 8 浪（即 c 浪）是看跌的，奇数序号的第 7 浪（即 b 浪）则是反弹整理。因此奇数序号浪是不同程度的看涨或反弹，而偶数序号浪则是看跌或回调。整个循环遵循的是一上一下的总规律。而从更长的时间来看，一个循环的前 5 浪构成一个大循环的第 1 浪，后 3 浪构成大循环的第 2 浪。整个大循环也由 8 浪组成。

就空头市场来看，情形则相反，前 5 浪呈现的是看跌行情，后 3 浪则呈现看涨行情。前 5 浪中，第 1 浪、第 3 浪、第 5 浪看跌，第 2 浪、第 4 浪为反弹整理。看涨行情的后 3 浪中，第 6 浪、第 8 浪看涨，第 7 浪回调整理。整个循环依然是一上一下的 8 浪。在空头市场中，一个循环也构成一个大循环的第 1 浪、第 2 浪，大循环也由 8 浪组成。图 1-17 展示了牛市 5 浪与熊市 5 浪的运行过程。

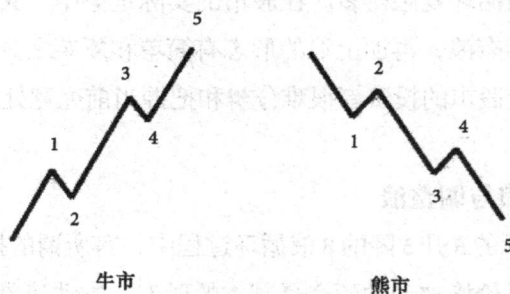

图 1-17　牛市 5 浪与熊市 5 浪的运行过程示意图

通过前面的叙述可以知道，多头市场由 5 浪构成，空头市场也由 5 浪构成。这似乎与图 1-16 不符，其实不然。因为，空头市场的 5 个浪可以被划入多头市场的后 3 个浪之内。例如，我们可以将图 1-17 中熊市的第 3 浪、第 4 浪、第 5 浪划为一个 c 浪，同时，熊市中的第 1 浪对应 a 浪、第 2 浪对应 b 浪，与前面牛市中的 5 浪正好就连接了起来，从而形成图 1-16 的结构形态。

浪的划分固然重要，但若执着于此，显然非波浪理论本意。波浪理论认为，投资者不必过于关心价格在短期内的小波动或细微的波动，而应把注意力集中于研究趋势的发展方向上。在此基础上，结合波浪理论可以进行中线意义上的"高抛低吸"操作，从而获取高于市场平均水平的收益。

1.4.4　4条数浪规则

（1）上升趋势中的主升浪——第3浪，不能是3个上升浪（第1浪、第3浪、第5浪）中最短的一个。在实际走势中，第3浪往往是最具爆炸力的一浪，其持续时间最长、累计涨幅也最大。这一原则有助于我们识别第3浪。

（2）第4浪的浪底应高于第1浪的浪顶。这一原则可以帮助我们识别第4浪。

（3）如果在整个8浪循环中，第2浪以简单的形态出现，那么第4浪多数情况下会以较为复杂的形态出现，反之亦然。第2浪和第4浪就性质而言，都属于逆流行走的调整浪，而调整浪的形态有许多种子类型。

（4）延长规则。第1浪、第3浪、第5浪中只有一浪延长，其他两浪的长度和运行时间相似。时间的长短不会改变浪的形态，因为市场仍会依照其基本形态发展。浪可以拉长，也可以缩短，但其基本形态永恒不变。

1.4.5　波浪理论的不足

艾略特的波浪理论中的大部分观点与道氏理论是相吻合的，只是艾略特的波浪理论在定量方面对股价走势的描述要强于道氏理论。波浪理论只需要用一个大盘的指数就能对市场全貌走势进行诠释，并且艾略特的波浪理论认为市场经常会依照一个基本的节奏来发展。但是波浪理论也有不足。

1.划浪的主观性较强

艾略特的波浪理论是一套主观性很强的分析工具，而市场运行却是受"情绪"影响、并非机械运行的。将波浪理论套用在变化万千的股市上会十分危险，出错的概率很大。

2.浪的起止点不明确

一个浪是否已经完成而开始了另外一个浪呢？有时甲看是第1浪，乙看是第 2 浪。差之毫厘，失之千里。看错的后果可能十分严重。

3. 模型理想化

波浪理论虽然有明确的关于波浪的 5 升 3 降的规律，但是股票市场中的升跌次数通常并不按照这个机械模式出现。数浪的方式往往有较强的主观性。

4. 关于伸展浪

波浪理论有所谓伸展浪（Extension Waves），有时 5 个浪可以伸展成 9 个浪。但在什么时候或在什么准则之下波浪可以伸展呢？艾略特没有明言，这使得数浪的随意性较大。

5. 对个股的适用性差

和道氏理论一样，波浪理论虽然可以作为研判大势的工具，但是并不适用于选择个股。

1.5 波段交易策略

对于目前的国内股市来说，稳健地运行是其最大特点之一，但大牛市行情却并不常见。在大盘小幅震落之中，对于个股来说，其走势则往往是宽幅震荡、波澜壮阔。因而，波段交易是重要的获利方法。本节我们将结合波段交易的方法、策略、买卖规则等方面对波段交易进行讲解。

1.5.1 波段交易的必要性

我们先来看一下指数的运行。在 2007 年的大牛市行情中，上证指数一度超过了 6000 点，而在 2008 年的大熊市中指数则跌到 1700 点以下。如果考虑到极端走势中的高估与低估，2009 年指数徘徊于 3000 点附近应该是一个较为合理的区间。但是，直至 2017 年年中，我们发现上证指数依旧在 3000 点附近运行，很多个股甚至还低于这一指数。如果考虑到通货膨胀的影响，即使我们持有的个股能略好于指数，账面上有盈利，但实质仍是亏损的。虽然有一些个股能在业绩不断增长的支撑下逃离这种牛熊轮换的格局，保持稳步上升，但那毕竟是少数。即使是像银行这类年年业绩不俗、分红喜人的大盘蓝筹股，其股价也大多没有超过在 2007 年大牛市时创下的高点。

可以说，从长期的角度来看，期待个股股价随着市场指数的上升不断攀升并不是一个好方法；但如果从中线波段的角度来看，虽然大盘指数牛熊转换的频率较慢，但从个股中线波段角度来看，股价的波动频率、幅度都较大。结合股市运行的这种特点，我们最好的买卖模式之一就是波段出击，追随市场热点的转换、结合个股的市场表现，在一次次的波段交易中让利润滚动增长。

要想正确实施波段交易，我们除了要掌握必备的技术知识，还要有熟练运用技术分析工具的能力，MACD 就是众多技术分析工具中数一数二的。

1.5.2　波段的量价模式

美国著名证券分析专家格兰维尔（Granville）说过："成交量是股票的元气，而价格走势不过是成交量的反映罢了，成交量的变化是价格变化的前兆。"这句话直接说出了成交量的重要作用。鉴于成交量的重要作用，量价结合分析法也广受技术分析者的重视。

价、量、时、空，是技术分析的四大要素。其中"价"代表价格走势，"量"代表成交量，"时""空"分别为时间与空间，技术指标（包括 MACD 指标）就是建立在这 4 个要素基础之上的。因而，在学习指标之前，甚至是在使用指标时，如果能更好地理解量价形态，势必会使交易事半功倍。

对于量价关系，我们可以这样理解，价格走势体现了多空双方的交锋结果，成交量则体现了交锋力度，多空双方交锋的情况就体现在量价关系之中。量价结合分析法的实质就体现在不同的量价形态上，同样的价格走势可能会演绎出完全不同的发展方向，归根结底还是因为多空交锋的具体情况不同。若结合成交量的变化来解读价格走势，就可以更好地理解市场，这就是所谓的量价形态。

量价结合分析法是所有技术分析手段的基础，很多技术分析高手在学习了众多方法后，往往又回归到最初的量价分析当中。因而，在进行波段交易的时候，从量价的角度来分析、把握市场是一种行之有效的方法。下面我们结合一个案例来看看量价形态是如何准确预示价格波动方向的。

图 1-18 为中国联通 2018 年 10 月至 2019 年 2 月走势图。如图 1-18 所示，2019 年 2 月 13 日以一条长阳线突破低位整理区，中短线累计涨幅不大。从日 K 线的形态来看，一轮上攻行情似要开启。但事实真会如此吗？如果不看成交量，单看日 K 线图，我们会得到肯定的结论；但成交量的变化却提示我们短线上攻遇阻或有深幅调整。

当日放出了天量，结合此股的历史走势来看，这种放量效果是无法持续的，一旦随后交易日的量能大幅缩减，就会使得当日的天量变成"脉冲式放量"，即单日（或双日）的成交量远高于其前后的均量大小。

脉冲式放量上涨，多源于资金的大幅撤离，这对于短期内买盘的消耗也是极大的，这种量价形态预示着短线的深幅调整。因而，在理解了这种量价形态之后，我们要做的就是获利出局，等待短线深度调整后再择机入场。此股随后的走势也印证了这种量价形态的市场含义。

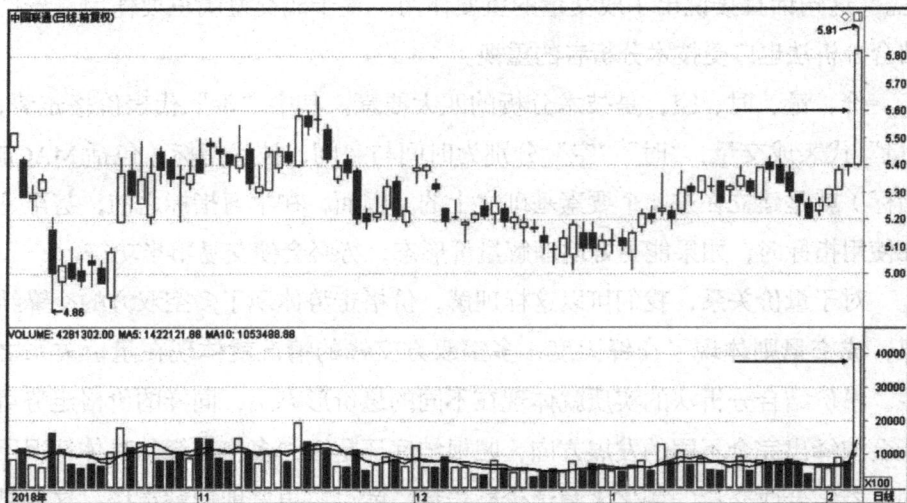

图 1-18　中国联通 2018 年 10 月至 2019 年 2 月走势图

1.5.3 波段的指标模式

本书讲解的 MACD 指标是一种技术指标，它对于我们进行波段交易有很好的帮助。所谓的技术指标，就是能以数学上的量化形式体现股市中的市场行为，并向我们发出明确的买卖信号，这是技术分析领域中的一个重要工具。

不同的技术指标有不同的分析侧重点。有的技术指标侧重于分析价格的趋势运行情况（如移动平均线 MA、三重指数平滑平均线 TRIX、涨跌比率 ADR 等），这类指标可以指导我们进行中长线的操作；有的指标侧重于分析短期内市场超买超卖的情况（如随机指标 KDJ、相对强弱指标 RSI 等），这类指标可以指导我们进行短期波段操作。而 MACD 指标则将"趋势性"与"波段性"很好地结合在一起，既可以分析趋势，也可以指导波段交易，是实战交易中的一个利器。

1.5.4 波段的选股模式

波段选股，要注重个股质量，但更要注重时机！选股就是选时机，好的时机 + 好的个股 = 成功的波段交易！

1. 关注中小盘股

虽然大盘股也有"暴动"的时候，但毕竟很少见，大多数时候位于涨幅榜前列的都是中小盘股。这可以从"资金驱动"的角度理解。股市就是一个资金驱动市场，中小盘股因为股本较小，推动其上涨需要的资金少，这就是所滑的"盘小则身轻如燕"。

而大盘股则不然，它需要多路资金对其后期走势有较高的一致性预期，除非市场人气高涨、指数节节攀升，否则各路资金对后市的判断往往是存在较大分歧的。在波段低点，我们可以选择一只股本较小的个股，一旦大市回暖，其反弹上涨力度往往远强于指数，而选择大盘股往往很难达到这种效果。

2. 关注突破启动的个股

主力参与个股买卖的过程是一个长期的过程，其中底部区的吸筹时间最长，此时是中长线投资者买卖的好时机。但对于波段交易来说，此时介入将大大地浪费投资者的时间成本，并不是好的买股时机。

一只个股若能够从技术形态上呈现出突破启动的势头，那么此时的市场筹码将全部处于获利状态，这往往是主力可以积极入场的标志。此时，个股获得了较强的承接力，有利于形成上涨氛围，随后的上升空间也往往较为理想。

个股刚刚启动时，个股中短线再度回调的概率较小，此时进行波段买入，风险小、预期波段获利高。综观各个买股时机，在启动时买入无疑是最好的时机之一，但如何确定个股将要启动或已经启动了呢？本书随后将结合 MACD 指标进行讲解。

3. 弱市更应关注强势股

当股市处于弱市震荡时，积极选择那些超跌、低估的个股固然是一种较为稳妥的中长线策略，但对于波段交易来说，可能效果并不理想。由于缺乏增量资金入场，场内资金往往集中"攻击"少量的个股，它们是弱市中的强势股，而且往往有很强的持续力。

关注弱市中的强势股，不代表要追涨入场，最好的方法是当强势股明确后，等待大市回落带动其回调，从而在强势股短线回调后入场。毕竟主力对强势股的买卖会持续一段时间，强势股只要没有出现爆发式的上涨使其一波到顶，往往还会有一个强势震荡的过程。我们就是要在震荡的低点买入，等待再度出现的强势震荡反弹。下面我们结合一个实例来说明。

图 1-19 为海尔智家 2018 年 12 月至 2019 年 4 月走势图。如图所示，个股强势特征十分鲜明，而后随着大市回落出现深度调整，在调整过程中可以看到放量，此时不宜过早入场。在图中标注的位置点，出现了调整后的第 1 条阳线，也抹去了之前涨幅的近 30%，这是由市场深度调整引发的，也与个股短线涨幅过大有关。

这时就是很好的波段买入时机，因为强势股深幅调整后，其反弹力度往往较大。参与此类个股交易，只要时机把握得当，短线获利的预期远高于那些不断下跌、没有资金、蛰伏于低位区的不活跃的个股。

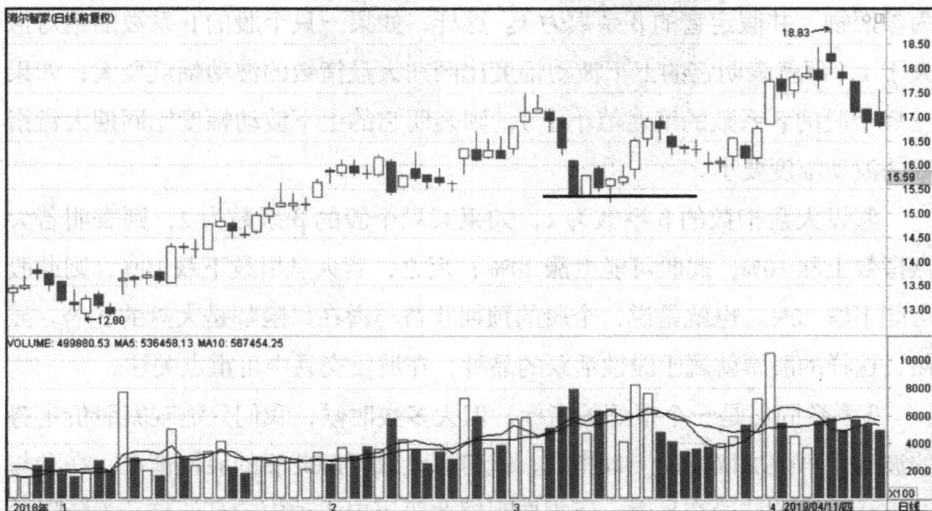

图1-19 海尔智家2018年12月至2019年4月走势图

4. 预测龙头股

龙头股是同类题材股中或某一板块中的旗帜性品种，同类个股上涨时，它冲锋在先；同类个股下跌时，它强势维稳。龙头股常常出现连续涨停板的走势，一些龙头股能出现2波甚至3波上攻行情。可以说，无论是短线波段交易还是中线波段交易，龙头股都是最好的选择。

如何在第一时间捕捉到龙头股呢？量价形态、盘口分时图是主要的着手点。量价形态可以预估出一只个股的上升空间，而分时图则可以看到主力重点选择的对象。若一只个股的突破空间较大且盘中"攻击"涨停板的时间最早、封板最坚决，则此股成为龙头股的概率就更大。

5. 观察个股历史高低点及股性

龙头股是稀有品种。大部分时候，市场热点并不明显，也缺少可持续讨论的题材，因而，结合技术分析手法，将股性相对活跃的个股作为交易对象，把握波段买卖点，是一个更为可行也更常见的波段交易方法。

衡量一只个股的股性是否活跃，可以利用技术分析中的一个指标——β系数（贝塔系数）。它是一种风险指数，用来衡量个别股票或股票基金相对于整个股市的价格波动情况。在利用β系数进行分析时，我们将大盘指数定为参照物，并假定它的 β 系数为 1。这样，如果一只个股的 β 系数的绝对值大于 1，那就表明它的上下波动幅度比同期大盘指数的波动幅度要大；如果一只个股的 β 系数的绝对值小于 1，则表明它的上下波动幅度比同期大盘指数的波动幅度要小。

假设大盘指数的 β 系数为 1，如果某只个股的 β 系数为 2，则表明若大盘指数上涨 10%，此股可能上涨 20%；反之，若大盘指数下跌 10%，则此股可能下跌 20%。也就是说，个股的预期收益与潜在风险都是大盘的 2 倍。显然，这样的股票就属于股性活跃的品种，在波段交易中可重点关注。

β 系数固然是一个很好的指标，但大多数时候，我们只需观察股价走势的波动，再叠加同期的上证指数，就可以大致了解此股的股性情况。在参与这类活跃股的波段交易时，还需要观察此股历史波动中的高低点，为随后的波段交易提供依据。

图 1-20 为大秦铁路 2019 年 4 月至 11 月走势图，图中叠加了同期的上证指数走势。对比可见，个股几乎复制了上证指数的走势，其 β 系数几乎为 1。从更久远的历史走势中也能得出同样的结论，只要大盘上涨，它便会跟涨；只要大盘下跌，它便会跟跌。

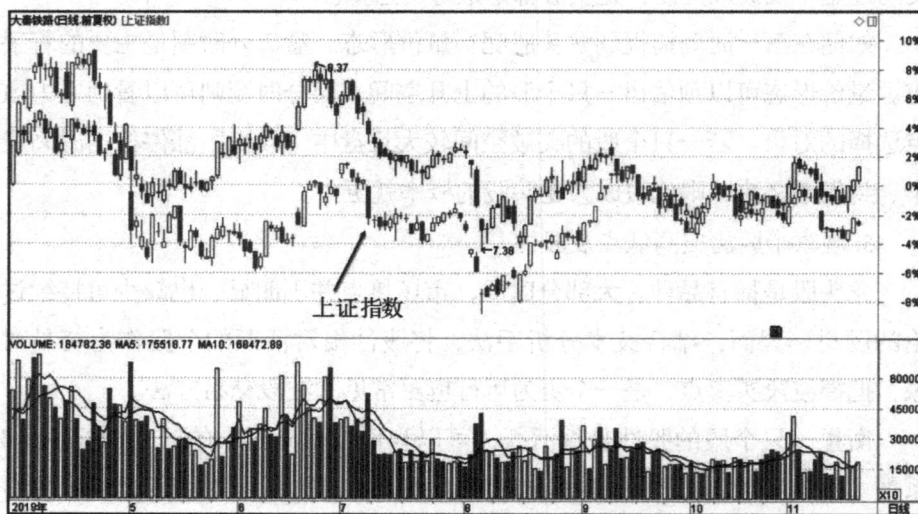

图 1-20　大秦铁路 2019 年 4 月至 11 月走势图（叠加同期上证指数）

波段交易不可能每次都获利出局，较高的成功率才是我们追求的结果，这是可以通过提升技术分析能力来实现的。反过来，技术分析也可以说是波段交易的致胜法宝，学习基本的量价知识，掌握 MACD 指标的运用方法，会让波段交易成功率大幅提升。

一种波段交易模式并不是一套独立的交易系统，我们要关注不同波段模式的共振与背离。所谓共振，是指多个波段交易方法均发出相同的买入信号（或卖出信号），而背离则是指它们发出相反的信号。操作中，本着风险控制的原则，只有当多个波段交易方法发出相同的信号，或者没有出现相背离的情况时，依据信号进行买卖才会更安全。

例如，当量价形态与 MACD 指标均发出波段买入信号时，此时买入的成功率就会很高；反之，若量价形态预示短线下跌，而 MACD 指标预示短线上涨，此时买入的成功率就比较低了。

1.5.5 江恩 28 条买卖规则

威廉·江恩（William Gann，1878—1955）是美国证券界最具传奇性的人物之一，他的投资生涯经历了第一次世界大战、1929 年的股市大崩溃、20 世纪 30 年代的大萧条、第二次世界大战。即便如此，江恩仍通过股票、期货赚取了近 5 000 万美元的利润。

江恩被世人所津津乐道的辉煌事迹是 1909 年他在 25 个交易日里赚了初始资金的 10 倍！1909 年 10 月在《股票行情和投资》杂志工作人员的监察下，他在 25 个交易日中共进行了 286 次交易，平均 20 分钟 1 次，其中，有 264 次获利，损失只有 22 次，获利率竟达 92.3%，使初始资金增长了 10 倍。

江恩理论涉及的领域非常广泛，至今未有人全部掌握，但他所提出的一些基本交易方法还是很经典的，特别是他对于买卖规则的总结，普遍适用于金融市场。下面我们就来看看江恩总结出的 28 条买卖规则。

（1）将本金分为 10 份，这样，每次买卖所承担的风险就不会超过资本的 1/10。（注：当投资者本金数额较大时，可以利用这条规则）

（2）止损操作要谨慎为之，减少每次出货可能导致的损失。

（3）多做多错，过多的交易不仅会增加交易风险，还会增加我们的交易成本。不应过度交易，每一次的交易都要有针对性。

（4）避免出现由盈转亏的情况。例如，当我们看不准市场走势时，应尽可能保住到手的利润。

（5）要顺势而为，不可逆势而动。市场走势不明朗的时候，宁可袖手旁观，也不贸然入市，不要想比市场更聪明。

（6）犹豫不决，不宜入市。

（7）不活跃的品种，不宜入手（从量与换手率分析，避免冷门）。

（8）只可买卖两至三种品种。品种太多难以兼顾，太少则风险过于集中，两者均不合适。

（9）避免限价买卖，否则可能因小失大。

（10）入市之后不可随意平仓，可利用止蚀盘保障纸上利润。

（11）买卖顺利、累计利润可观的时候，可将部分资金调走，以备不时之需。

（12）不可为蝇头小利而随便入市买卖。

（13）不可以加"死码"。第 1 注出现亏损，表示入市错误，如再强行增加持仓数量，谋求拉低成本，可能积小错而成大错。

（14）入市之后不可因缺乏耐性而胡乱平仓。

（15）胜少负多时，应退出市场。

（16）入市之后，不可随意取消止蚀盘。

（17）买卖不宜过于频繁。理由有二：多做多错；佣金及价位的损失将会减少获利的机会。

（18）顺势买卖。在适当情况下，顺势抛空可能获利更多。

（19）不可贪低而买入，亦不可因价位高而卖出，一切应依趋势而定。

（20）在适当时候以金字塔式增加持仓数量。

（21）可以选择升势好的品种作为金字塔式买入的对象。

（22）买卖错误，应及时平仓，要敢于认错。

（23）每次买卖均要经过详细的策划，买卖理由充分而又不违背既定规则，方可进行。

（24）买卖得心应手的时候，切勿随意增加筹码，这个时候最易出错。

（25）切莫预测市场走势的顶或底，应由市场自行决定。

（26）不可轻信他人的意见，除非你确信此人的市场知识丰富，值得学习。

（27）买卖出现亏损的时候，减少筹码。

（28）入市错误固然不妙，但入市正确而出市错误亦会减少获利的机会，两者均要避免。

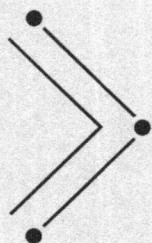

第 2 章

MACD 指标基本
原理与架构

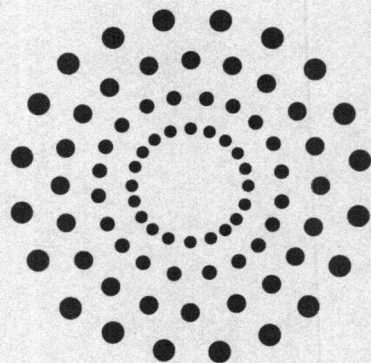

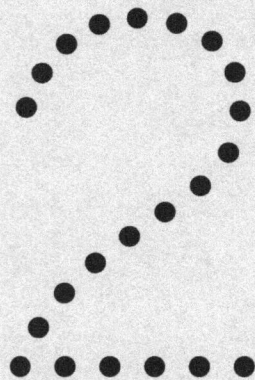

2

MACD 指标虽然是一种高效的技术指标，但在实盘操作中，还需要结合均线、KDJ 等指标来综合分析，这样才能得出更为准确的结论。因而，利用 MACD 指标展开交易，绝不是孤立、片面的。我们有必要先了解技术分析方法的原理和 MACD 指标的建立基础，在此基础之上，再了解 MACD 指标的原理、计算方法、分析手段，以更好地理解、运用这一指标，这也是学习本章的目的。

2.1 技术指标分析法简介

技术指标分析法以数字量化的方式判断买卖信号的方法。在了解指标的用法之后，似乎只要遵循买卖信号来交易就可以，因而，它给使用者的直观感觉就是：技术指标形态既不是基于价格要素，也不是基于量能要素。其实，这仅仅是指标的直观表现形式让投资者产生的错误感觉。技术指标分析法归根结底还是传统技术分析手段的一种量化模式。

2.1.1 了解技术指标

简单来说，技术指标是指以市场价格（一般是指开盘价、收盘价、当日最高价和当日最低价这 4 个价格）及成交量这些基本的盘口数据为要素，通过某种运算关系，来呈现市场某些方面特征的工具。

我们可以这样理解技术指标分析法，它其实就是技术分析方法的数字量化表现，每一个指标都是由一个数学模型构建出来的。当然，这个数学模型是基于某种分析方法，例如，通过分析短期内价格波动幅度，来预测买盘或卖盘是否处于过度释放状态，进而提示买卖信号，这就是一种分析方法。以此分析方法为依据，搭建一个数学模型，以市场价格（如开盘价、收盘价、当日最高价、当日最低价）和成交量等交投数据作为数学模型的"输入参数"，通过数学模型规定的计算过程来处理这些交投数据，得出一个体现股票市场的某个方面特征的量化数值，这个数值就是指标值。将各个交易日的指标值连接起来就构成了指标线，借用指标值的变化及指标线的形态，我们就可以很好地把握市场多空双方的力量转变情况。在实盘操作中，依据指标值的变化、指标线的运行形态，我们就可以展开买卖操作了。

从上面的讲解可以看出，技术指标分析法不需要我们劳神费力地分析股市或个股为何如此运行，也不需要深入探寻主力的参与情况，只需要依据指标所发出的买卖信号进行交易即可，这是它的优势及魅力所在。

但是，我们还应知道，指标在很多时候也会发出虚假的买卖信号，这是任何技术指标不能规避的缺点。如果我们不了解一种技术指标的设计原理、计算方法，而仅仅依据软件系统给出的指标值和指标线进行交易，那么，实战交易的成功率并不高。

这也是我们在此详细讲解什么是技术指标，以及随后花大量篇幅讲解均线、MACD 指标等的设计原理及计算方法的原因。除此之外，我们还要注意运用综合分析的手段，量价是我们在利用 MACD 指标进行实战交易时一种极为重要的辅助工具，它可以让交易成功率大大提高。

2.1.2　技术指标的分类

由于其侧重点及反映的市场特征不同，技术指标可以分为不同的种类。一般来说，常见的技术指标有 6 类：趋势类指标、摆动类指标、能量类指标、成交量类指标、大盘类指标、统计类指标，如图 2-1 所示。

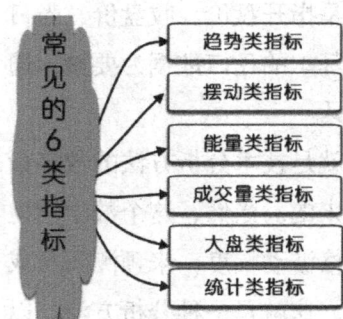

图 2-1　技术指标分类结构图

1. 趋势类指标

趋势类指标也称为趋向指标，它以道氏理论所描述的趋势运行规律为依据，通过指标形态来展示趋势运行情况。趋势运行规律的核心观点是：一旦市场的趋势形成，价格仍有沿这一趋势运行的动力。在市场中，我们常可以看到这种价格沿一个主方向持续运行的情况。趋势类指标以均线为基础，根据目前趋势所处的阶段（上升阶段、平稳阶段、下降阶段）

及当前价格所处的趋势线位置，来发出买卖信号。

正因为趋势的形成及延续具有一个较长的时间跨度，所以反映这种趋势的趋势类指标普遍具有稳定的特点，不易被人为操作，因而受到很多投资者的青睐。趋势类指标主要包括移动平均线 MA、异同移动平均线 MACD、三重指数平滑指标 TRIX、瀑布线 PBX、动量指标 MTM、趋向指标 DMI、宝塔线 TWR 等。

2. 摆动类指标

摆动类指标是基于统计学理论中的"平衡位置"观点的一类指标。简单来说，统计学理论认为，事物在短期的变化过程中，总有向平衡位置靠拢的倾向。

基于这种思想，摆动类指标以平衡位置为中心，通过展示某段时间内价格偏离平衡位置的情况来发出买卖信号，其设计原理大都较为复杂。

平衡位置这个概念适用于股市中的不同方面。例如，对于股价走势来说，它也有平衡位置，并且会随着价格的发展方向的变化而不断调整。当价格走势处于持续上涨状态时，这一平衡位置会随着上涨趋势的行进而出现上移；同理，当价格走势处于持续下跌状态时，这一平衡位置也会随着下跌趋势的行进而出现下移。

摆动类指标属于短线指标，用于反映个股在短时间内的波动情况，是我们进行短线买卖时可以使用的工具。与其他类别的指标不同，摆动类指标主要用于盘整震荡行情中，此时，摆动类指标可以较好地预示价格在波动过程中的高点与低点。但是在典型的升势或跌势中，摆动类指标往往会出现钝化，指标的金叉、死叉并不能简单地作为买卖信号。摆动类指标主要包括随机摆动指标 KDJ、乖离率 BIAS、相对强弱指标 RSI 等。

3. 能量类指标

能量，也是技术分析思想的一种体现，上涨或下跌都源于能量的变化，能量体现为买卖盘的力量对比情况。能量类指标设计的思路就是通过反映买卖盘力量变化情况来预示价格走向。

那么，通过什么方法来反映"能量"的大小呢？一般情况下，能量类指标往往以价格的上涨幅度、上涨速度等数据来反映上涨能量，以价格的下跌幅度、下跌速度等数据来反映下跌能量。当市场的上涨能量强于下跌能量时，这时的价格走势呈现出强势；反之，当市场的下跌能量强于上涨能量时，这时的价格走势则呈现出弱势。

利用能量类指标的指标值、指标线的变化情况，我们可以较好地识别出多空双方的力量转变情况。这样我们既可以把握个股中长期的走势，也能较为准确地把握个股的短期波动。能量类指标主要包括情绪指标 ARBR、中间意愿指标 CR、相对强弱指标 RSI、心理线 PSY、容量比率指标 VR 等。

4. 成交量类指标

价、量、时、空是技术分析的四大要素，成交量在其中占据着举足轻重的位置。为了更好地观察成交量的变化情况，成交量类指标应运而生。成交量类指标作为单独的一类指标，以"成交量"为核心，反映量能的变化趋势、买卖盘变化的程度等信息。但是，由于成交量类指标并不是以价格作为指标的直接参数，所以在使用成交量类指标时，一般要结合价格走势来进行综合分析。成交量类指标主要包括成交量 VOL、均量线 MAVOL、量指数平滑异同移动平均线 VMACD、量相对强弱指标 VRSI 等。

5. 大盘类指标

大盘类指标是指那些专门用于判断大盘走势的指标。这些指标可以反映出市场整体运行的情况，是研究大势走向的工具之一。大盘类指标与其他类别的技术指标存在着显著的不同。其他类别的指标（如趋势类指标、成交量类指标、能量类指标等）既可以用于分析个股走势，也可以用于分析市场走势，但是大盘类指标只能用于分析市场的整体运行情况。

一般来说，大盘类指标的输入参数主要是市场中上涨品种的数量、下跌品种的数量等这类具有统计意义的信息。大盘类指标主要包括上涨家数比A/D、涨跌比率 ADR、腾落指数 ADL、阿姆氏指标 ARMS、超买超卖指标OBOS、绝对广量指标 ABI、麦克连指标 MCL、麦氏综合指标 MSI、指数平滑广量交易指标 STIX 等。

6. 统计类指标

统计类指标，也可以称为区间指标，多以某一时间段为研究对象，统计其间的某种交易数据，例如换手率、累计成交量、累计涨幅或跌幅等。常用的统计类指标有阶段换手率、阶段涨幅、阶段总成交量、阶段总成交额等。

除了常见的 6 类指标之外，还有股票行情软件提供的指标——相关专业指标，也称为特色指标。不同的股票行情软件有不同的特色指标，例如以 LEVEL2 行情数据为依据的 LEVEL2 指标，还有如指南针、钱龙、神光、龙系等指标，这些指标分别从不同的侧面反映了市场或个股的交投情况，它们也是我们在使用指标进行实战时应注意的对象。

另外，还有一些指标是基于不同的操作理念而提出的。例如，通道类指标是基于"股价在通道之中运行"这一理念而提出的，较为典型的通道类指标有布林带 Boll 及麦克指标 MIKE；停损类指标则是基于股市设置停损价位的模型而得出的。可以说，任何一种较为独特的操盘理念都可以转化为定量的指标表现形态。

在了解指标分类时，我们还应注意，一些股票行情软件对于指标的分类有其自身特点。例如，一些股票行情软件将随机摆动指标 KDJ、乖离率 BIAS、相对强弱指标 RSI 列入"反趋向指标"中，而取消了摆动类指标的分类。其实，指标的分类只是一个便于理解的手段，在了解了具体指标的设计原理之后，我们才能更好地运用这些指标。而这一指标究竟属于哪一类，则不必过于计较，毕竟，理解并运用这一指标才是我们学习它的本意。

除此之外，我们还应知道，因为某个指标只能反映出局部的市场状态，所以要想在股市中对市场整体及当前操作的个股有一个全面的把握，就不能局限于某一个指标或某一类指标，而是要根据实际情况灵活多变地综合运用这些指标。

2.2　持仓成本与均线

MACD 指标是以移动平均线 MA 为基础设计的，而且在所有的指标中，移动平均线 MA 也是最为重要的一种，在了解了均线的设计原理之后，再学习 MACD 指标，可以更好地理解并运用它。本节将系统地讲解移动平均线 MA 的原理与特点，随后的各章将结合 MACD 指标的用法进一步讲解均线的具体形态与交易方法。

2.2.1　市场成本与趋势

仅仅依靠价格走势图表，我们往往很难把握趋势运行情况。如何清晰地把握趋势以及如何了解趋势运行的实质，成为我们首先需要解决的问题。结合市场经验及前人智慧，我们知道了趋势运行取决于两种力量，一种是已经形成的力量，另一种是后续入场的力量。对于后续入场的力量，需要结合基本面、市场情绪、资金面、外围环境等多种因素进行考虑；但是，对于已经形成的力量，则可以通过市场平均持仓成本曲线来了解。

所谓市场平均持仓成本，就是在一定时间周期内投资者买入这只个股的平均价格。当我们所取的时间周期不同时，所计算出来的市场平均持仓成本也不相同。

一般来说，市场平均持仓成本的变化方式会对市场未来走势产生 50% 的影响，另外的 50% 则由陆续进场交易的多空双方决定。市场平均持仓成本不断走高，代表多方力量占据主导地位，市场正处于上升趋势中；反之，市场平均持仓成本不断下降，代表空方力量占据主导地位，市场正处于下跌趋势中。

价格运行状态是市场运动的表象，成本运行状态才是市场运动的本质。当成本呈现出下降趋势而价格快速向上运动时，说明市场正进行非理性运动，一般不会持久，价格很快还会降回来；反之亦然。移动平均线正是基于市场平均持仓成本的变化方式可以很好地反映市场趋势运行这一特征设计的。

如图 2-2 所示，此股在短线冲高之后，出现了长时间的滑落，震荡下跌的速度缓慢，但放量效果较为明显，市场换手充分。依据回落走势，我们可以画出一条近似的市场成本曲线（图中虚线），它的方向很明显是向下的，这条曲线就代表了市场趋势行进的方向。而其间较为短暂的上涨走势，只宜被看作是一次反弹波动，并不能改变市场成本曲线的延伸方向，即它无法阻挡市场下降的趋势。这就是市场成本对于市场趋势运行的呈现，而这种市场成本曲线最终被通过数字量化的移动平均线代替。

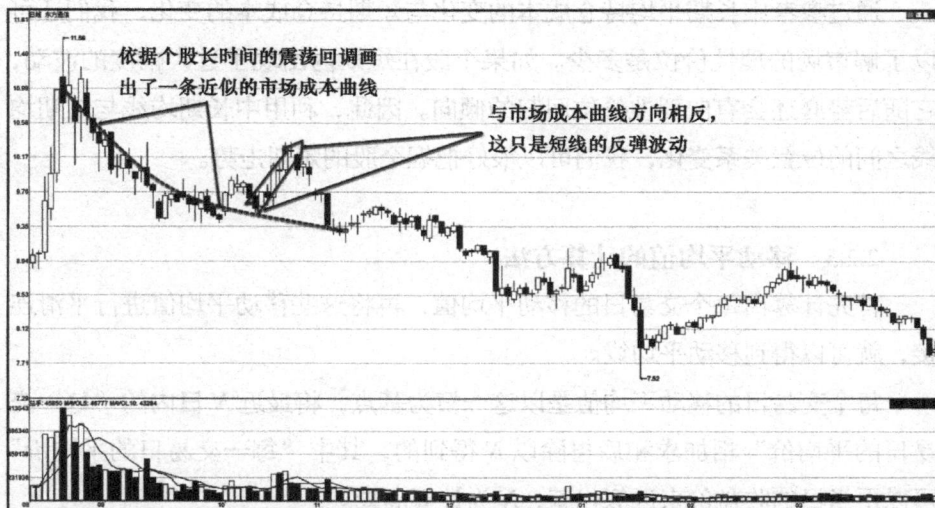

图 2-2　市场成本曲线示意图

2.2.2　什么是均线

移动平均线 MA 是以道氏理论的平均成本概念为基础，利用统计学中的移动平均原理，将一段时期内的股票价格平均值连成曲线，用来显示股价的历史波动情况，进而反映股价指数未来发展趋势的技术分析方法。均线的主要作用就是直观清晰地反映出市场平均持仓成本的变化情况，进而展示趋势的运行情况。

移动平均线是由美国著名投资专家格兰维尔于 20 世纪中期提出的。均线是当今应用最普遍的技术指标之一，它能够帮助交易者确认现有趋势、判断即将出现的趋势、预测即将反转的趋势。在选股的时候，我们可以把移动平均线作为一个参考指标，移动平均线能够反映出价格趋势走向。

5 日的市场平均成本与 10 日的市场平均成本是不一样的。对于移动平均线来说，它之所以可以很好地呈现出市场平均持仓成本的变化情况、帮助我们把握趋势，是因为均线系统是由多条时间周期不同的市场平均成本曲线构成的。多条均线的排列形态，既指明了价格趋势，也反映了市场的变化情况。

通过参考中长期平均持仓成本的变化与短期持仓成本的变化，我们还可以了解市场的理性价位是多少。如果个股在短期内出现了过大幅度的波动，它随后势必还会有向理性价位回归的倾向。因此，利用中长期均线与短期均线之间的位置关系变化，我们可以很好把握个股的短期走势。

2.2.3 移动平均值的计算方法

首先计算出每个交易日的移动平均值，再将这些移动平均值进行平滑连接，就可以得到移动平均线。

每个交易日的移动平均值是以这一日为基点，将最近 N 日内的"每一交易日的平均价"相加求和后再除以 N 得到的，其中"每一交易日的平均价"可以用当日的收盘价来近似代替，N 为计算周期。

在移动平均值的计算过程中，我们用每个交易日的收盘价来代表这一交易日的平均持仓成本，然后对当前交易日和最近几个交易日的收盘价之和进行算术平均，即可得到当前交易日的移动平均值。下面以 C_n 来代表第 n 日的收盘价，以时间周期为 5 的均线（表示为 MA5）数值为例说明移动平均值的计算方法。第 n 日的 5 日均线 MA5（n）在当日的数值为：

$$MA5(n)=(C_n+C_{n-1}+C_{n-2}+C_{n-3}+C_{n-4}) \div 5$$

将每个交易日的均线数值按时间顺序依次连接起来形成平滑的曲线，就可以得到 5 日移动平均线 MA5 了。按照同样的方法，可以计算出 MA10、MA30、MA60 等均线数值。在实际应用中，5 日均线 MA5、30 日均线 MA30、60 日均线 MA60 最为常用。这些不同时间周期的均线组成了均线系统，利用这些均线之间的位置关系、交叉关系、偏离度等特征，就可以分析市场的运行情况了。

一般来说，如果价格在绝大多数时间内位于均线系统（由周期长短不一的几条均线组合而成的均线系统）上方，则表明市场中买盘踊跃、多方力量强大，短期市场平均持仓成本所在位置对当前的价格走势构成了有力的支撑，这是价格处于上升趋势中的表现；反之，如果价格在绝大多数时间内位于均线系统下方，则表明市场中卖盘踊跃、空方力量强大，市场平均持仓成本所在位置对当前的价格走势构成了有力的阻挡，这是价格处于下跌趋势中的表现。

2.2.4 均线的基本特点

1. 追踪趋势

趋势一旦形成就有很强的持续力。移动平均线可以在趋势成形、发展、转折的时候很好地呈现趋势运行情况，帮助我们追踪趋势。

2. 稳定性

因为均线的变动不是一天的变动，而是几天的变动，一天的大变动被几天分摊，变动就会变小而显示不出来。因而，移动平均线可以帮助我们忽略市场的偶然性波动、看清市场运行的大方向。

3. 滞后性

在股价原有趋势发生反转时，由于均线的追踪趋势特性，它的反应相对迟缓，特别是在趋势快速转向的时候，均线的掉头速度会明显落后于大趋势。这时，我们就需要结合一些其他的方法来弥补均线的这种不足之处。

4. 助涨助跌性

均线是一种被大多数投资者使用的分析工具，很多投资者依据均线的变化来进行交易，因而，当股价向上突破了均线时，会形成较强的看多、做多氛围，使得价格有再度上涨的动力，这是均线的助涨性；反之，当股价向下跌破均线时，会形成较强的看空、做空氛围，使得价格有再度下跌的动力，这是均线的助跌性。均线的助涨助跌性源于使用它的人数多，当一种技术工具被广泛地使用时，这种技术工具往往能反过来影响价格走势，这是一个相互影响的过程，毕竟股市的运行在一定程度上还是取决于投资者的资金推动。

2.3　MACD 指标原理与计算过程

平滑异同移动平均线 MACD 是最常用的技术指标之一，它建立在移动平均线的基础之上，既保留了均线能够呈现市场趋势这一特点，又具备了很好的短线功能。

2.3.1　均线的"离—合"特性

MACD 指标的发明者阿佩尔在研究移动平均线系统时，发现了这样一种特性：周期较短的均线与周期较长的均线之间往往呈现出"分离—聚合—再分离"的形态，即短周期均线往往会在买盘或卖盘的快速推动下远离中长期均线，但随后短周期均线有再度向中长期均线靠拢的倾向。借助物理学的引力概念，我们可以将这种现象描述为中长期均线对短期均线有较强的"引力作用"。

从市场运行来理解，中长期均线代表着市场的理性价位，而短线的过快波动则是市场非理性的表现。非理性的交易或源于消息面的触发，或源于市场的做多氛围。当非理性交易趋缓时，股价将拥有再度回归理性价位的动力。

但市场的交易就处在理性与非理性的互相博弈、互相影响的状态下，因此短期均线仍然有再度脱离中长期均线的倾向。这两种倾向体现在均线系统上就呈现为短期均线与中长期均线的"聚合—分离"特性。正是基于这种特性，MACD 指标可以通过计算得出两条不同周期均线的分离—聚合情况——正负差 DIFF，并以此作为研判价格波动的根据。

图 2-3 为宝泰隆 2019 年 1 月至 5 月走势图。为了清晰地呈现短期均线与中期均线之间的这种"分离—聚合—再分离"的特性，图中只绘出了两条均线：MA5 与 MA30。如图所示，在 MA5 快速向上远离 MA30 后，出现了掉头向下，再度向 MA30 靠拢的情况。

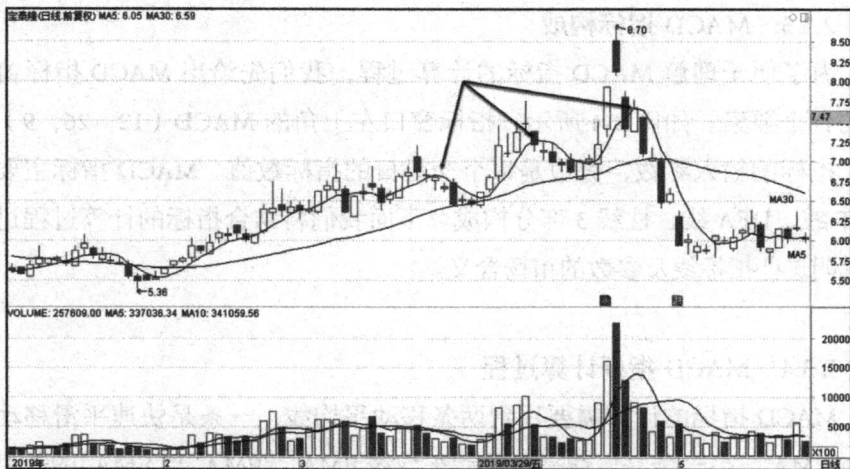

图 2-3　宝泰隆 2019 年 1 月至 5 月走势图

　　如果仔细比对股价与 MA5 曲线，可以发现，在急速反转的过程中，股价总是先于 MA5 出现高点，而当 MA5 高点出现后，此时的股价已深幅调整了，这就是均线滞后性的表现。特别是在短期波动迅急的背景下，均线的买卖信号具有明显的滞后性，这也是在实盘交易中应注意的。

2.3.2　MACD 指标原理

　　MACD 指标正是利用长短均线之间的这种"离—合"特性，将两条均线之间的偏离幅度数字化、形象化，并以这种偏离度来衡量多空力量变化及价格波动情况。因而，在设计 MACD 指标时，先要选择两条均线，一条为中长期均线，另一条为短期均线。

　　阿佩尔在设计 MACD 指标的过程中，综合考虑了稳定性、效率性、实用性等因素，反复演算后最终确定了两条均线的时间周期：12 日、26 日。其中，12 日均线 MA12 为短期均线，26 日均线 MA26 为中长期均线。

　　在股票行情软件的 MACD 指标窗口中，可以看到两条曲线，一条为 DIFF 线，它是正负差，也称为离差值，反映的是长周期均线与短周期均线的分离程度；另一条为 DEA 线，它是 DIFF 线的移动平均曲线，是对 DIFF 线进行平滑处理后得到的。

2.3.3 MACD 指标构成

为了便于理解 MACD 指标的计算过程，我们先给出 MACD 指标窗口中的各个要素。如图 2-4 所示，指标窗口左上角的 MACD（12，26，9）说明了指标的输入参数，旁边是每个交易日的指标数值。MACD 指标主要由 DIFF 线、DEA 线、柱线 3 部分构成。下面我们将结合指标的计算过程进一步说明这些指标线及参数的市场含义。

2.3.4 MACD 指标计算过程

MACD 指标的计算需要用到两条移动平均线，一条是快速平滑移动平均线 EMA_1，另一条是慢速平滑移动平均线 EMA_2。EMA_1 与 EMA_2 的差值即为 DIFF。结合图 2-4 与下面的计算过程来理解，柱线颜色可参考计算机屏幕显示的颜色。

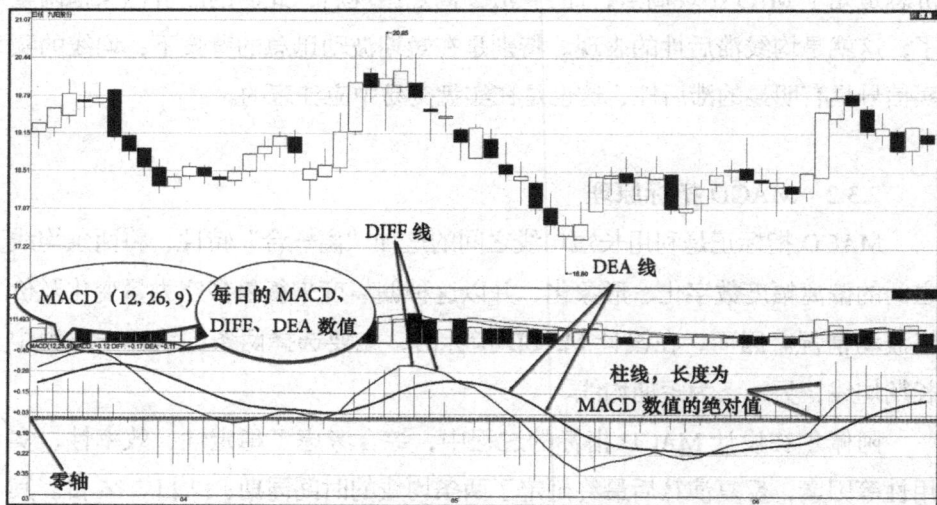

图 2-4 MACD 指标构成图

这是我们以 MACD（26，12，9）为例。MACD（26，12，9）中的参数"12"表示快速均线 EMA_1 的时间周期设定为 12 日，参数"26"表示慢速均线 EMA_2 的时间周期设定为 26 日，参数"9"表示均线 DEA 的时间周期设定为 9 日。DEA 线是 DIFF 线的移动平均曲线，是将各个交易日的 DIFF 值作为参数，依照一定的时间周期得出的一条移动平均线，可以看作是 DIFF 线的慢速平滑曲线。

MACD 指标的计算过程中如下。

1. 计算收盘价的指数平滑移动平均值，分别以 12 日、26 日为平滑周期

EMA_1＝EMA（收盘价，12）＝[2× 收盘价+（12-1）× 上一日的 EMA_1 数值]÷（12+1）

EMA_2＝EMA（收盘价，26）＝[2× 收盘价+（26-1）× 上一日的 EMA_2 数值]÷（26+1）

2. 计算 DIFF 数值

$DIFF=EMA_1-EMA_2$

3. 计算 DIFF 的 9 日 DEA 数值

DEA＝EMA（DIFF，9）

4. 计算 MACD 数值

MACD＝（DIFF-DEA）×2

这一数值以柱线的形式输出，当 MACD 大于 0 时，柱线为红色，当 MACD 小于 0 时，柱线为绿色。

柱线的长短及与零轴的位置关系，能将 DIFF 线与 DEA 线的位置关系、分离—聚合情况立体化、形象化。

当 DIFF 线运行于 DEA 线上方时，代表多方占优，此时用红色柱状线（简称红柱线或红柱）来表示；当 DIFF 线运行于 DEA 线下方时，代表空方占优，此时用绿色柱状线（简称绿柱线或绿柱）来表示。DIFF 线与 DEA 线的位置关系至关重要，例如，当 DIFF 线运行于 DEA 线上方时，如果 DIFF 线向上远离 DEA 线，则红柱线不断变长，这表明买盘正推动个股上涨；如果 DIFF 线开始向下靠拢 DEA 线，则表明买盘推动力度减弱，个股开始回调，这时的红柱线开始变短。实盘中，利用红、绿柱线的长短变化及相互转化，再结合价格波动情况，就可以把握多空力量对比格局的转变，进而预测价格走向。

2.4 系统化使用 MACD 指标

对于技术分析来说，孤立地运用某种方法难免有所局限，它往往只能让我们看到市场的部分交易情况，而综合地应用多种技术分析手段，才能更为全面、准确地揭示市场运行状况、把握多空力量转换。

对于 MACD 指标的运用来讲，也符合这一情况。后面各章会逐一讲解 MACD 指标与其他技术分析方法的综合运用，如 K 线、量价、均线等本节先简单地讲解一下系统化使用 MACD 指标的基本方法。

2.4.1 结合量价验证交易

在所有的技术分析方法中，量价分析法可以说是最基础，也最重要的一种分析方法，因为它直接呈现了多空交锋的细节、力度等信息。即使是刚入门的投资者，在了解了量价分析的基本原理之后，也能够借助它来解读市场、进行判断。可以说，结合量价分析法来使用 MACD 指标，是一种便利、高效、实用的方法。本节我们将结合一个案例来看看量价分析在 MACD 指标运用过程中是如何发挥作用的。

图 2-5 为上汽集团 2019 年 9 月至 11 月走势图，股价连续收阴，放量下跌，

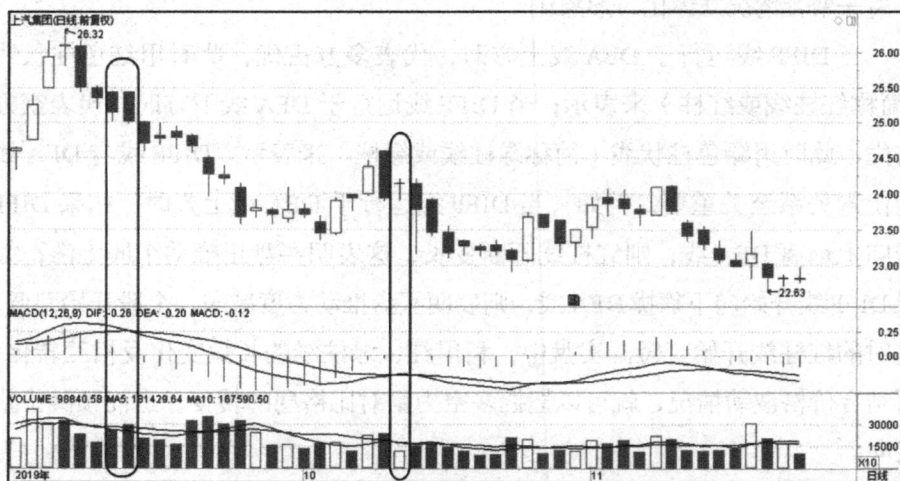

图 2-5　上汽集团 2019 年 9 月至 11 月走势图

并且此时的MACD指标在第1个圆角框处出现了死叉，这种死叉形态是MACD指标的卖出信号，应实施卖出操作，随后的价格走势也印证了这种判断。

个股随后出现了连续性的放量下跌，跌幅虽然不大、跌速虽然不快，但是放量十分明显，依据"量在价先"的原理，这是趋势转向下行的信号。而且，此时的股价刚刚离开盘整区，下跌空间仍然巨大。正是在这种情况下，MACD 指标随后在第 2 个圆角框处出现了一个金叉。很明显，在短线跌幅不大、趋势下行已确立的背景下，金叉的反弹空间极窄，甚至并不能引发反弹行情。此时若不结合量价关系进行判断，仅仅依据金叉形态来实施买入、博取短线利润，将有可能被套在高位区，损失惨重。

通过这个案例可以看出，当量价形态与 MACD 指标信号明显背离时，本着风险规避的态度，应离场观望。而且，依据 MACD 指标的买入信号进行的交易也是在特定的情形下才有很高的成功率。如果不结合具体走势而盲目地依据 MACD 指标的金叉这一买入信号来操作，并不能提高成功率，这样，MACD 指标也就失去了在实战中的作用。

2.4.2 结合均线顺势交易

移动平均线能很好地呈现整体运行趋势，而 MACD 指标在短线交易上更为灵活。将两者进行结合，可以起到长短互补的作用，进而投资者可以利用 MACD 指标展开更为有效的顺势交易。例如，在升势中，更为稳妥的交易是回调买入、冲高卖出。由于是在趋势整体上行的背景下顺势买入，因而在仓位的控制上可以更为激进些；相反，在跌势中博取反弹行情，相对来说是在逆势交易，风险较大，更应谨慎控制仓位。下面结合一个案例来进行说明。

图 2-6 为中国建筑 2019 年 8 月至 11 月走势图，图中标示了两个位置点。

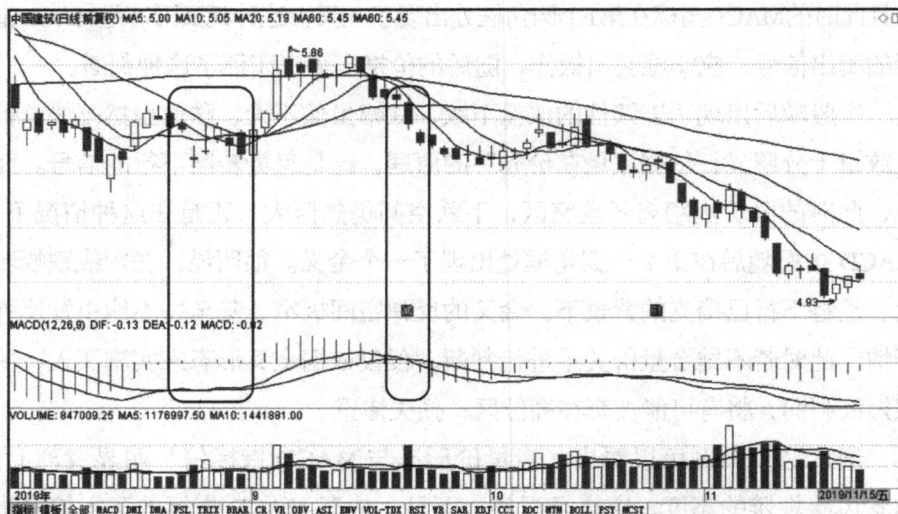

图 2-6　中国建筑 2019 年 8 月至 11 月走势图

在第 1 个位置点，均线呈空头形态，这是空方整体占优、趋势转跌的标志；随后，出现了 MACD 指标的金叉，这个金叉信号与趋势方向背离，虽然是短线上涨信号，但趋势向跌，在短线跌幅不大的情况下，反弹空间极为有限。操作上，更宜观望，而不是入场参与。

在第 2 个位置点，先是 MACD 指标出现死叉，这是卖出信号；随后，均线呈空头形态，这是趋势将下行的信号，这个死叉信号与趋势运行方向一致，再结合个股的整体走势特征，它还是中长线离场的明确信号。操作上，若手中仓位较重，则应果断清仓。

通过本例可以看出，在结合参考均线形态的情况下，对趋势的运行有了更为准确的把握，在利用 MACD 指标进行交易时能更好地控制仓位、预测风险，操作上更加有的放矢。

2.4.3　结合 K 线、分时图进行交易

MACD 指标兼具趋势分析与指导短线交易的功能，这使得它在股价短线波动较为迅急的时候，发出买卖信号的时间往往有所延迟。特别是金叉、死叉这两种经典形态，我们常常会发现当其出现时，股价已明显跌破了低点或

向下远离了高点。若是我们能结合 K 线或分时图进行判断，在很多时候是可以提前预测 MACD 指标金叉或死叉形态的出现时间的，从而能够提前做出买卖决策，把握短线上的最佳交易时机。

图 2-7 为华泰证券 2019 年 8 月至 11 月走势图。个股先是以一个向上的跳空缺口实现了对盘整区的突破，但是，当日收于长上影线，当这种 K 线形态出现在突破点或反弹高点时，就是上攻遇阻的信号，预示着短线走势出现调整的概率较大，操作上应卖出。

但是，此时的 MACD 指标线仍没有出现明显的卖出信号。随后，股价回调一定幅度后，死叉形态才出现，若依据 MACD 指标的死叉形态实施卖股操作，显然错失了逢高出逃的时机。

其实，对于这种短线波动较为迅急的情况，使用 MACD 指标时更应结合柱线的变化来把握多空力量转变，这也是 MACD 指标的短线实用性的一个方面。但是，若能很好地了解 K 线形态的市场含义，那我们在短线交易上就会更加主动。

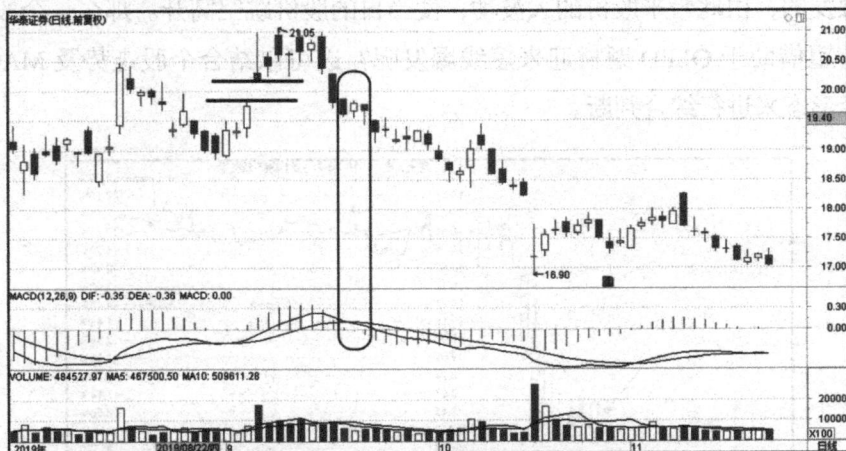

图 2-7 华泰证券 2019 年 8 月至 11 月走势图

2.4.4 结合消息、题材进行交易

能够短线飙升的个股多是由催化剂驱动的，虽然主力的参与是一个重要

因素，但若个股的上涨得不到市场的认可、关注，主力的参与也将难有好的表现。换个角度来看，只有当个股的上涨走势与题材为伴，它才更有可能获得主力的参与，更好地激发投资者的做多热情，从而出现更为强劲的上涨。

题材是多种多样的，一般来说，凡是可以引发市场兴趣的都可以称之为题材，这其中大部分是由实时性较强的消息面因素触发的。例如，国家出台的产业或区域性扶持政策，社会生活中的重大事件（体育盛会、国庆庆典、天气因素引发的燃气紧张等），资源类产品的价格上涨或下跌，上市公司的资产重组、分红送股方案都可以成为题材。

投资者在结合题材展开短线交易时，首先要了解市场宣传题材的这种氛围，其次才是分析题材的热度、主力参与力度等因素。如果我们不能很好地理解题材在股市中的作用，是很难以此为线索展开交易的。下面我们结合一个案例来看看结合 MACD 指标利用题材短线追涨个股的方法。

图 2-8 为南大光电 2019 年 8 月 27 日分时图。当日个股大幅度高开，这是由 OLED（Organic Light-Emitting Diode，有机发光二极管）的利好消息因素触发的，由此带来股价的大波动，使当日的股价跳空高开。那么，个股是否有望借助于 OLED 题材迎来短线爆发呢？这可以结合个股走势及 MACD 指标形态来进行综合判断。

图 2-8　南大光电 2019 年 8 月 27 日分时图

图 2-9 展示了此股 2019 年 4 月至 9 月走势图，该股一直在缓缓攀升，走

势较大盘明显独立，图中标注位置还出现了 **MACD** 指标的金叉形态，在这种走势格局下的金叉代表着多方力量正占据优势、新一波上攻行情有望开启。随后的消息面触发了此股的大幅度跳空突破，这时的题材性上涨出现在稳健攀升格局、短线涨幅不大的背景下，是一种顺势向上的题材股走势，主力一般不会放过这样的短线机会，并且个股短线仍有上攻空间。因此 2019 年 8 月 27 日的盘中回调企稳阶段（如图 2-8 所示）就是很好的短线追涨入场时机。

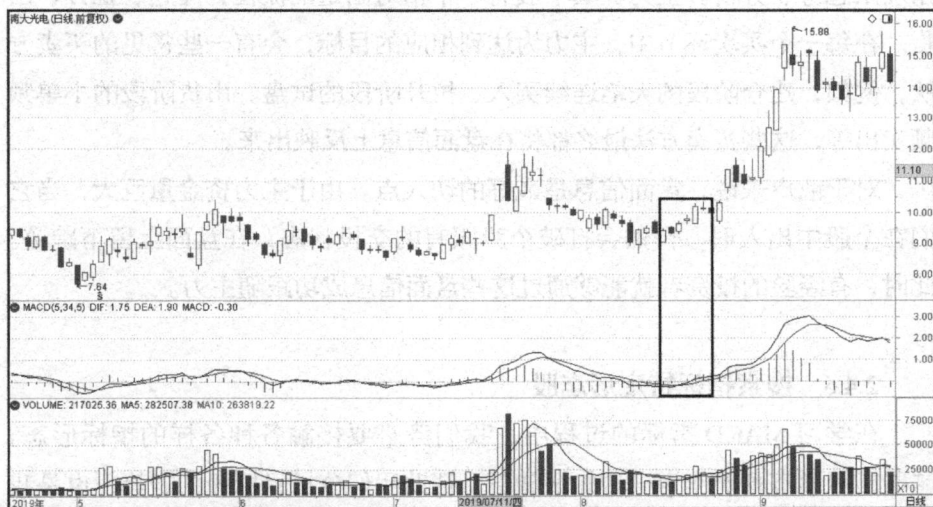

图 2-9　南大光电 2019 年 4 月至 9 月走势图

股市上的题材多种多样，我们没有未卜先知的能力，很难提前察觉到哪些题材将获得关注。但是，我们发现，题材股的启动都是以涨停板为明确信号的。这一客观现象提示我们，要想发掘热点题材，必须从涨停股入手，通过分析每个交易日个股涨停的原因来缩小排查范围。

除此之外，大多数个股的题材性上涨往往极为短暂，题材热度一旦减退，个股的走势将明显弱于同期大盘。这就要求我们在参与题材股时快进快出，在收获短线利润的同时尽量规避风险。

2.4.5 从主力的角度来分析

主力，特别是一些资金实力较强的主力，对个股的走势有一定的影响，如果我们不能跟随主力，则获利额度很难超越市场平均水平。主力是否对个股有买卖参与？主力参与的程度如何？主力目前的市场行为怎样？分析、预测主力，绝不是孤立的一门技术，它需要我们综合运用各种技术分析工具，采取不同的分析手段，只有这样才能准确地把握主力行踪。

在分析主力的过程中，首先，也是最重要的一点，我们要学会从主力的角度来思考、分析。主力买卖个股有一个相对固定的流程：建仓、拉升、出货。在每一个买卖环节中，主力为达到相应的目标，会有一些常见的买卖方法，例如，建仓阶段的大笔连续买入、拉升阶段的试盘、出货阶段的小单频频卖出等，这些买卖方法最终都将在盘面信息上反映出来。

对于散户来说，盘面信息是最好的切入点。由于主力资金量巨大，当它们在个股中出入时，自然会打破个股原有的交投状态，在盘面上留下踪迹。此时，有经验的投资者就能够通过这些盘面信息成功跟随主力。

2.4.6 搜索指标特定形态股

在学习 MACD 指标的过程中，我们势必要接触各种各样的指标形态。这些指标形态既能作为一种知识储备，帮助我们分析目标股的走势，也是我们选股时的重要线索。例如，如果想选出某段时间内哪些个股出现了 MACD 指标金叉形态，哪些个股同时出现了 MACD 指标上穿零轴及均线金叉的形态，面对几千只个股，应该如何排查呢？

现在的股票行情软件功能丰富，我们在查找所需的某种具体指标形态或几种指标形态的组合时，不必上下翻页、一只只地浏览全体个股，通过软件的"条件选股"功能即可实现。

在通达信软件中，首先要打开个股走势图，然后依次单击"功能""选股器""条件选股"，此时可打开"条件选股"对话框，如图 2-10 所示。

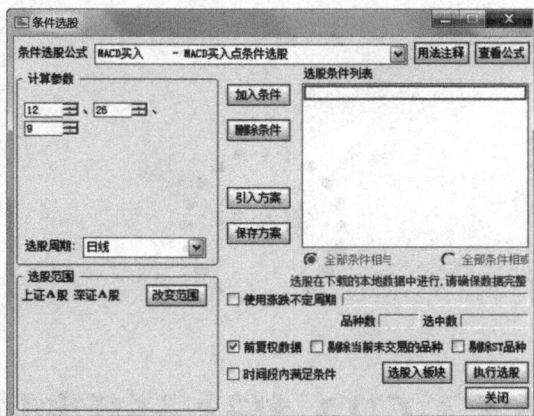

图 2-10 通达信"条件选股"对话框

在这个对话框里，可以设置相应的查找条件进行筛选。例如，对于 MACD 指标来说，可以设定指标的金叉、死叉、穿越零轴等单一条件，也可以设定组合条件。

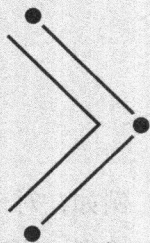

第 3 章

MACD 指标研判核心

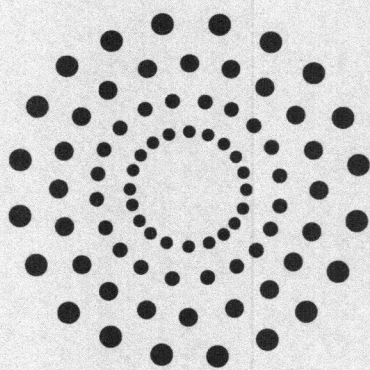

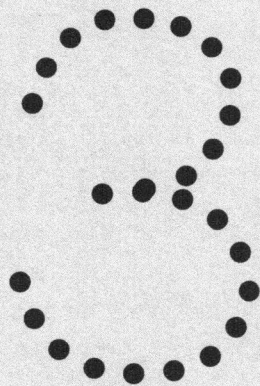

在学习一门技术时，应该先将多种多样的形态进行抽象再了解共性，还是先了解具体的形态最后才总结共性？这实际上是学习方法的问题。

以大多数读者的思维习惯、学习模式来看，先了解共性，再讲解具体的形态是符合读者正常的理解逻辑的。本章我们将先抛开 MACD 指标的具体形态不谈，以一种抽象的方式来阐明指标的用法，这些用法是对具体指标形态的抽象总结，也是随后理解具体指标形态的基础。

3.1　交叉：波段点

交叉，是指 MACD 指标窗口中的两条指标线 DIFF 线、DEA 线之间的上下交叉关系，当 DIFF 线由下向上穿越 DEA 线时形成的交叉称为金叉；相反，当 DIFF 线由上向下穿越 DEA 线时形成的交叉称为死叉。除此之外，还有二度交叉等形态。交叉形态的出现，是多方或空方力量开始占优的标志，但这种优势能否保持下去，则需具体分析。交叉形态常与波段反转同步出现，但在很多时候，交叉形态的出现并不是买卖信号。

3.1.1　金叉

金叉，从形态上来看，它的出现源于 DIFF 线的上升速度加快。从 MACD 指标的市场含义及计算过程来看，DIFF=EMA$_1$-EMA$_2$=EMA12-EMA26，它是快速均线移动平均值与慢速均线移动平均值的差值，代表着两种均线之间的距离。而 DEA 线是 DIFF 线的移动均线，我们可以将 DEA 理解为 EMA12 与 EMA26 这两条均线之间的 "平均距离"。

快速均线运行于慢速均线上方代表多方总体占优、DIFF 值大于 0。随着金叉形态的出现，DIFF 值开始变大，这代表着两条均线之间的距离开始大于 "平均距离" 且有远离 "平均距离" 的趋向。体现在两条均线的具体运行中就是快速均线 EMA12 有加速远离慢速均线 EMA26 的趋向。

反之，快速均线运行于慢速均线下方代表空方总体占优、DIFF 值小于

0。DIFF 的绝对值代表着两条均线的实际距离，DEA 的绝对值代表着两条均线之间的"平均距离"。随着金叉形态的出现，DIFF 值虽然开始变大，但 DIFF 绝对值开始变小，这代表着两条均线之间的距离开始小于"平均距离"且两条均线的上下位置有发生转变的趋向。体现在两条均线的具体运行中就是快速均线 EMA12 有加速向上靠拢慢速均线 EMA26 的趋向。

在了解了 MACD 指标金叉形态的出现原因后，就可以进一步理解其市场含义。简单来说，零轴上方的金叉是快速均线有望向上加速远离慢速均线的信号；零轴下方的金叉是快速均线开始走平，有望向上靠拢并穿越慢速均线的信号。这两种情形都是短期内多方力量开始占优的信号。金叉只是为短线买入行为发出了一个提示性的信号，但能否买入则取决于多方占优局面是短暂的还是具有持续力的，这要结合其他方面进行综合分析。

图 3-1 为中国石化 2019 年 7 月至 9 月走势图。如图中标注所示，个股出现了一个鲜明的金叉形态，但它是否是买入信号，一要看个股前期走势，二要看金叉出现前后的市场表现。在此，我们还需结合价格走势进行分析。金叉只是一个提示性信号，它的出现并非一定代表着买入。只有综合多种盘面因素之后，我们才能做出正确的交易决策。

从图 3-1 中的个股走势来看，金叉出现的位置点较低，个股前期跌幅大、跌速快，中短期内的空方出货得到了有效释放。在金叉出现前，个股先是横向震荡，随后才出现金叉形态，而且在金叉出现之后，股价虽然小幅调整，但此时已经呈现出了股价重心上移的趋向。这次金叉出现在中短期大跌后的低点，有过渡企稳走势支撑，短线涨幅很小，因此它所提示的多方力量开始占优的这种市场格局是有一定持续力的。在实盘操作中，这个 MACD 指标金叉形态就是一个很好的买入信号。

图 3-1 中国石化 2019 年 7 月至 9 月走势图

通过本例的分析，也可以看出，虽然 MACD 指标的金叉是买入的提示性信号，但在具体实施交易时，若没有一个明晰的分析过程或不能对市场进行整体把握，仅仅依据金叉形态来展开交易就是盲目、低效的，而且也不利于仓位的控制。

稳健的投资者可以合理使用金叉，但是宜在金叉出现之后的第 3 天再观察金叉的有效性，因为第 3 天大多数股票的股价已经回落整理了，此时的信号比较可靠。

3.1.2 死叉

快速均线运行于慢速均线上方代表多方总体占优、DIFF 值大于 0。随着死叉形态的出现，DIFF 值开始变小，这代表着两条均线之间的距离开始小于"平均距离"且两条均线的上下位置有发生转变的趋向。体现在两条均线的具体运行中就是快速均线 EMA12 开始走平，有向下靠拢慢速均线 EMA26 的趋向。

反之，快速均线运行于慢速均线下方代表空方总体占优、DIFF 值小于 0。DIFF 的绝对值代表着两条均线的实际距离，DEA 的绝对值代表着两条均线之间的"平均距离"。随着死叉形态的出现，DIFF 值虽然开始变小，但

DIFF 绝对值开始变大，这代表着快速均线有加速向下远离慢速均线的趋向。

在了解了 MACD 指标死叉形态的出现原因后，就可以进一步理解其市场含义。简单来说，零轴上方的死叉是快速均线靠拢慢速均线的信号；零轴下方的死叉是快速均线向下远离慢速均线的信号。这两种情形都是短期内空方力量开始占优的信号。死叉发出波段卖出的信号，但究竟是清仓离场还是减仓控制风险，则取决于空方占优局面是短暂的还是具有持续力的，这要结合其他方面进行综合分析。

图 3-2 为国机通用 2019 年 6 月至 8 月走势图，图中标注了两次出现的 MACD 指标死叉形态。第 1 次死叉形态出现后，由于股价的短线下跌过于迅急，此时的股价已处于中短线低点，调整幅度较大，因此，死叉所预示的空方力量占优格局是短暂的，并不具有持续力。此时，不可依据这次死叉形态实施卖股操作。

第 2 次死叉形态则出现在中短线的高点。从个股走势来看，整体运行呈横向宽幅震荡状，这次死叉就出现在宽幅震荡区的上沿位置点，死叉出现时的短线回调幅度也很小，因此死叉形态所预示的空方力量占优格局有较强持续力。操作上，应依据这次死叉形态实施卖股操作。

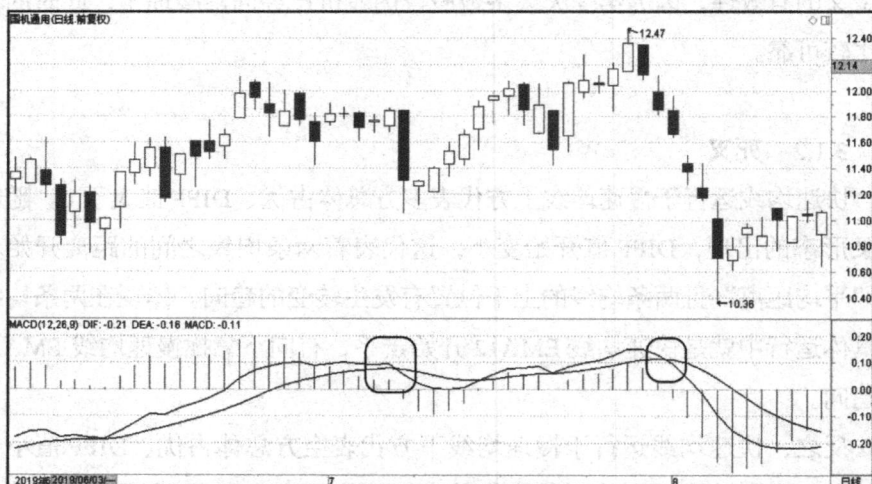

图 3-2　国机通用 2019 年 6 月至 8 月走势图

3.1.3 二度交叉

二度交叉，是指在原有交叉方向的基础上，经过局部运行后，再度出现交叉的一种形态，可以分为二度金叉和二度死叉。某种形态的交叉代表着多空力量的阶段性占优，二度交叉则代表这种占优格局实现了延长，因此它所预示的多空力量变化趋向往往更为准确。

一般来说，在同一股价位置点出现的二度交叉形态是较为明确的波段买卖信号，此时的 MACD 指标形态先于股价运行，为我们把握买卖时机提供了较为准确的指导。下面结合一个案例来加以说明。关于二度交叉更为具体的实战形态，将在后面各章中逐一讲解。

图 3-3 为江南高纤 2019 年 8 月至 10 月走势图，在个股的横向震荡走势中，前期的震荡使得股价重心有所下移，但整体走势仍呈横向震荡状，趋势选择方向不明朗。此时，MACD 指标却出现二度金叉，第 2 次金叉的位置点明显高于第 1 次，这是多方力量阶段性占优局面持续力较强的标志。而且，在金叉两次出现后，中短线股价尚未实现上涨，这就是一个很好的买入机会。二度金叉预示了随后的上攻行情。

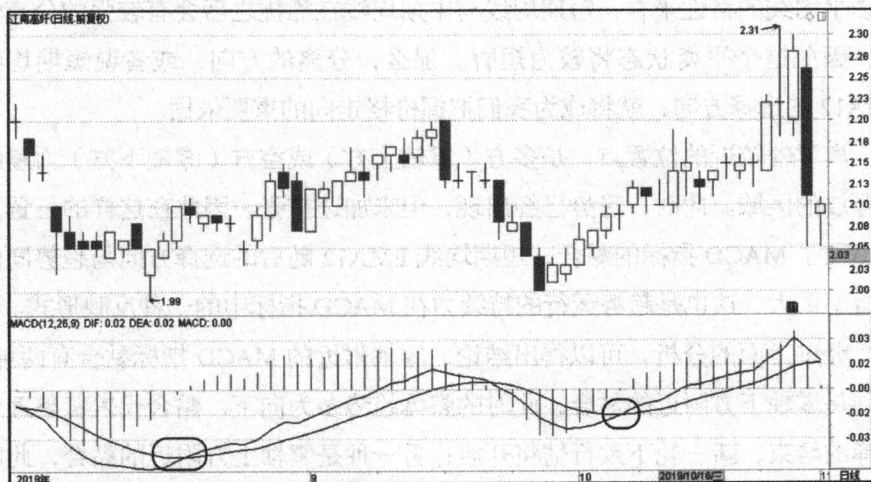

图 3-3 江南高纤 2019 年 8 月至 10 月走势图

3.2 黏合：方向选择

黏合，是指 DIFF 线与 DEA 线之间距离很小，呈重叠状的一种形态特征。从指标线之间的位置关系来看，黏合主要有两种表现形式，一种是 DIFF 线起初运行于 DEA 线下方，向上方靠拢 DEA 线后呈黏合状态；另一种是 DIFF 线起初运行于 DEA 线上方，向下方靠拢 DEA 线后呈黏合状态。从多空力量转变来看，黏合更应结合与零轴之间的距离来分析，分析的情况主要有两种：一种是零轴附近的黏合，另一种是远离零轴的黏合。

不同的黏合形式有着不同的市场含义。结合个股走势来说，黏合是价格走势进行大方向选择前的"短暂平静"，它既可能是机会的标志，也可能是风险的象征。

3.2.1 零轴附近的黏合

两条指标线出现黏合，代表指标计算所依据的两条均线 EMA12、EMA26 之间的距离长时间保持为"平均距离"（即 DEA 的指标值）。而依据移动平均线的特性来看，短期均线与中期均线在靠拢之后会有较强的分离倾向，因此这个平衡状态将较为短暂。那么，分离的方向，或者说短期均线 EMA12 的选择方向，就将成为我们把握价格走向的重要依据。

离零轴较近的位置点，是多方（零轴上方）或空方（零轴下方）力量缓慢释放的区域。此时，趋势已经出现，但未加速扩张，因此在这样的位置点上出现了 MACD 指标的黏合，短期均线 EMA12 随后的选择方向与趋势同向的概率更大，这也是趋势运行的持续力在 MACD 指标中的一种反映形式。

经过上面的分析，可以得出结论，零轴附近的 MACD 指标黏合有两种：一种是零轴下方附近的黏合，此时的整体趋势多为向下，黏合代表着整理或反弹的结束，新一轮下跌行情将开启；另一种是零轴上方附近的黏合，此时的整体趋势多为向上，黏合代表着整理或回调的结束，新一轮上攻行情即将开启。下面我们结合案例来看看黏合在具体的运行中是如何呈现市场信息、发出买卖信号的。

图 3-4 为东吴证券 2019 年 9 月至 11 月走势图。在零轴下方附近的位置点，MACD 指标出现了黏合。此时的价格走势呈横向整理状，趋势运行不明朗；但是，依据 MACD 指标的这种零轴下方附近的黏合来分析，趋势随后向下运行的概率更大。操作中，应主动清仓离场，规避风险。

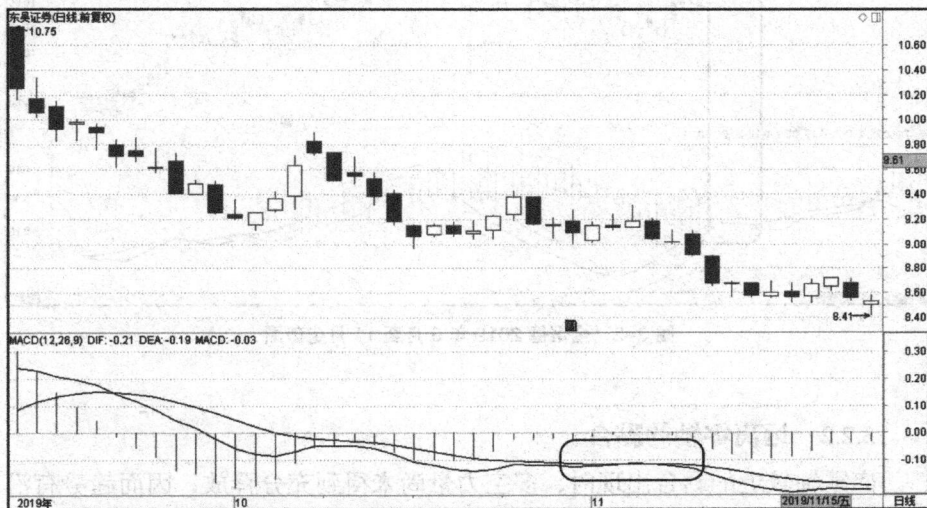

图 3-4　东吴证券 2019 年 9 月至 11 月走势图

图 3-4 的案例是横向整理走势中出现的黏合，此时，借助于这种形态可以判断整理后的趋势选择方向。在震荡下跌走势中，同样可能出现黏合，它代表着反弹力度弱、空方力量依旧总体占优，但此时的跌势并未终止。

图 3-5 为全聚德 2019 年 6 月至 11 月走势图，虽然个股已经震荡下跌了较长时间，但是此时的 MACD 指标却在零轴下方附近出现黏合，这是趋势仍将持续下去的信号。此时，应顺势而为，离场观望。

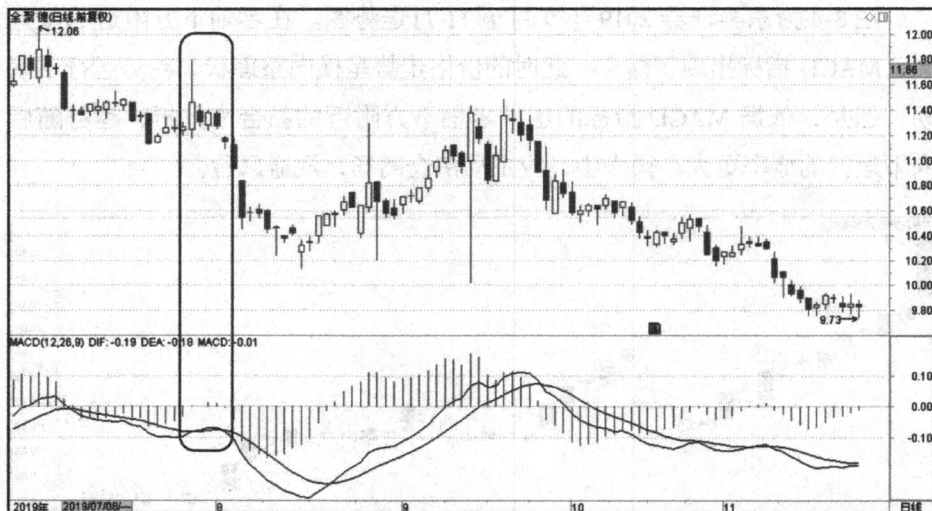

图 3-5　全聚德 2019 年 6 月至 11 月走势图

3.2.2　远离零轴的黏合

离零轴较近的黏合出现时，多空力量尚未得到充分释放，因而趋势有沿原方向加速运行的动力。但是，当这种黏合出现在离零轴较远的位置点时，多空力量已得到了较为充分的释放，黏合多代表着原来力量占优的一方已经失势，多空双方力量处于胶着状态，若此时的个股中短线涨（跌）幅较大，则往往预示着原有运行方向可能发生转折。

图 3-6 为一心堂 2019 年 1 月至 10 月走势图，随着个股的不断震荡上行，在同期大盘仍然处于横向整理甚至指数重心开始下移的背景下，个股的涨幅还是很大。

在个股震荡上升的过程中，DEA 线对 DIFF 线起到了很好的支撑作用，但是，随着股价走势的滞涨，在图中标注的位置点处，DIFF 线明显走弱，向下靠拢并长时间与 DEA 线黏合。此黏合位置点距离零轴较远，多方力量已得到了较为充分的释放，它预示着多方力量转弱、空方力量转强，是趋势运行方向将发生转折的信号。操作中，应果断地卖股离场。

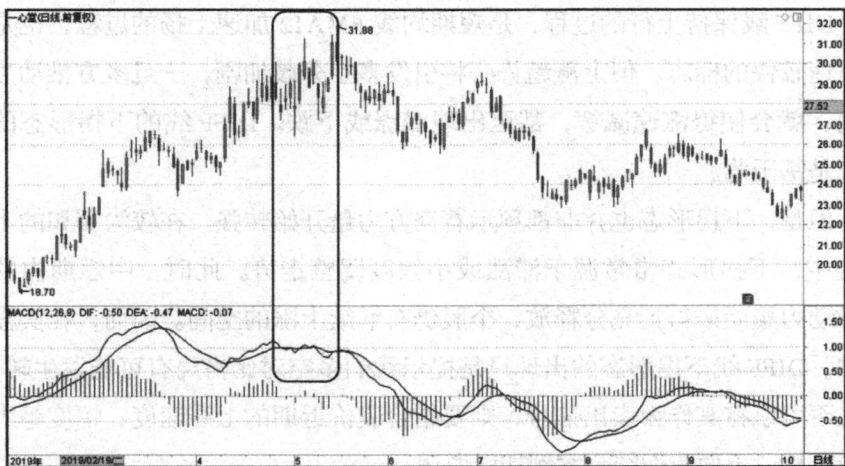

图 3-6　一心堂 2019 年 1 月至 10 月走势图

3.3　拐点：多空格局

所谓的拐点，是指 DIFF 线在原有运行方向上出现了走平、掉头的形态。它有两种表现形式：一种是 DIFF 线的原运行方向向上，随后出现了走平或勾头向下的形态，这是"下拐"；另一种是 DIFF 线的原运行方向向下，随后出现了走平或勾头向上的形态，这是"上拐"。下拐或上拐是原有推动力量减弱的信号，往往预示着波段高点或低点即将出现，但实际情形较为复杂，操作上还应综合分析。本节我们将结合案例来看看拐点出现的市场含义及其预测方法。

3.3.1　上行下拐

上行下拐，也称为下拐，是指 DIFF 线原来的运行方向向上，但随后出现了走平或勾头向下的形态。此时，因价格涨势减缓（涨速放缓、滞涨或下跌），短期均线 EMA12 的上扬速度明显放缓，DIFF 指标值增加的速度也明显放缓，导致 DIFF 线出现走平或勾头向下的形态。

DIFF 线保持上行的过程，是短期均线 EMA12 加速上扬的过程，也是股价涨速较快的标志。但上涨趋势必将引发多空分歧加剧，一旦多方推动力量减弱，就会使得涨速减缓，甚至出现滞涨或下跌。DIFF 线的下拐形态的出现正是基于此。

但是，下拐形态也并非都预示着空方力量开始转强。在较为缓和的上涨走势中，下拐形态常常源于滞涨或小幅度调整走势。此时，中短期内的多方推动力量尚未得到充分释放，个股仍有继续上涨的空间。因而，在实盘操作中，DIFF 线下拐形态的出现只是提示我们多空对比格局有可能发生转变，但是否可以将其作为卖出信号，则要结合股价近期的上涨速度、幅度等进行综合分析。下面我们结合案例加以说明。

图 3-7 为易明医药 2019 年 7 月至 9 月走势图，在个股的一波上涨走势中，可以看到 DIFF 指标也同步攀升、稳健上扬，这是多方力量充足、持续推动的结果。但是，如图 3-7 所示，在短线大涨之后的高点，出现了 DIFF 线的走平、勾头向下形态。基于个股短线的涨幅、涨速来分析，此时的 DIFF 线下拐形态是多空格局转变的信号，操作上，应据此卖出。

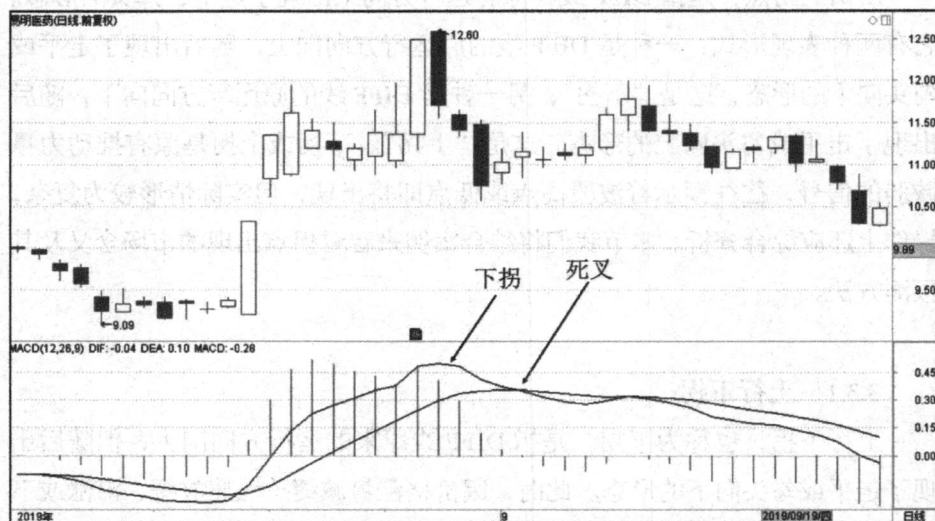

图 3-7　易明医药 2019 年 7 月至 9 月走势图

从走势图中还可以看到，下拐形态先于死叉形态出现。死叉是一种较为明显的波段见顶信号，但是，在很多时候，当死叉形态较为清晰后，个股的短线跌幅已经较大，我们也失去了短线卖股的好时机。因而，结合波段运行情况，利用下拐点来及时把握多空格局转变，进而及早进行卖出交易，在实战中意义重大。

3.3.2　下行上拐

下行上拐，也称为上拐，是指 DIFF 线的原来运行方向向下，但随后出现了走平或勾头向上的形态。此时，因价格跌势减缓（跌速放缓、企稳或回升），短期均线 EMA12 的下降速度明显放缓，DIFF 指标值减小的速度也明显放缓，导致 DIFF 线出现走平或勾头向上的形态。

DIFF 线保持下行的过程，是短期均线 EMA12 向下加速远离 EMA26 的过程，也是股价跌速较快的标志。随着短线持续下跌和空方力量的释放，跌速会减缓，甚至出现企稳或回升。DIFF 线的上拐形态的出现正是基于此。

但是，上拐形态也并非都预示着多方力量开始转强。在较为缓和的下跌走势中，上拐形态常常源于企稳或小幅度回升走势。此时，中短期内的空方力量尚未充分释放，个股仍有继续下跌的空间。在实盘操作中，是否将 DIFF 线的上拐形态作为波段买入信号，则要结合股价近期的下跌速度、幅度等进行综合分析。下面我们结合案例加以说明。

图 3-8 为宝通科技 2019 年 7 月至 9 月走势图。如图所示，在一轮较大幅度的下跌之后，个股出现了企稳走势，此时的 DIFF 线也开始走平且勾头向上。DIFF 指标线的这种形态说明多空力量格局开始转变，这也是股价运行方向发生转变的信号。操作中，可以将其作为买入信号。

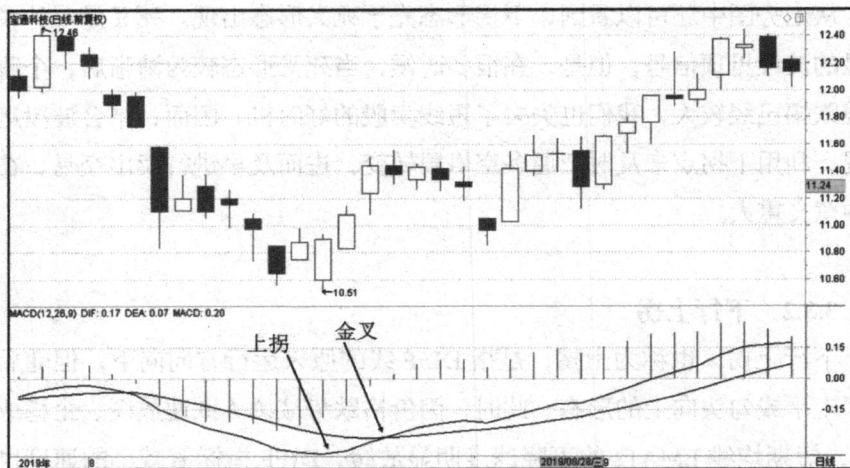

图 3-8　宝通科技 2019 年 7 月至 9 月走势图

从走势图中还可以看到，上拐形态先于金叉形态出现。金叉是波段见底信号，但是，在很多时候，当金叉形态较为清晰后，个股的短线涨幅已经较大，我们也失去了逢低入场的机会。在震荡市中，如果不能在波段低点买入，不仅会挤压获利空间，也会使我们的持股风险明显增加。因而在进行波段买股操作时，应多关注上拐形态，一旦拐点出现，并且股价短线仍处于低点，就是很好的买入时机。

3.4　位置：趋势性

MACD 指标是以周期不同的两条均线的位置关系为依据设计的。两条均线的时间周期相差较大，其位置关系能够反映市场持仓成本的变化情况，进而反映趋势运行情况。

经过特殊计算后得到的 MACD 指标，能够通过指标的特定形态来反映两条均线的位置关系，进而呈现趋势运行情况。虽然 MACD 指标的主要作用是反映多空力量的转变，进而帮助我们把握波段高低点，但它反映趋势的作用依然很重要。本节我们将了解如何通过 MACD 指标线与零轴的位置关系来把握趋势。

3.4.1 零轴支撑

当上升趋势出现后,由于买盘的持续入场推升股价,市场的短期平均持仓成本高于中期平均持仓成本,体现在均线上就是短期均线运行于中期均线上方且呈向上发散状态。均线的这种运行形态使 MACD 指标中的 DIFF 值一直处于大于零的状态,DIFF 线稳健地运行于零轴上方。也就是说,零轴对 DIFF 线的运行起到了有力的支撑作用。这就是依据 DIFF 线与零轴的位置关系把握上升趋势的方法。

图 3-9 为沪电股份 2019 年 5 月至 9 月走势图,在经历了长期的横向整理之后,个股开始向上突破,此时在 MACD 指标窗口中可以看到 DIFF 线也同步跃升至零轴上方,并且随后持续运行于零轴上方。其间的股价运行虽多有波动、回调,但DIFF线始终在零轴上方并与其保持一定距离,零轴对 DIFF线起到了很好的支撑作用,这说明升势非常稳健。对于中长线持股来说,只要DIFF线与零轴之间的这种位置关系没有明显改变,就意味着升势没有转折迹象,应耐心地持股待涨。

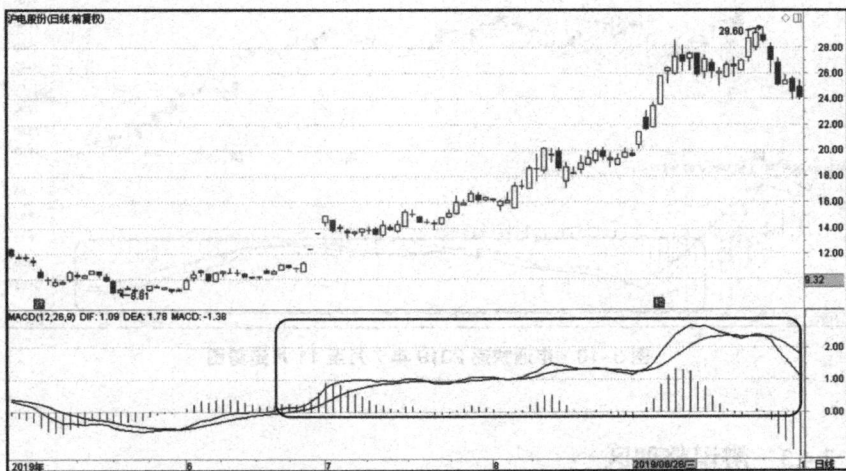

图 3-9 沪电股份 2019 年 5 月至 9 月走势图

3.4.2 零轴压制

当下跌趋势出现后,由于卖盘的持续抛售,股价重心不断下行,后入场的买盘平均持仓成本要低于前期入场的成本，体现在均线上就是短期均线运行于中期均线下方且呈向下发散状态。均线的这种运行形态使 MACD 指标中的 DIFF 值一直处于小于零的状态，DIFF 线持续地运行于零轴下方。也就是说，零轴对 DIFF 线的运行起到了明显的压制作用。这就是依据 DIFF 线与零轴的位置关系来把握下跌趋势的方法。

图 3-10 为申通快递 2019 年 7 月至 11 月走势图，个股在盘整之后，股价开始向下滑落，虽然下跌缓慢，却使得 MACD 指标线跌破零轴并持续运行于其下方。这时的下跌趋势，仅从价格走势来看并不明显，但 DIFF线持续地运行于零轴下方这一位置关系却指明了当前的趋势状态。此时的中短线跌幅不大，这也预示着后期的下跌空间较大、持股风险大。操作中，应果断清仓离场。

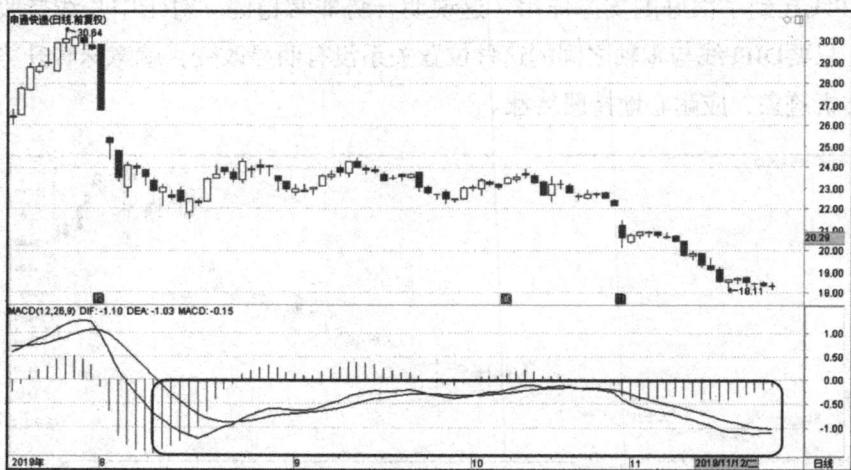

图 3-10　申通快递 2019 年 7 月至 11 月走势图

3.4.3　辨识整理区

有的时候，股价处于长久的横向整理中，股价重心未见上移、下移，趋势处于运行不明朗的状态下，这时，如果能够结合 MACD 指标线与零轴的位置关系来分析，就可以把握当前的趋势情况了。一般来说，在整理过程中，若 DIFF 线持续运行于零轴下方，则表明空方力量占据主动地位，整理之后的趋势方向多为向下；反之，整理过程中的 DIFF 线若稳健地运行于零轴上方，则表明多方力量占有优势，整理之后的趋势方向多为向上。

图 3-11 为金正大 2019 年 9 月至 11 月走势图，个股经过短线的一波下跌后，开始了漫长的横向整理走势。此时股价处于中短线的低点，并且横向整理走势是下跌后的企稳形态，如果仅从 K 线形态来看，股价走势有企稳后上攻的趋向。但是，从 MACD 指标窗口中可以看到此整理过程中的 DIFF 线一直运行于零轴下方，也就是说，空方仍是当前的市场主导力量，此时的整理走势只是一次相对漫长的"中继整理"，而不是预示着走势即将反转。

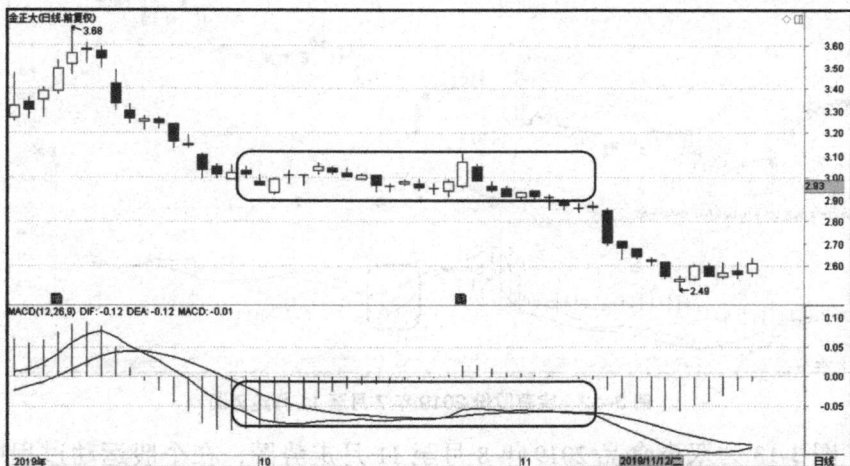

图 3-11　金正大 2019 年 9 月至 11 月走势图

3.4.4　反向破位

在道氏理论中，趋势是最大级别的运动，除此之外，还有折返走势，它与趋势行进方向不同，是对原有趋势的修正、调整。正是在不断修正、调整的基础上，趋势才能持续不断、稳健有力地保持大方向不变。

有时候，折返走势运行力度较大，在 MACD 指标窗口中，DIFF 线会打破与零轴原有的上下位置关系，这一现象被称为 DIFF 线的反向破位。但折返走势并不是多空力量格局的整体转变，它是暂时的，DIFF 线的反向破位也是暂时的。在利用 DIFF 线与零轴的位置关系把握趋势时，我们也要注意它们位置关系的短暂改变。

图 3-12 为宝莫股份 2019 年 7 月至 11 月走势图，在个股的振荡缓升走势中，可以看到 DIFF 线稳健地运行于零轴上方。图中标注处，有两次短期回调走势使得 DIFF 线向下跌破了零轴，但持续时间很短。这只是对原有上升趋势进行修正的体现，并不是升势结束或见顶的信号。操作中，若个股中短线回调幅度较大，DIFF 线短暂跌破零轴时是很好的逢低布局时机。

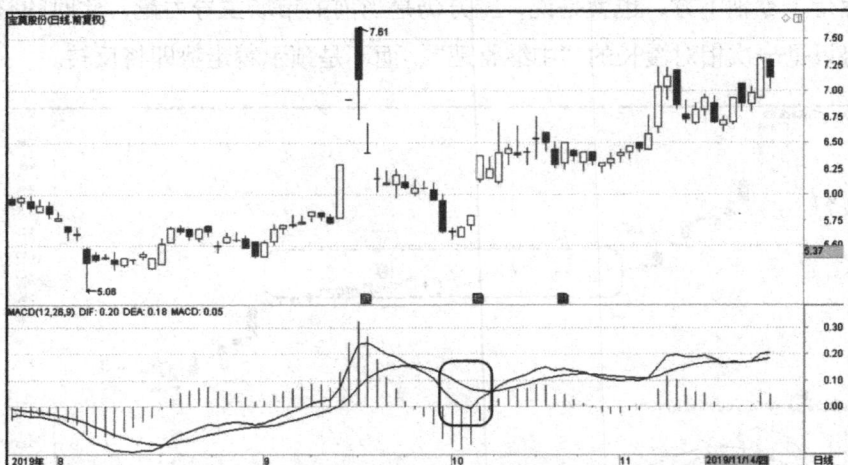

图 3-12　宝莫股份 2019 年 7 月至 11 月走势图

图 3-13 为双塔食品 2019 年 8 月至 11 月走势图，在个股运动过程中，DIFF 线大部分时间都运行于零轴下方，这是空方力量长期占优、市场处于下跌趋势中的标志。在整个下跌过程中，因股价企稳而出现的 DIFF 线向上突破零轴的现象是很短暂的。这并不是多空力量格局转变的信号，只要 DIFF 线在突破零轴后无法长时间运行于其上方，则空方力量依旧占优，下跌趋势也未发生根本改变。操作中，仍应依据处于跌势中的反弹减仓、离场的策略展开交易。

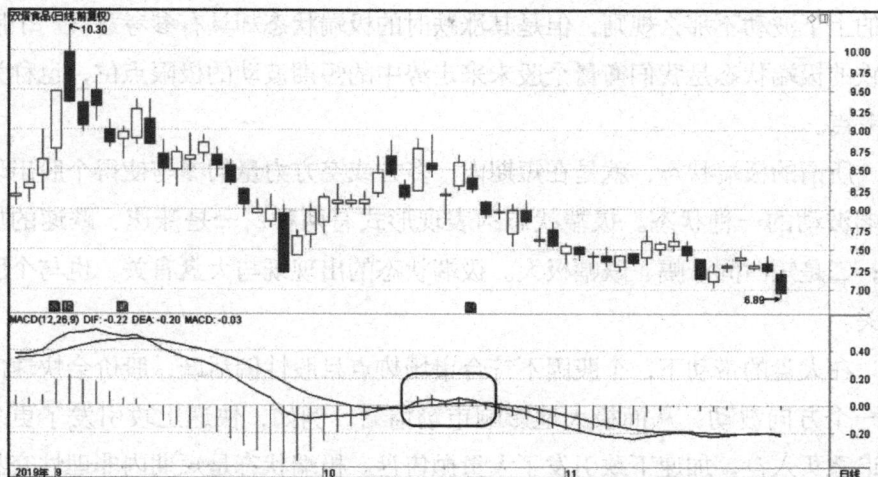

图 3-13 双塔食品 2019 年 8 月至 11 月走势图

3.5 升降：极端运行

市场从来都不是风平浪静的，大起大落是股票市场的重要特征之一。反映股市运行的指数在走势上有这样的特征，对于更为活跃的个股来说，其起落的幅度往往更大。但这种运行特征也为我们提供了很好的波段买卖机会，否则，对于投资者，特别是中短线投资者，股市也就失去了它特有的魅力。

DIFF 线与零轴的位置关系可以反映趋势，那么，它是否也可以反映多空力量的释放情况从而帮助我们了解当前的价格走势是否正处于极端状态呢？结合 MACD 指标的设计原理，我们可以通过指标线与零轴之间的距离来判断价格走势。本节我们将学习如何通过 DIFF 指标的历史高低来把握价格走势的极端情形，进而把握波段反转时机。

3.5.1 极端高点

对于一只个股来说，它的近几年的历史走势能够显示出一定的规律，这既受大盘起伏的带动，也与股性活跃程度、主力参与方式等因素有关。虽然它的上下波动不那么规则，但是其涨跌时的极端状态却具有参考意义。个股涨跌的极端状态是我们衡量个股未来走势中的短期波动的极限点位，也称为参考点。

所谓的极端状态，就是在短期内，多方或空方力量的参与使得个股出现极端波动的一种状态。极端状态的表现形式有两种：一是涨速、跌速的加快；二是短时间涨幅、跌幅极大。极端状态的出现既与大盘有关，也与个股有关。

在大盘的带动下，个股因不符合市场热点且股性偏活跃，股价会快速向某一个方向波动，从而极大地影响市场情绪。例如，快速上攻引发了更多的追涨买入盘，加速下跌引发了大量抛售盘。极端状态是短期内非理性交易的极致表现，而股票市场就是在理性与非理性之间徘徊，当短期内的非理性交易达到极致状态时，必然会出现强大的反向修正力量，这就是我们常说的"物极必反"。

那么，什么数据可以反映市场在短期内出现了这种极端状态呢？MACD 指标中的 DIFF 指标值是一个很好的工具。DIFF 指标值与零轴的距离可以被看作多方或空方力量的参与程度，这也正是衡量市场是否达到极端状态的标准。

DIFF 指标值接近前期历史高点，是多方力量的参与达到一个极限状态的信号，也是短期内上涨走势将掉头的信号，预示着波段走势的见顶。特别是在个股短期涨幅大、涨速快的背景下，DIFF 指标值接近前期极限值，此时，个股短线走势达到极端状态，反转力量加强的信号将更为准确。下面我们结合案例进行说明。

图 3-14 为嘉麟杰 2018 年 10 月至 2019 年 6 月走势图。如果将此股近年来走势的时间范围扩大，可以发现 DIFF 值的极端高点数值在 0.11 附近。以此点为参考点，结合个股短线波动，就可以很好地把握局部运行的极端高点了。

在参考点之后，DIFF 值 4 次接近极端数值 0.11，并且每次都伴随着短线的快速上涨。历史上的极端数值很难突破，除非有重大利好消息或热点题材驱动，否则，依靠个股自身运行，DIFF 的极端数值将一直保持很好的参考性。从个股走势图中可以看到，在 DIFF 指标值 4 次达到或接近参考点后，股价均出现短期内的大幅回调。

图 3-14 嘉麟杰 2018 年 10 月至 2019 年 6 月走势图

3.5.2 极端低点

与极端高点相反，DIFF 指标值接近前期历史低点，是空方快速出货达到极限状态的信号，也是短期内下跌走势将反弹的信号，预示着波段走势的见底。特别是在个股短期跌幅大、跌速快的背景下，DIFF 指标值越接近前期极端低点，代表随后出现反转或反弹上攻的概率越大，DIFF 极端低点所提示的买入信号也更为准确。下面我们结合案例进行说明。

图 3-15 为老板电器 2019 年 3 月至 11 月走势图，从图中可以看出其走势大起大落，极端波动时有出现。将走势图的时间范围扩大，可以找到其下跌波段中的 DIFF 极端低点，以此为参考点，画出一条水平线。在图中标注的位置点，个股短线跌幅大、跌速快，DIFF 值已达到了这个历史极端低点位，这是空方快速出货在短期内达到极端状态的标志，也预示着反弹走势将展开。操作中，可以适当抄底，以博取反弹收益。

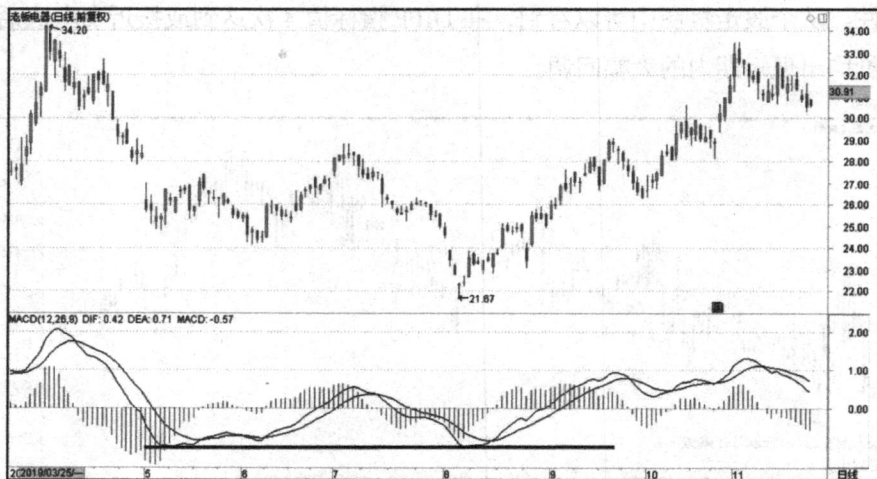

图 3-15　老板电器 2019 年 3 月至 11 月走势图

3.5.3　延伸点

延伸点是基于极限点与趋势这两个概念而得出的，它是这样的位置点：DIFF 值离零轴位置点较近，但离极限点（与延伸点处于零轴同侧的极限点）较远。

可以通过多空双方的力量释放情况来解读延伸点。在趋势相对稳健的情况下，延伸点离零轴较近，但离极限点较远，这表明当前的多方或空方力量释放很缓慢。而趋势的行进总是多空力量由缓慢释放到加速释放的过程，市场总是徘徊在理性与非理性之间，因此延伸点有向极限点发展的动力。因此，当 DIFF 值处在延伸点时，依据趋势运行方向，可以预测到价格走势有望沿原有趋势方向继续推进，我们可顺势交易。

在上升趋势中 DIFF 线稳健地运行于零轴上方的情况下，若经历了短线调整后，DIFF 线短线接近零轴且远离 DIFF 值的极端高点，那么这个位置点就是升势中的 DIFF 线向上延伸点。这种情况预示着股价的短线调整即将结束，有再度步入升势的动力，可以买股入场。

图 3-16 为三七互娱 2019 年 9 月至 11 月走势图。首先扩大走势图的时间范围，找出其历史波动中的 DIFF 极端高点作为参考点。从走势图中可见，

在 2019 年 11 月 DIFF 线跃升至零轴上方后，几乎没有再跌破零轴，一直稳稳地运行于其上方，这是升势的标志，也是多方力量总体占优的信号。

此时的 DIFF 线接近零轴、距离 DIFF 极端高点较远。短线回调后空方快速卖出，趋势具有持续力，并且 DIFF 线有向极端高点靠拢的动力，此时是一个很好的顺势买股时机。

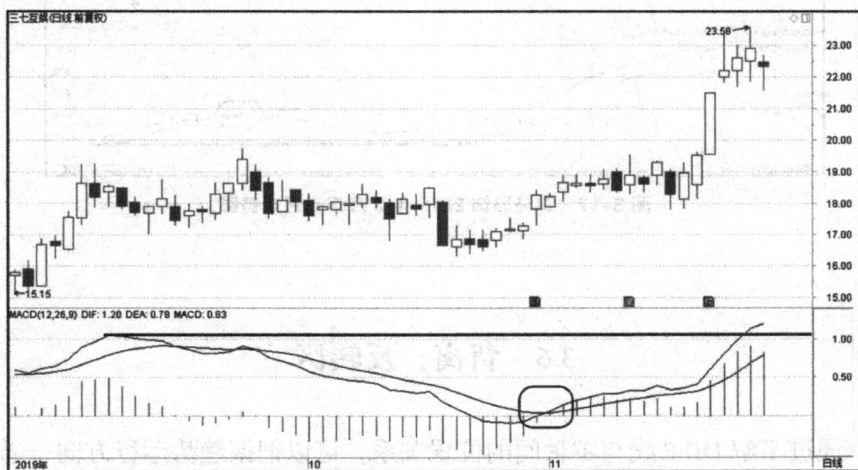

图 3-16 三七互娱 2019 年 9 月至 11 月走势图

在下跌趋势中 DIFF 线持久地运行于零轴下方的情况下，若经历盘整走势，或者在短线反弹后，DIFF 线明显接近零轴且远离 DIFF 值的极端低点，那么这个位置点就是跌势中的 DIFF 线向下延伸点。这种情况预示着短期内股价有再度下行的动力，应及时卖股离场、规避风险。

图 3-17 为森马服饰 2019 年 3 月至 6 月走势图。首先扩大走势图的时间范围，找出其历史波动中的 DIFF 极端低点作为参考点。从走势图中可见，在 2019 年 6 月之后，DIFF 线跌至零轴下方且持续地运行于其下方，无向上突破动力。这是跌势出现的标志，也是空方力量总体占优的信号。

在图中标注位置点处，DIFF 线接近零轴，距离 DIFF 极端低点较远，空方力量未得到有效释放；而且，在跌势中，DIFF 线有向极端低点靠拢的倾向。本着顺势而为、保护本金的立场，应及时卖股离场。

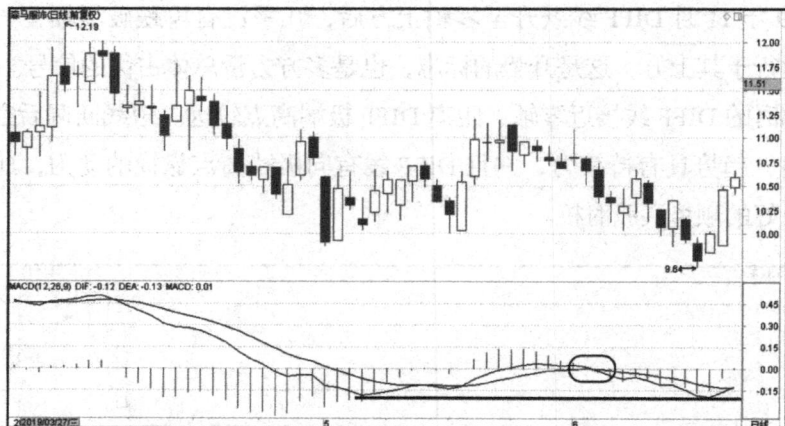

图 3-17　森马服饰 2019 年 3 月至 6 月走势图

3.6　背离：反转区

通过了解 DIFF 线与零轴间的位置关系，可以把握趋势运行方向；通过了解 DIFF 线与零轴上下位置的转换，可以把握顶部或底部的出现——这是利用 MACD 指标对趋势进行研判的方法之一。除此之外，当个股步入升势尾段或跌势尾段的时候，是否可以利用 MACD 指标解读多空力量的变化，进而提前做好准备、把握趋势的转变呢？

结合 MACD 指标的市场含义，可以通过指标的背离形态，和结合股价走势，提前判断多空格局的变换。例如，个股大幅上涨或大幅下跌后，若 MACD 指标线出现"底背离"或"顶背离"形态，那么这往往是底部或顶部即将出现的信号。本节我们将学习如何利用 MACD 指标的"背离"形态来把握趋势运行的尾段。

3.6.1　底背离

首先，我们来看看如何利用底背离形态来把握个股的底部出现时机。当个股经历了大幅下跌之后，虽然其股价在 K 线图中出现了"一谷低于一谷"

的走势，但是 DIFF 线却没有随着股价的下跌而创出新低，反而走出了"一谷高于一谷"的形态，我们将这种运行形态称为 MACD 指标线的底背离形态。

DIFF 数值代表着多方力量的强弱，DIFF 线出现"一谷高于一谷"的波动形态，说明多方力量在逐步转强，虽然此时仍是空方占据优势，股价被拉低，趋势运行的状态却发生了改变，是趋势即将转变的苗头。

但是，底背离形态的出现，只表明市场买盘开始增强，空方力量在逐步减弱，底部能否真正出现，还需要观察 DIFF 线与 DEA 线、零轴之间的位置关系。若 DIFF 线与 DEA 线是从零轴下方穿越至零轴上方，并持续运行于零轴上方，则此时的底部出现的信号就是可靠的。

在实盘操作中，当 DIFF 线经历了"一谷高于一谷"的底背离并再度向上穿越零轴并持续运行于其上方时，价格涨幅往往已经较大，此时为了尽可能地降低持仓成本，就需要结合股价的中短线跌幅、大盘表现等情况通过底背离提前抄底入场。这样，即使随后转向的升势持续力度不够，我们也将有不错的利润空间。

图 3-18 为群兴玩具 2019 年 4 月至 9 月走势图。如图中标注所示，这个底背离形态可以看作是空方力量得到充分释放、买盘入场力度增强的信号，也是原有跌势即将反转的信号。在实际买卖中，可以逢低抄底入场。

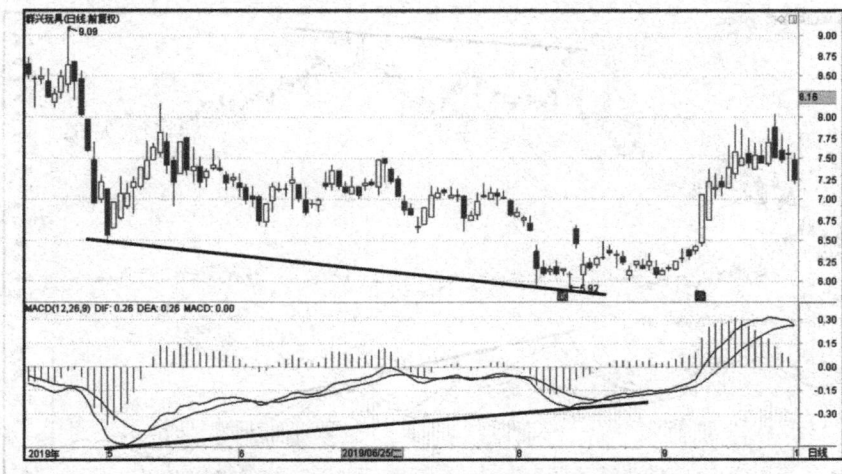

图 3-18　群兴玩具 2019 年 4 月至 9 月走势图

3.6.2 顶背离

顶背离形态与底背离形态正好相反。当个股经历了大幅上涨之后，虽然其股价在 K 线图中出现了"一峰高于一峰"的走势，但是 DIFF 线却没有随着股价创出新高，反而走出了"一峰低于一峰"的形态，我们将这种运行形态称为 MACD 指标线的顶背离形态。

顶背离形态的出现，只表明市场抛压在增强，多方力量在逐步减弱，顶部能否真正出现，还需要观察 DIFF 线与 DEA 线、零轴之间的位置关系。若 DIFF 线与 DEA 线是从零轴上方向下跌破零轴且持续运行于零轴下方，则此时的顶部出现的信号就是可靠的。

但是当 DIFF 线真正开始运行于零轴下方时，价格跌幅往往已经较大，此时为了尽可能地锁定利润，就需要结合股价的中短线涨幅、大盘表现等情况通过顶背离提前卖出离场。

图 3-19 为上海机场 2019 年 4 月至 11 月走势图，图中叠加了同期的上证指数走势。对比可见，在指数几乎横盘不动的背景下，个股的中线、短线涨幅很大，主力获利空间大，随时有翻手出货的可能。在这种背景下出现的 MACD 指标顶背离形态就是较为可靠的多空格局转变信号，预示着升势将反转。操作中，我们应陆续减仓，直至清仓离场。

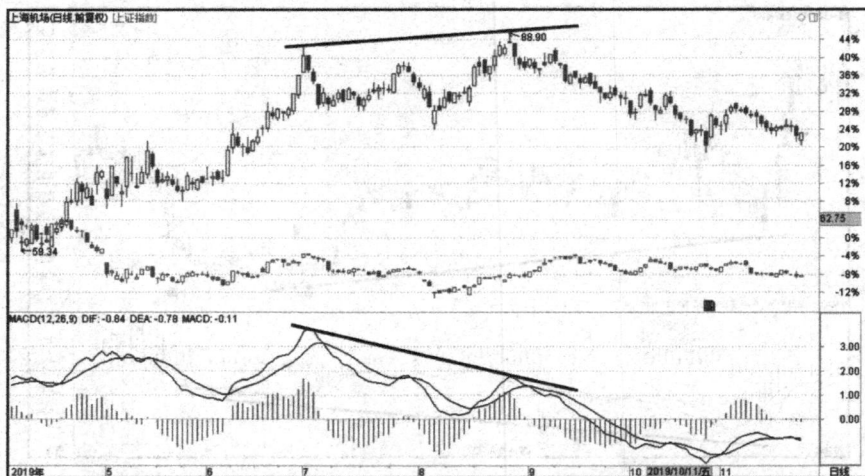

图 3-19　上海机场 2019 年 4 月至 11 月走势图（叠加同期上证指数）

3.6.3 假背离

背离形态并不一定代表着趋势进入了尾段，在前面的讲解中，我们反复提到要综合利用股价运行和背离形态。如果个股的上升走势缓慢、稳健，并且有业绩支撑，这样的个股从中长线角度来看，是独立于大市的。此时出现的 MACD 指标背离形态仅仅代表着个股的上升节奏放缓，并不是趋势将结束的信号，即此时的 MACD 指标背离形态是假背离形态。

图 3-20 为上海电力 2018 年 10 月至 2019 年 4 月走势图。笔者认为这是一只典型的绩优股，业绩稳定、增速明确，是价值投资所青睐的白马股。图中标示的上涨走势虽然持续时间很长，但累计涨幅并未超过 20%，并且同期正是白马股备受追捧的市场氛围，结合个股的涨幅、同期的市场热点综合分析，MACD 指标的背离形态并不是趋势转向的信号。只要 DIFF 线仍旧稳稳地运行于零轴上方，那么中长线投资者就不必急于离场，应顺势操作、耐心持股。

图 3-20　上海电力 2018 年 10 月至 2019 年 4 月走势图

背离形态反映的是多空力量整体格局的转变，它有一个持续波动的过程，而两个波段点连线下的假背离形态往往并不能真正反映出多空格局的转变。在趋势行进的过程中，两个波段点的假背离代表着原有推动力量的暂时减弱，但并不是趋势收尾的信号。操作中，不宜将这种背离形态看作趋势即将转变的标志。

图 3-21 为山东钢铁 2019 年 3 月至 11 月走势图。个股在一波力度较大的反弹上涨之后，股价开始持续下跌，MACD 指标线长时间运行于零轴下方，这是跌势展开的标志。如图中标注所示，在震荡下跌时，将股价及 DIFF 线的两个谷底分别连接起来，可以得到 MACD 指标的底背离形态，但这并不是趋势转变的信号。在实盘操作中，若依据这种背离形态展开抄底操作，将有可能被套于股价下跌的过程中。

图 3-21　山东钢铁 2019 年 3 月至 11 月走势图

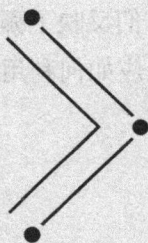

第4章

MACD 波段买入技术

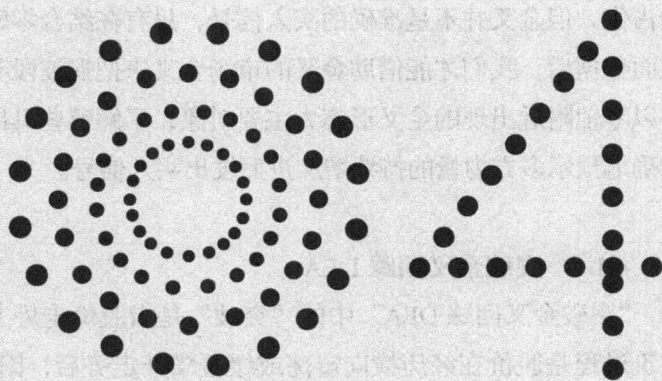

在第 3 章中，我们根据市场多空力量的转换情况，从 6 个角度（交叉、黏合、拐点、位置、升降、背离）全面解析了 MACD 指标的各个要素，这些要素或多或少地反映了市场的某种信息。但是，我们只是以抽象、概括的方式讲解了 MACD 指标的这 6 点特征，考虑到个股走势的多样性及市场不确定性，只有综合这 6 点特征进行分析，才能更全面地理解市场并准确预测价格走向。因此，需要对 MACD 指标的具体形态有一个完整的理解。

本章我们将深入讲解形式多样的 MACD 指标形态，看看它们反映了哪些市场信息，它们是如何呈现多空力量的转换情况的，我们又应如何利用 MACD 指标形态展开交易。

4.1　零轴附近买入技术

在使用 MACD 指标进行交易的过程中，对 DIFF 线与 DEA 线的交叉关系的判断至关重要。通过 3.1 节的讲解，我们知道，金叉代表多方力量已开始占优，但金叉并不是准确的买入信号，只有在结合零轴位置、股价走势等盘面数据后，我们才能借助金叉的市场含义来把握波段买入机会。本节我们将以零轴附近出现的金叉形态为主要对象，了解哪些具体的金叉形态能够较准确地预示多方力量的持续增加进而发出买入信号。

4.1.1　突破金叉回踩 DEA

"突破金叉回踩 DEA"中的"突破"是指股价走势上的突破。其形态的构筑过程是股价在经历横向震荡或缓缓攀升走势后，因一波回调使得 DIFF 线跌至 DEA 线下方且向零轴靠拢（可以位于零轴上方，也可以位于零轴下方）；随后，股价出现了一波短线上涨，涨势较强，突破了震荡整理区，MACD 指标也出现金叉形态；因获利抛压的阻挡，股价再度回落，但回落的幅度与力度弱于上涨波段，此时 DIFF 线回踩 DEA 线。

这种形态的市场含义可以这样理解，DIFF 线向零轴靠拢时是多空力量相对平衡的一个阶段；随后，股价突破上攻，MACD 指标出现金叉，两者同步正向的关系表明多方开始发力且取得了不错的效果，这预示着趋势的方向向上；当 DIFF 线回踩 DEA 线时，就是短线的回调低点，也是中期上升走势中的逢低买入时机。

图 4-1 为中直股份 2019 年 6 月至 9 月走势图，在个股的整理过程中，MACD 指标线稳健地运行于零轴上方，这是多方力量整体占优的标志，也标志着当前股价处于升势中；随后，在图中两处标注区域，股价开始向上突破，MACD 指标线在零轴上方附近出现金叉，这是价格走势再度上升的信号；当 DIFF 线回踩 DEA 线时，这个短线回调点就是中短线入场布局的好时机。

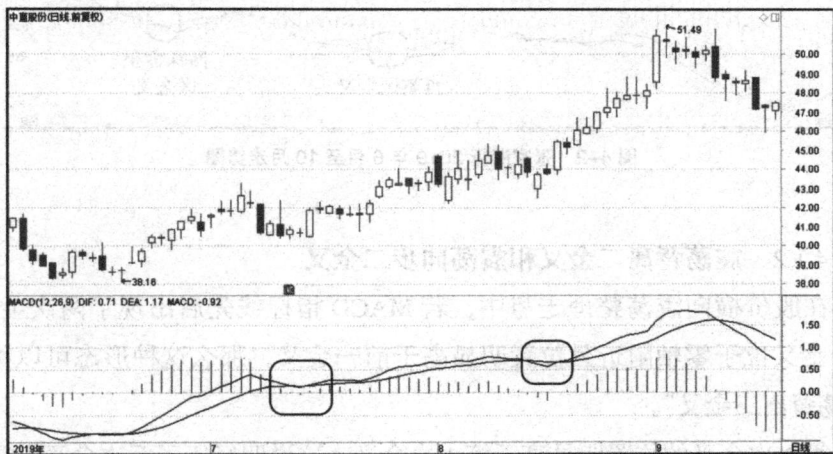

图 4-1　中直股份 2019 年 6 月至 9 月走势图

下面再来看一个走势上略有不同，但指标形态在交易中可以发挥类似研判作用的案例。

图 4-2 为张家港行 2019 年 6 月至 10 月走势图，个股先是在盘整区出现了一次金叉，但对应的价格走势未形成突破，因而，这次金叉不能指示价格的发展方向。随着盘整的持续，可以看到指标线围绕零轴上下波动，这是趋势运行不明朗、股价方向待选择的标志。

接下来价格走势的一波震荡回落使 DIFF 线运行于零轴下方，并且已经进入盘前盘整区的股价再次离开盘整区，此时 MACD 指标线也出现了鲜明的金叉，这就是盘整后出现的方向选择信号。我们要顺应市场节奏的转换，把握好短线回调买入点，而这个买入点就出现在 DIFF 线回踩 DEA 线时。

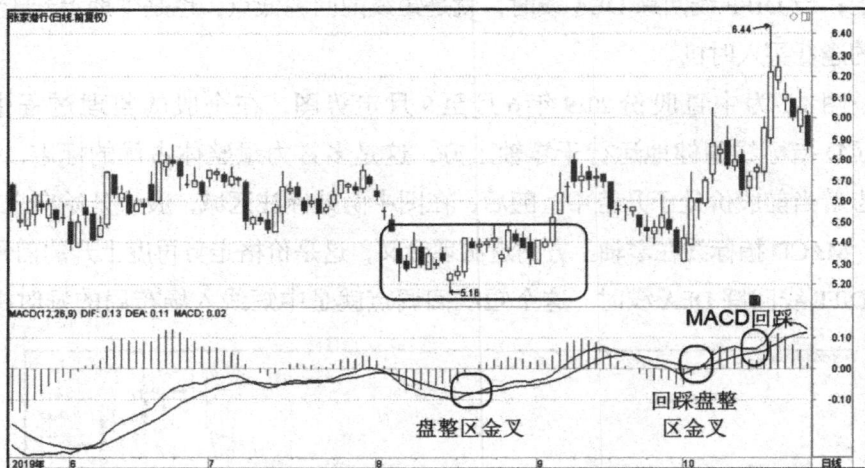

图 4-2　张家港行 2019 年 6 月至 10 月走势图

4.1.2　震荡背离二金叉和震荡同步二金叉

在股价横向震荡整理走势中，若 MACD 指标线先后出现了两次金叉，后一金叉位于零轴附近且位置明显高于前一金叉，那么这种形态可以称为"震荡背离二金叉"。

第 2 次金叉的位置明显高于第 1 次金叉，这说明经历了两次金叉之间的震荡整理之后，多方力量再度增强，但此时的价格走势没有反映出这种市况，这可以看作是多方力量聚积阶段，预示着个股在盘整之后，将突破上行。操作中，若第 2 次金叉出现时个股的短期涨幅很小，则可以积极入场买入，耐心等待突破。

图 4-3 为九鼎投资 2019 年 7 月至 9 月走势图，个股在经历了大幅度的调整之后，开始横向震荡，其间出现了跨度较大的震荡背离二金叉形态，而且第 2 次金叉出现时，股价仍处于低位整理之中，此时就是短线入场的绝佳时机。

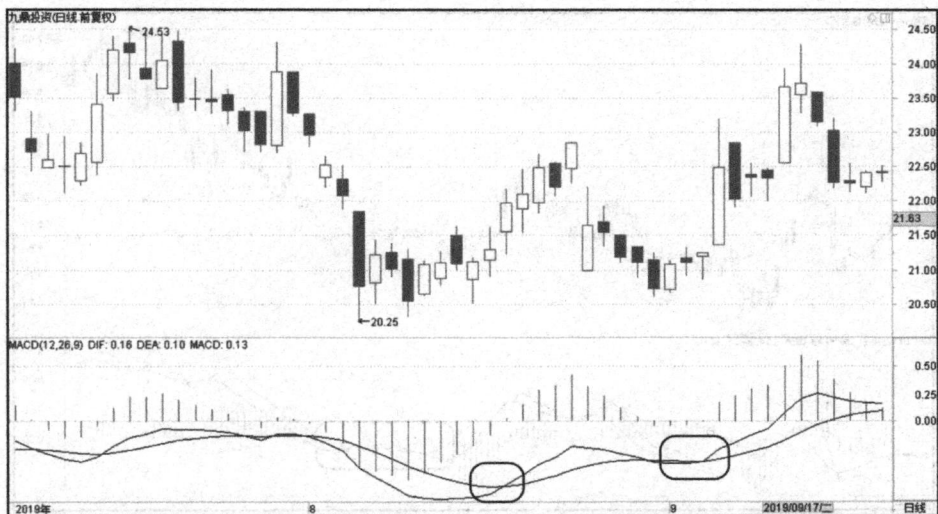

图 4-3　九鼎投资 2019 年 7 月至 9 月走势图

　　与震荡背离二金叉形态相近的一种形态是"震荡同步二金叉"形态。这种形态的表现是，个股在累计涨幅不大的位置点（整体运行形态为上升趋势）出现了长期的震荡整理，股价重心未上移，同期的 MACD 指标线在零轴附近，前后两次出现金叉形态。一般来说，这代表经过了震荡整理，市场仍然是做多力量占优，而此前的趋势方向也是向上的，得益于趋势的惯性运行，个股有望突破，此时是短线买入信号。

　　图 4-4 为深振业 A 2018 年 10 月至 2019 年 4 月走势图，个股处于稳健攀升中，MACD 指标线大部分时间运行于零轴上方，随着长期盘整形态的出现，MACD 指标线开始贴合零轴运行，这是趋势方向待选择的标志。股价盘整持续时间很长，其间 MACD 指标线在零轴附近两度出现金叉，这表明多方力量依旧总体占优，有望重拾升势。操作中，第 2 次金叉出现时短线上涨仍未启动，是很好的入场时机。

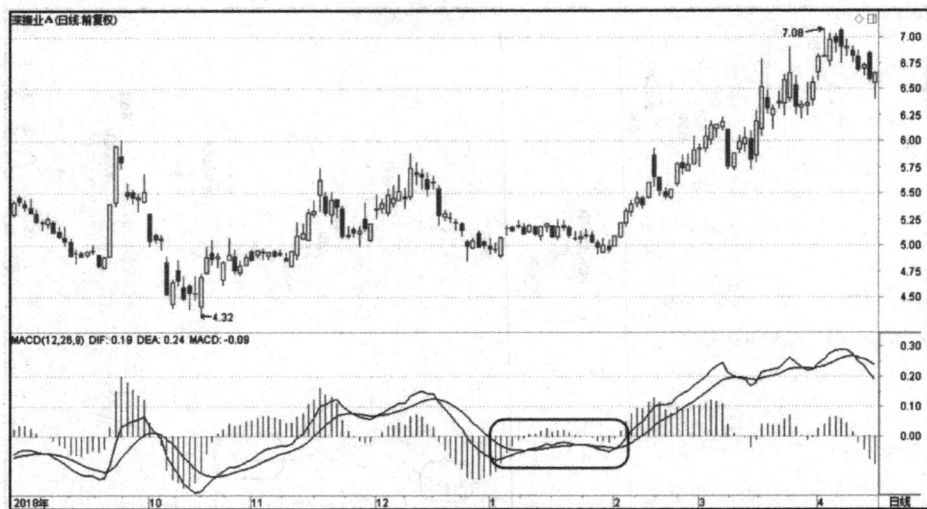

图 4-4　深振业 A 2018 年 9 月至 2019 年 4 月走势图

4.1.3　同步缓升二金叉

在"同步缓升二金叉"形态中，首先是个股中短线深幅下跌，使得 MACD 指标线中的 DIFF 线向下远离了零轴；随后，股价开始缓缓攀升，上涨速度很慢，同期 MACD 指标线也同步攀升，并在零轴附近因个股的回调整理出现两次金叉。

第 1 次远离零轴的金叉是空方抛压减弱、买盘入场的标志，第 2 次的金叉则是多方力量已完全占据主动地位的标志。由于个股一直处于缓慢攀升中，涨幅较小，因此随着第 2 次金叉的出现，个股有望加速上行，此时是一个较好的中短线买入时机。

图 4-5 是智度股份 2019 年 8 月至 11 月走势图，MACD 指标线出现了这种同步缓升二金叉的形态。对于本例来说，第 2 次金叉出现时，MACD 指标线已在零轴上方运行了较长时间，此时的多方力量已总体占优，而且个股的涨幅不大。因此，二度金叉的出现预示着随后的上升空间较为充足，此时买入，获利机会大、风险小。

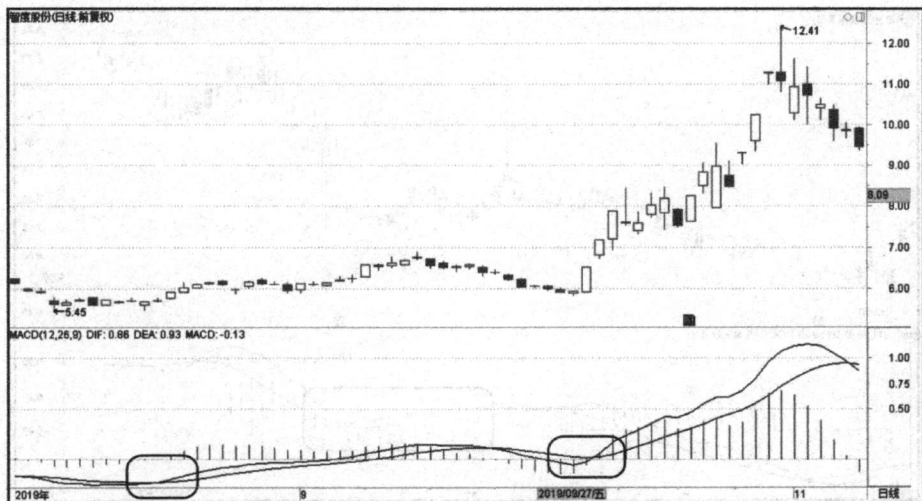

图 4-5　智度股份 2019 年 8 月至 11 月走势图

4.1.4　先黏合后金叉突破

"先黏合后金叉突破"形态是指个股长期的横向整理走势，MACD 指标的 DIFF 线和 DEA 线在零轴附近呈黏合形态；随后，股价小幅上涨并突破整理区间，MACD 指标也同步出现金叉形态。

这种指标形态是横盘整理后将出现突破行情的信号。在突破位置点，如果个股能够强势企稳，则表明空方抛压较弱、多方力量不减，预示着突破上涨走势仍将延续。操作中，此时可适当追涨买入。

图 4-6 为永新股份 2019 年 8 月至 11 月走势图，在股价长期的整理过程中，可以看到 MACD 指标线一直运行于零轴上方，随后股价突破，MACD 指标线出现金叉形态，这是新一轮价格升势展开的信号。

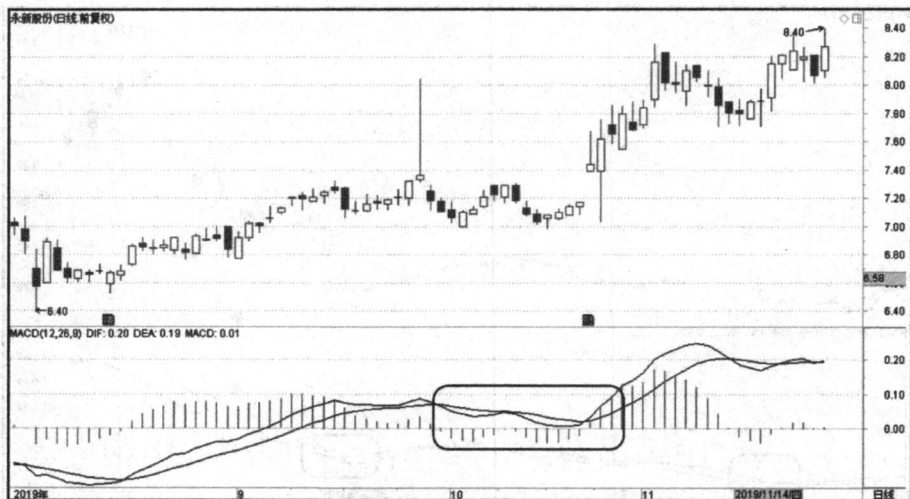

图 4-6　永新股份 2019 年 8 月至 11 月走势图

4.2　零轴上方买入技术

零轴上方指的是向上远离零轴的位置点，并不是贴合于零轴或接近零轴的位置点。DIFF 线在零轴上方并远离零轴，代表此时多方力量占优且在推动价格上涨，个股在短期内已实现了一定幅度的上涨。但上攻行情能否持续？是追涨入场还是回调布局？借助于 MACD 指标的不同形态，我们可以更好地理解市场情况，进而决定交易策略。

4.2.1　二次金叉回踩突破点

"二次金叉回踩突破点"形态是指个股在横向震荡整理后出现了突破上攻走势，这使得 MACD 指标线形成第 1 次金叉并向上远离零轴；随后，上攻走势暂缓、走势回落，但 MACD 指标线回落幅度较小，仍旧远离零轴；当价格回落至盘整区的突破点位时，又重新开始走高，这时 MACD 指标线形成第 2 次金叉。

在这种形态中，MACD 指标线中的 DIFF 线由高点开始回落，但回落幅度小、速度慢，这说明多方力量依旧占据着明显的主导地位，价格在突破后的高点位能够强势站稳。因而，当股价在突破点获得支撑、MACD 指标线再度向上出现交叉时，就预示着多方会再度发力，新一波上攻行情呼之欲出。

图 4-7 为中直股份 2019 年 6 月至 9 月走势图，在个股的横向震荡走势中，可以画一条阻力线，代表股价的突破点位。如图中标注所示，在股价已成功向上突破盘整区，随后回踩这一突破点位时，MACD 指标线再度向上交叉形成了金叉形态。这是个股在突破点位充分蓄势后再度发力的标志，也预示着新一轮上涨的展开。此时，个股短线未见上涨，正是买股入场的好时机。

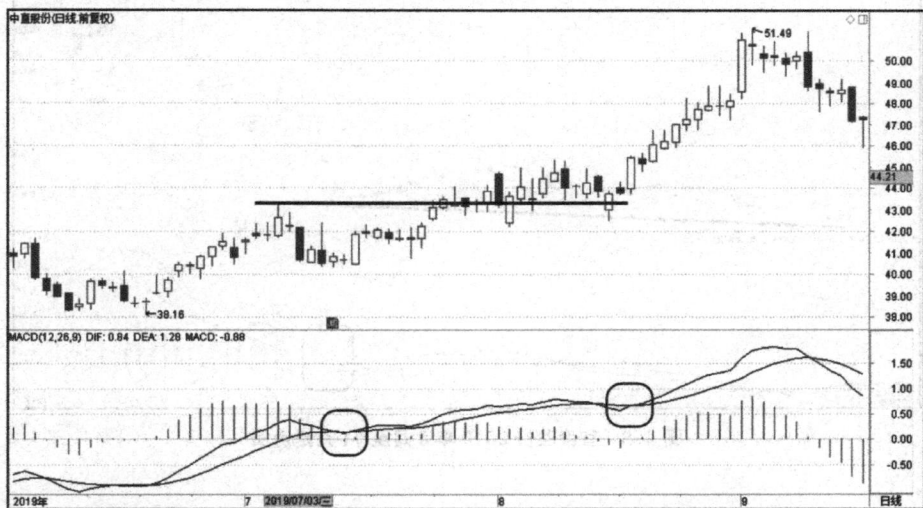

图 4-7　中直股份 2019 年 6 月至 9 月走势图

4.2.2　缓升中的突破金叉

"缓升中的突破金叉"形态是指个股处于攀升走势中，但上涨速度十分缓慢，同期的 MACD 指标线也缓缓上扬，向上远离零轴；此时，因股价短线的一波小幅调整，DIFF 线运行于 DEA 线下方；随即价格走势上行，DIFF 向上穿越了 DEA 线，形成金叉形态。

这种金叉形态是多方力量一直占据优势但优势不是十分明显的形态，也可以看作是多方力量在缓缓加强的一个过程，而 MACD 指标线上金叉形态的出现则预示着多方的进攻，是上升节奏加快的信号。由于前期股价上涨速度十分缓慢，因而，一旦多方开始进攻，个股随后的突破上行空间还是极大的。操作中，应及时追涨买股。

图 4-8 为智度股份 2019 年 8 月至 11 月走势图。从图中可以看出，股价与 MACD 指标线处于同步缓升走势中，此时出现的金叉形态就是一波加速上攻行情展开的信号，应及时买入。

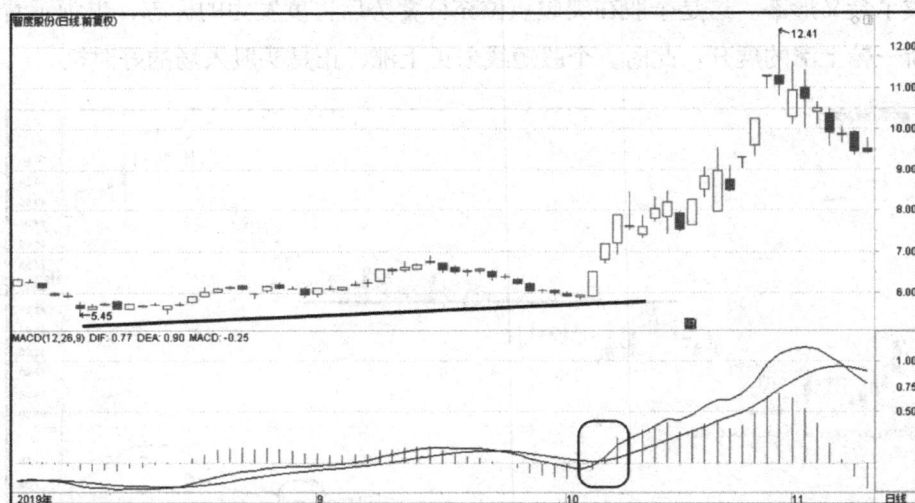

图 4-8　智度股份 2019 年 8 月至 11 月走势图

4.2.3　突破点未齐降假死叉

"突破点未齐降假死叉"是指个股在经历了长时间的横向整理走势之后，开始向上突破，突破的幅度不大，却使得 MACD 指标线大幅上扬、远离零轴；随后，价格走势开始回落，回落幅度较大，同期的 DIFF 线却没有同步回落，回落的幅度较小，仍旧远离零轴；因 DEA 线向上运行，所以 MACD 指标线在离零轴较远的位置点出现死叉形态。

这种情况下的死叉多是技术形态上的一种修正，而且 DIFF 线未随股价同步调整，这表明多方力量依旧较强，股价的短线回落必然能获得较强支撑，个股的突破上攻行情有望在短期调整后延续下去。操作上，此时是较好的中短线入场时机。

图 4-9 为朗科智能 2019 年 4 月至 6 月走势图。从图中可以看出，个股突破时，DIFF 线上扬速度很快，而随后的回落幅度很小，但此时的股价回调已较为充分。因而，这时出现的这个死叉可以看作是阶段性调整已较为充分的信号，也是我们顺势交易的逢低入场点。

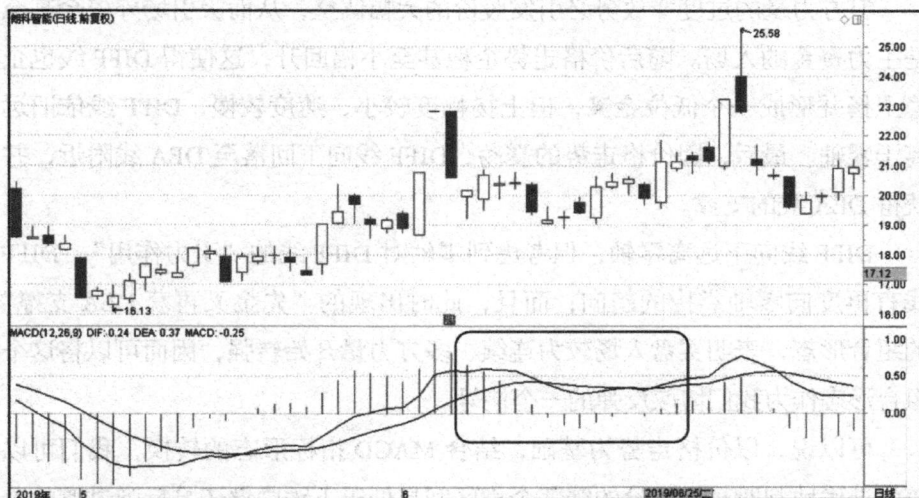

图 4-9　朗科智能 2019 年 4 月至 6 月走势图

4.3　零轴下方买入技术

零轴下方，主要是指向下远离零轴的位置点。此时的 DIFF 线离零轴较远，代表空方力量占据着主导地位，个股处于下跌趋势中，中短线的跌幅往往较大。此时，因市场短期内的空方抛压释放较为充分，股价反弹甚至是反攻行情出现的概率较大，但也有一些个股的下跌走势是连续的。那么，如何把握反弹入场时机？如何在下跌行情中更好地保护本金呢？ MACD 指标的一些特定形态能帮助我们对市场多空格局的转换有更全面的把握。本节我们将了解一些帮助我们博取反弹收益的 MACD 指标形态。

4.3.1　低位金叉回踩 DEA

"低位金叉回踩 DEA"形态是一种重要的 MACD 指标形态，首先是个股的中短线持续下跌，使得 DIFF 线向下远离了零轴，这是空方力量加速释放的过程，但多空力量往往正处于物极必反的格局中。

空方力量的过度释放势必引发股价的大幅调整，从而吸引场外资金甚至是主力资金的入场。随后价格走势企稳甚至小幅回升，这使得 DIFF 线也企稳上扬并形成一个低位金叉，但上扬幅度较小、速度较慢，DIFF 线依旧远离于零轴。最后，因价格走势的震荡，DIFF 线向下回落至 DEA 线附近，并获得 DEA 线的支撑。

DIFF 线向下远离零轴，但考虑到零轴对 DIFF 线的"引力作用"，DIFF 线有再度向零轴靠拢的趋向；而且，此时出现的"先金叉再获 DEA 支持"的组合形态，表明买盘入场较为连续、多方力量开始转强，因而可以将这个组合形态作为我们博取反弹的一个信号。

可以说，以价格走势为基础，结合 MACD 指标形态的转换，我们可以较为准确地判断某个股价的震荡企稳区间是处于下跌中继还是反弹过渡的阶段，从而决定是否抄底入场。

图 4-10 为兄弟科技 2019 年 4 月至 8 月走势图，个股自盘整区开始破位下行，经历了数波下跌后，才开始企稳。在整个股价下跌的过程中，可以看到 MACD 指标线并没有出现企稳或交叉的形态，这也体现了 MACD 指标的一个重要特征——呈现趋势。依据 MACD 指标的这个特征，我们可以很好地规避过早抄底带来的套牢风险。

在累计跌幅较大的位置点，MACD 指标线出现了金叉形态且回落时获得了 DEA 线的有力支撑，这就是多空力量格局开始转变的信号。结合此时的个股正处于震荡企稳过程中且短线未见上涨的情况判断，这是一个很好的博取反弹收益的入场时机。操作中，基于个股良好的基本面、同期大盘的稳健，我们可以适当加大仓位，博取短线收益。

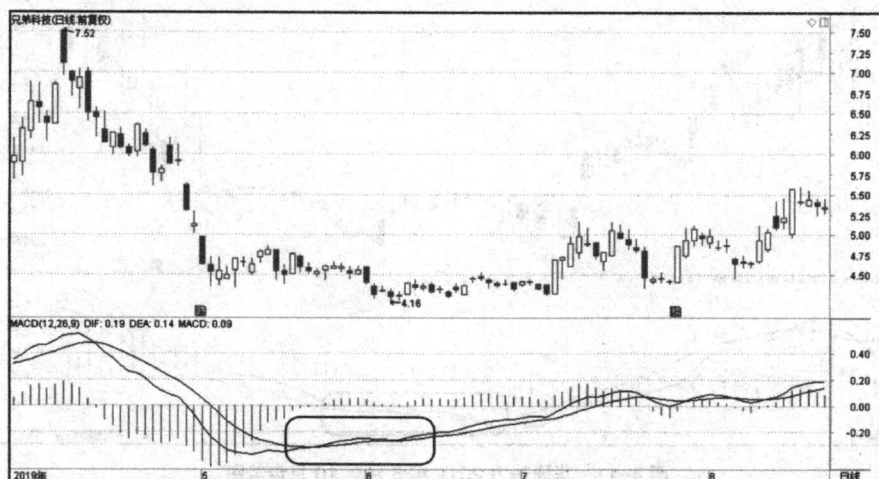

图 4-10 兄弟科技 2019 年 4 月至 8 月走势图

低位金叉回踩 DEA 在很多时候能够预示反转上攻走势，特别是在个股中线持续下跌，短期又出现急跌走势之后，这是一个理想的建仓点位，这一指标形态常常预示着主力的入场。下面我们结合案例进行说明。

图 4-11 为华通热力 2019 年 6 月至 10 月走势图。如图所示，在短线急速下跌之后，个股出现了企稳走势。此时的 MACD 指标窗口中同步出现了"先金叉再获 DEA 支撑"的组合形态；而且，DIFF 线回踩 DEA 线时依旧远离零轴，这让 DIFF 线有充分的回归零轴附近的空间，也预示着价格走势有不错的反弹空间。而对于此股来说，这种价格走势与 MACD 指标形态的组合则预示着反转上攻行情的展开。

在实盘操作中，有的时候，由于大盘的不确定性，我们难以预判 DIFF 线能否获得 DEA 线的有力支撑。此时，可以等到其回踩 DEA 线并再度向上运行时，结合股价的盘中波动，寻找一个好的买入点。

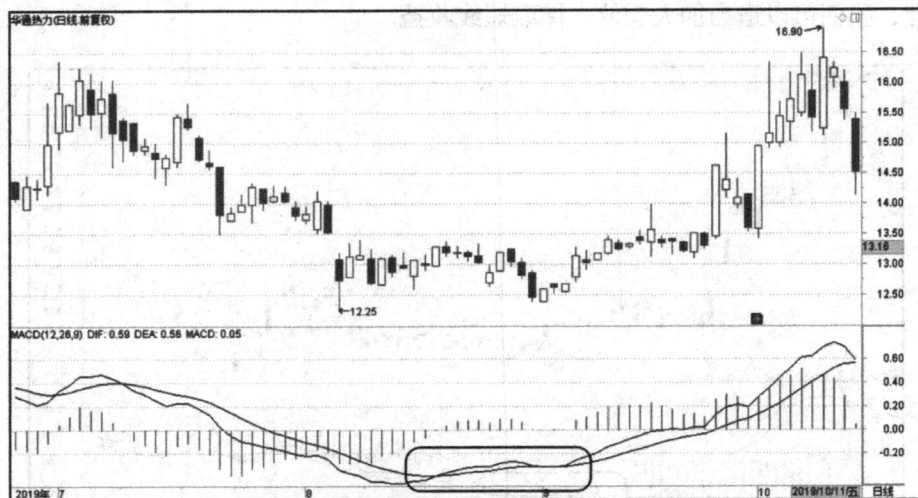

图 4-11　华通热力 2019 年 6 月至 10 月走势图

4.3.2　低点交叉平行缓升

"低点交叉平行缓升"可以被看作是将 MACD 指标的金叉、背离两大特征与股价走势相结合的一种组合判定形态。它是指在零轴下方较远的位置点，MACD 指标线出现了金叉；随后，DIFF 线以近似平行于 DEA 线的方式向上缓缓攀升，但同期的价格走势却处于横向整理之中，并没有同步上扬。

这种组合形态可以被看作是指标形态先行于价格走势，即两者在运行上出现了背离。MACD 指标线缓缓上扬，代表着多方力量不断增强；此时 MACD 指标线运行于远离零轴且有向零轴靠拢倾向的位置。因而，在多方力量增强、MACD 指标线回归零轴的双重驱动下，可以预计个股的反弹行情即将展开。操作中，此时应及时入场。

图 4-12 为郑州银行 2019 年 7 月至 9 月走势图。如图所示，在股价中短线跌幅极大的背景下，MACD 指标线出现了这种低点交叉平行缓升的形态。这是股价短线反弹甚至反转上攻行情将出现的信号，此时可以买股入场，博取中短线收益。

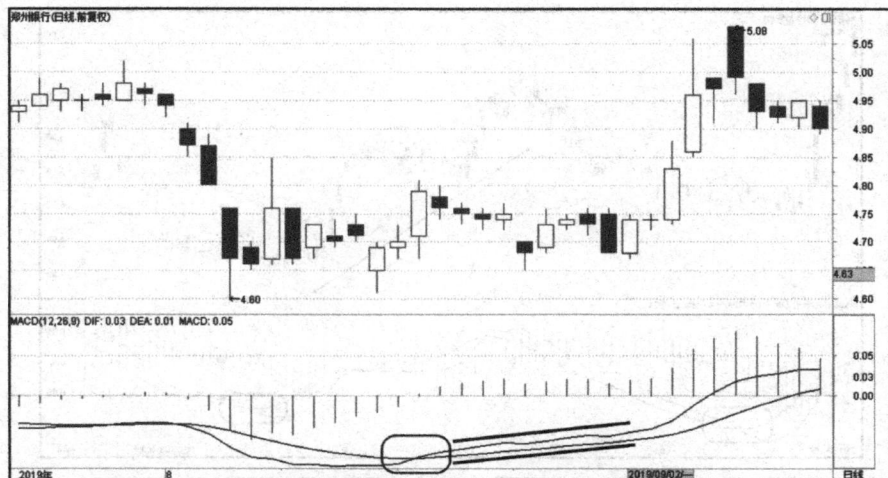

图 4-12 郑州银行 2019 年 7 月至 9 月走势图

4.3.3 整理急跌二金叉

"整理急跌二金叉"形态是指个股的持续下跌走势使得 MACD 指标线已经远离了零轴，此时股价整理企稳走势出现，MACD 指标线同步出现了金叉并向零轴靠拢；随后，股价再度出现一波急速下跌（多是受大盘回落影响），MACD 指标线也同步下行，再度远离零轴；自急跌后的低点，股价开始缓缓回升，MACD 指标线再度出现金叉形态，而且，该金叉出现在一个远离零轴的位置点。

股价整理后的急跌走势，可能是见底前的最后一波下跌，也可能是个股新一轮破位下跌的开始。此时，借助于股价急跌后 MACD 指标线的二度金叉形态并结合此前的金叉进行判断，可以预测，买盘的入场连贯性较强，而且很可能与吸筹行为相关。基于中短线风险的充分释放、MACD 指标的明确做多信息，此位置点是值得入场的，可以博取反弹收益。

图 4-13 为中国石化 2019 年 4 月至 9 月走势图，个股出现了"整理急跌二金叉"的形态，随后的价格缓升走势的出现就是中短线入场的好时机。相对于前面的组合形态来说，这种形态所预示的价格中级反弹幅度往往更大。因而，在操作中可以更为大胆，增加仓位并耐心持有。

图 4-13　中国石化 2019 年 4 月至 9 月走势图

"整理急跌二金叉"是一种很重要的组合形态，而且因大盘指数的波动性，它的实战效果也很突出。我们再来看一个案例。

图 4-14 为中恒集团 2019 年 4 月至 8 月走势图，在这种组合形态中，二度出现的金叉是对多方力量转强的一次证明，而且此时的股价处于中短线低点，有着不错的反弹上涨空间。操作中，此时是一个很好的买入时机。

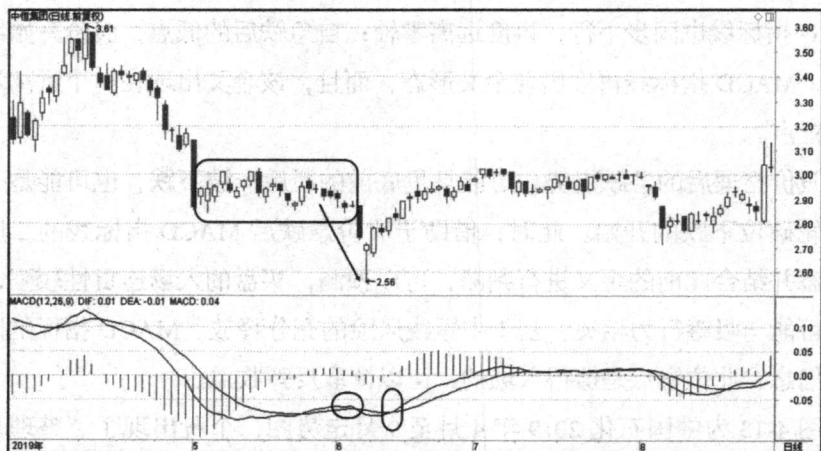

图 4-14　中恒集团 2019 年 4 月至 8 月走势图

对于"整理急跌二金叉"来说，有两方面要重点注意。一是整理区不能是高位整理区，它应是下跌途中的整理区，这可以保证个股中线跌幅较深，为反弹留足空间；二是两次出现的金叉均应远离零轴，以便为 DIFF 线回归零轴提供空间。

4.4 波动形态买入技术

MACD 指标虽然是基于移动均线的运行特征演变而来的，但是，它在实践中，往往有其独特的作用。从大量个股走势中，只要我们善于分析、总结，就会发现 MACD 指标运行形态往往呈现出对称性、波动性、延展性等特征。虽然直接从 MACD 指标设计的依据——移动平均线来解释有些牵强，但是，MACD 指标的这些波动形态却可以很好地指导我们在股市中进行操作，让我们的交易成功率进一步提升。本节中，笔者总结了 MACD 指标的一些特定波动形态，这些形态的出现意味着此时是较好的买入时机。

4.4.1 大波浪时间角度对称性

"大波浪时间角度对称性"是一种因价格走势、指标形态在运行中呈现出大起大落、周而复始的波动而出现的形态。它是指个股在中级别的下跌之后，由低点开始上涨，这一波上涨走势中的 MACD 指标线的倾斜角度、上扬时间与之前一波较大级别的下跌波段遥相呼应，呈现出一种近似对称的关系。

在实盘操作中，我们应注意，在两个对称波段中间，大多会有震荡整理的过程，若股价在这个震荡整理过程中再探新低，但 MACD 指标线却没有同步下跌，则此时就是一个极佳的中短线入场时机。下面结合案例进行说明。

图 4-15 为华能国际 2019 年 2 月至 8 月走势图。如图中标注所示，两个大级别的波动，一个是下跌波段，另一个是上升波段。两个波段之间还有震荡整理走势出现，并且股价在震荡中创出了新低，此时，就是最佳的入场时机。

对比两个大级别的波段可以看出，持续的时间都在 17 个交易日左右且倾斜角度接近，这就是大波浪时间角度对称性在 MACD 指标形态中的反映。依据个股走势中常出现的这一特征，我们就可以更好地把握入场点与出场点。

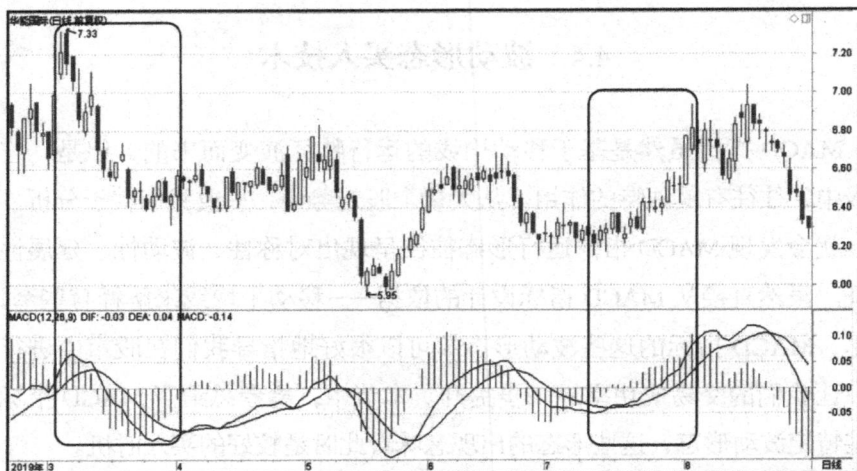

图 4-15 华能国际 2019 年 2 月至 8 月走势图

4.4.2 DIFF 线头肩底反转

在 K 线形态中，头肩底是非常经典的一种底部反转形态，其出现频率较高。头肩底形态呈现了多空力量循序渐进的转变过程。MACD 指标若出现了类似的波动形态，同样有着相近的市场含义。下面先看看日 K 线上的头肩底形态。

图 4-16 为标准的日 K 线头肩底形态示意图。如图所示，头肩底形态由左肩、头部、右肩组合而成。在头肩底的构筑过程中，颈线起阻力作用；而在头肩底成形之后，颈线起支撑作用。

首先，个股在低位区出现的一波下跌的走势使"左肩"形成；略作休整或反弹，价格走势再度在卖盘的抛售下创出新低，但这一波下跌后，空方力量已消耗殆尽，从而引发了强势反弹，形成"头部"；基于买盘的抄底入场，多空力量格局已悄然转变，股价回落幅度较小，随即再度上涨，形成"右肩"；最后，股价又出现一波升势并伴随成交量的增加，当其突破颈线位的阻力时，成交量显著增加，整个形态便形成完毕。

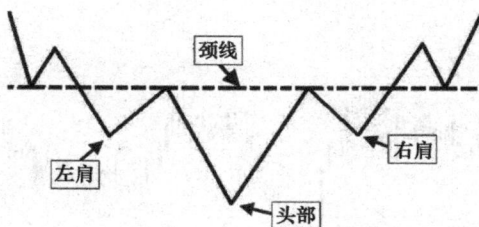

图 4-16　标准的日 K 线头肩底形态示意图

日 K 线头肩底形态构筑过程中会出现几个买点，但投资者既要结合大盘，也要结合个股波动情况来判断是否买入。

第 1 个买点出现在头部反转时。我们可以结合个股的累计跌幅、这一波下跌的幅度与量能，预测底部的出现。由于是预测性抄底，应控制好仓位。

第 2 个买点出现在右肩处。此时，依据个股近期的放量企稳形态，可以预测到底部正处于构筑之中，应逢回调之机买入。

第 3 个买点出现在股价向上突破颈线位时，此时买入虽是追涨行为，但升势只是刚刚确立，股价后期仍有较大的上升空间。

第 4 个买点出现在股价向上突破颈线位后再度回踩颈线时，此时的头肩底形态已经成形，颈线有着较强的支撑作用，可以顺势买入。

对于 MACD 指标形态来说，日 K 线图上的这种头肩底反转形态的市场含义同样适用于 DIFF 线上的头肩底形态。DIFF 线的头肩底形态出现在零轴下方，是多方力量积累、买盘不断入场的标志，预示着趋势将反转上行。下面结合案例进行说明。

图 4-17 为华能国际 2019 年 2 月至 8 月走势图。在个股在低位区的震荡走势中，我们可以依据 DIFF 线的运行轨迹画出一个头肩底形态，如图所示。这是震荡反转行情将出现的标志，在 DIFF 线的右肩附近，股价盘中震荡幅度较大，可以逢盘中低点买股入场。

对于 DIFF 指标线的头肩底形态来说，零轴正好是 DIFF 线头肩底的颈线。当 DIFF 线向上突破零轴后，头肩底形态构筑完成。随后，股价回落、DIFF 线回踩零轴时，就是很好的中短线买股入场点。

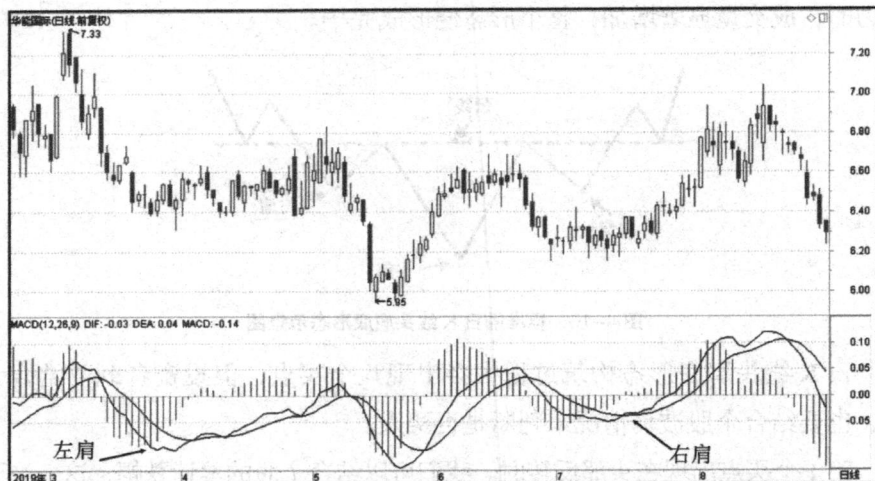

图 4-17 华能国际 2019 年 2 月至 8 月走势图

4.5   极端行情买入技术

极端行情是指价格走势处于急速发展的暴涨或暴跌行情中。极端行情的出现往往与消息面、题材面等因素有关，或者是源于大盘快速波动。在极端行情中，技术指标的运行形态往往也呈现极端化。例如，指标急速上升或急速下降，并且无论是速度还是幅度都是前所未有的。在这种情况下，依靠常规的指标判断方法往往有失准确。此时，既要参考个股的历史运行状况，也要结合短线运行中的量价与 MACD 指标形态组合来分析。只有这样，才能更好地把握极端行情。本节我们将主要学习如何在极端行情下把握买入时机。

4.5.1   连板后急速回踩 DEA

"连板后急速回踩 DEA"是指个股在利好消息或题材的驱动下，出现了连续涨停板的急速飙升走势，股价在短线高点未做停留，就迅速掉头向下，并同步引发了 DIFF 线的快速回落，使 DIFF 线回踩 DEA 线。

连续涨停板的走势往往与利好消息的刺激有关，但股价在高点未做停留就直线回落，导致主力没有足够的时间逢高出货，除非个股出现明显利空消息，否则在高位区应该至少有一个震荡的过程。因而，在短线回调较为充分时，可以适当参与，博取反弹收益。

短线回调，何时入场？可以结合 MACD 指标把握这个点位。当 DIFF 线快速向下并向 DEA 线靠拢时，此时的股价短线跌幅已较大，同时考虑到多方行情中 DEA 线对于 DIFF 线的支撑作用，这个点位将会获得较强的支撑，从而引发股价震荡反弹，这就是我们短线入场的点位。

图 4-18 为远大智能 2019 年 1 月至 3 月走势图。这是一只小盘股且题材较为正宗。个股连续涨停，随后，股价快速回落。如图所示，当 DIFF 线回踩 DEA 线时，就是我们短线参与这一热点题材、博取反弹收益的好时机。

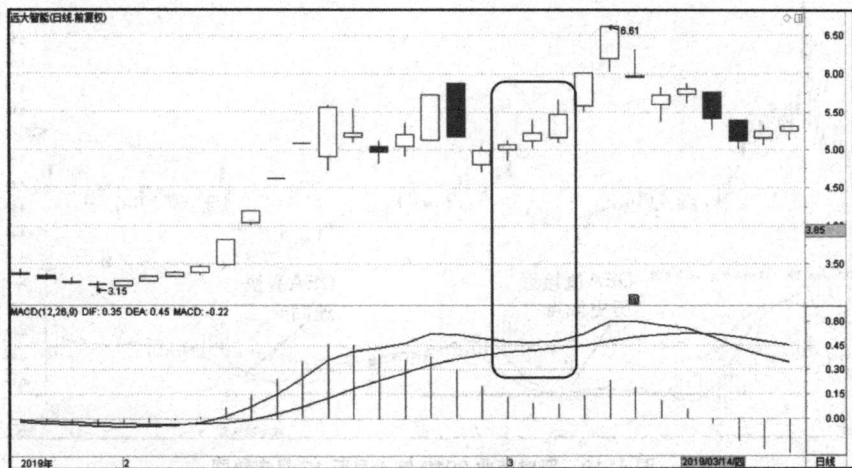

图 4-18　远大智能 2019 年 1 月至 3 月走势图

应用这种形态时应注意，个股的连板走势应出现在低位长期整理之后，并且连板飙升是个股中短期内的第 1 波大幅上扬。这样，当股价快速回落并使 DIFF 线向 DEA 线靠拢时，DEA 线才能够对 DIFF 线有较强的支撑作用。

4.5.2　低点峰值后价格探新低

低点峰值，是指 DEA 值或 DIFF 值近年来的最低点，它是极端下跌走势所形成的，也体现了最大限度的空方力量释放。当股价短线快速下跌，使得

DEA 值或 DIFF 值接近最低点时，市场处于极端状态。

但是，依据市场常见情形来看，下跌时的恐慌情绪远强于上涨时的狂喜情绪，因而，更宜等到个股走势开始企稳时，再寻找机会买入。如果在企稳震荡时，股价再创阶段新低，但 DEA 线却快速回升，则表明市场的非理性抛售情绪已接近尾声，较大级别的反弹上攻行情有望展开，此时可以适当抄底买入。

图 4-19 为双成药业 2019 年 4 月至 10 月走势图。一波快速、深幅下跌之后，DEA 值已接近历史低点，但这一波的跌幅与历史上的极端下跌波段相比却较小。此时，短线只宜轻仓参与并且不可对反弹幅度期望过高。

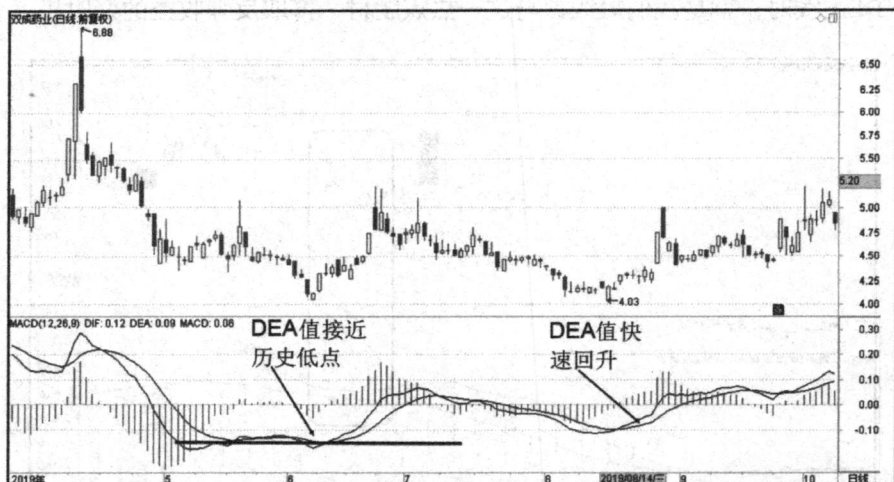

图 4-19 双成药业 2019 年 4 月至 10 月走势图

在震荡反弹后，股价再度下跌且创出新低，但此时的 DEA 线却大幅上升，这才是空方力量已充分释放、大级别反弹行情将展开的可靠信号。此时可以积极布局，博取反弹收益。

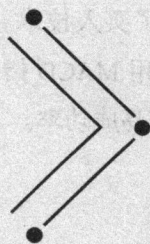

第5章

MACD 波段卖出技术

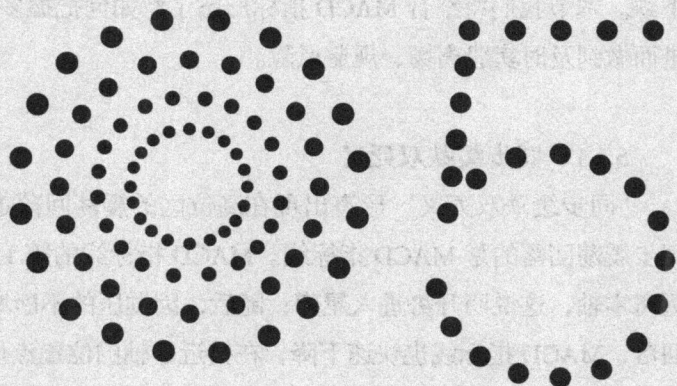

买得好，可以降低风险、把握机会。但是，考虑到股价的波动特性，若我们不能准确把握卖出时机，或者导致过早地获利离场，或者导致持股时间过长，两种情况都会极大地影响交易情绪，并最终为失利埋下伏笔。特别是在获利空间较窄的反弹行情中，投资者一旦错失卖股时机，又没有有效的止损措施，就很可能被牢牢套于高位，失去再度交易的机会。

可以说，掌握卖出时机，是每一个成功交易者必备的技能。在第 4 章中，我们以股价走势为基础，结合 MACD 指标具体形态讲解了买入技术。本章，我们将采用同样的方法继续讲解卖出技术。只有综合运用 MACD 指标的买入、卖出两种技术，才能发挥其良好的实战作用，提升交易成功率。

5.1　零轴附近卖出技术

MACD 指标线位于零轴附近时是多空双方力量较为均衡的一个阶段，但也是双方力量此消彼长的一个阶段。随着空方力量的加强，价格往往会加速下跌。本节我们将结合 MACD 指标形态了解如何把握多空格局的这种转换，进而做到及时卖股离场、规避风险。

5.1.1　同步缓跌双死叉

"同步缓跌双死叉"形态出现在高位区的震荡回落走势中，与价格走势同步震荡回落的是 MACD 指标线。MACD 指标线的第 1 次死叉出现在高点，远离零轴，这说明升势进入尾声；随后，因抛压的不断增强，股价开始震荡回落，MACD 指标线也快速下降，在接近零轴的位置点再度出现死叉，此时就是一个明确的趋势转变信号，表明空方力量没有转弱迹象。结合个股前期的累计涨幅来看，一旦趋势发生转变，随后的下跌空间是极大的。操作中，此时是中长线卖股离场的时机。

图 5-1 为登云股份 2019 年 9 月至 11 月走势图，个股在高位区开始了震荡下跌，MACD 指标线也同步下行，一共出现了 3 次死叉，第 2 次、第 3 次

死叉出现在零轴附近，表明空方力量依旧占据着主导地位。结合股价的走势来看，这是多空力量格局已完全转换、趋势正下行的信号。此时，应及时卖股离场、规避风险。

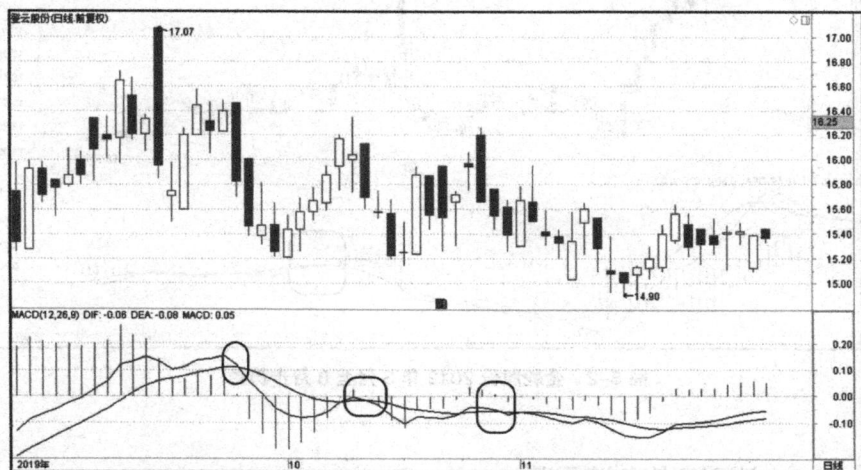

图 5-1　登云股份 2019 年 9 月至 11 月走势图

5.1.2　反弹滞涨黏合死叉

"反弹滞涨黏合死叉"形态是指在个股整体走势下跌、MACD 指标线持续运行于零轴下方的情况下，个股出现了一波反弹，使得 DIFF 线向上靠拢零轴且运行于 DEA 线的上方；此时，在反弹后的高点，股价呈横向整理状，DIFF 线开始与 DEA 线黏合；随后，DIFF 线向下交叉并穿越 DEA 线，即黏合后出现死叉。

黏合形态的出现表明多方力量上攻乏力，而且个股处于跌势中的反弹波段，一旦出现死叉，则预示着空方力量将再度占据主导地位，而原有的趋势运行状态并未被打破，也预示了新一轮下跌行情的展开，应及时卖股离场。

图 5-2 为金轮股份 2019 年 3 月至 8 月走势图，个股经历震荡之后，MACD 指标线开始持续运行于零轴下方，这是空方力量整体占优的标志。随后，股价走势出现了反弹、滞涨，DIFF 线与 DEA 线在黏合后出现死叉形态，这是价格反弹结束的信号；并且趋势的方向依旧向下，因此这也是卖股信号。

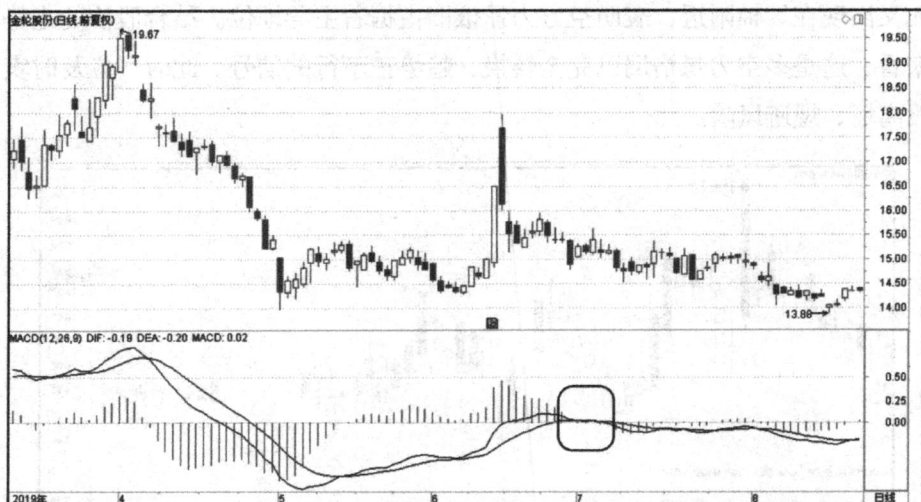

图 5-2　金轮股份 2019 年 3 月至 8 月走势图

5.1.3　滞涨区的急速回落

"滞涨区的急速回落"可以看作是顶部区的一种背离形态，个股的快速上涨使得 MACD 指标线向上远离了零轴。随后，个股于高位区横向震荡，虽然股价重心未见下移，但 MACD 指标线却急速下行至零轴附近。

高位区是多空交锋激烈的一个区域，横向震荡只是一个过渡走势，随后的走势要么是继续沿着原有的趋势方向推进，要么是转向掉头。我们知道，DIFF 线与零轴之间的距离代表着多方力量的强弱及各自的占优情况，若同期的 DIFF 线急速回落，说明多方优势消耗殆尽，空方力量快速增强，这正是趋势将转向的信号。透过 MACD 指标线与价格走势的这种背离形态，我们可以看清市场交投背后的信息，从而能够准确地把握多空格局的变换，进而提前逃顶离场。

图 5-3 为爱迪尔 2019 年 1 月至 8 月走势图。如图中标注所示，当股价在高位的震荡时，MACD 指标线却急速回落至零轴附近，这种背离形态预示着此高位震荡区域或将成为顶部区。操作中，此时是中长线卖股离场的时机。

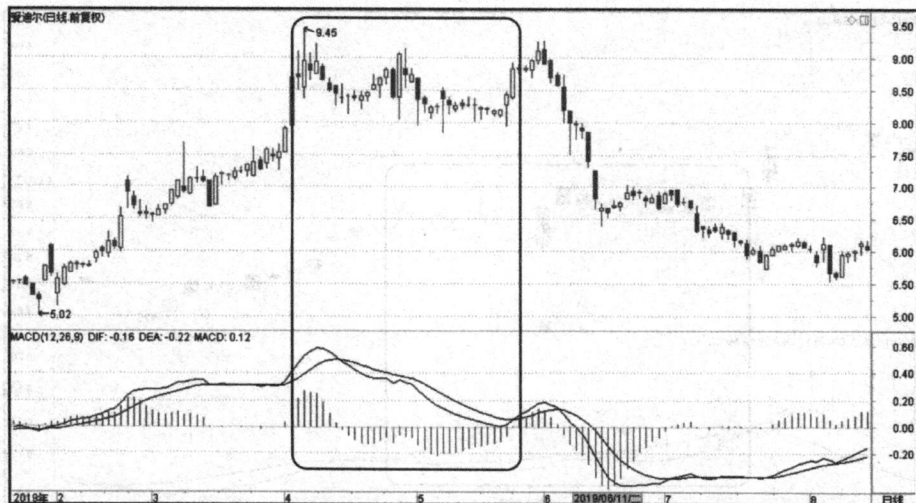

图 5-3 爱迪尔 2019 年 1 月至 8 月走势图

5.2 零轴下方卖出技术

5.2.1 整理区指标持续下行

"整理区指标持续下行"可以看作是一种背离形态，此时的股价呈横向整理走势，同期的 MACD 指标线却持续下行并远离零轴。

股价横向整理走势是趋势运行不明朗的标志，也是多空格局悄然发生转变的一个阶段；此时的 MACD 指标线却持续下行，这表明空方力量在缓缓增强；MACD 指标线已下行到明显远离零轴的位置，标志着空方力量已经很强，个股打破盘整走势、破位下行的概率在增大。操作中，应果断卖出，规避风险。

图 5-4 为蓝黛传动 2019 年 6 月至 8 月走势图，个股处于相对高位区的震荡整理格局，但同期的 MACD 指标线跌至零轴下方，并向下远离了零轴，此时的价格走势未见明显变化，但是这种背离形态表明空方力量在不断增强，破位下跌行情随时可能出现。操作中，应及时卖出。

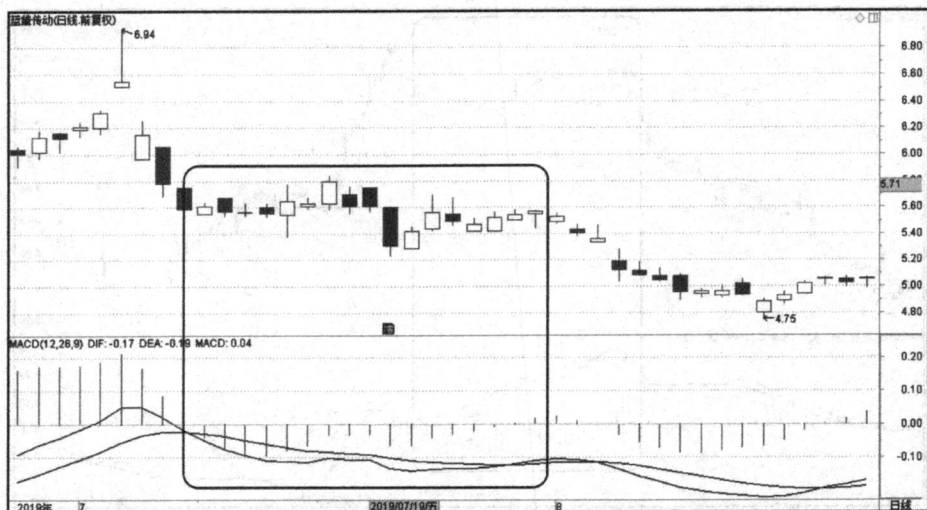

图 5-4　蓝黛传动 2019 年 6 月至 8 月走势图

5.2.2　反弹点指标黏合

"反弹点指标黏合"是一种用于判断跌势是否将延续下去的组合形态。在这一形态中，个股在下跌途中出现了一波反弹走势，此时，DIFF 线向上靠拢并与 DEA 线黏合，但这两条指标线仍然处于离零轴较远的位置点。

反弹时，DIFF 线不能快速穿越 DEA 线，而是与其黏合在一起，这说明多方推动力量不足，是反弹走势难以延续的信号；而且，两条指标线此时仍然处在离零轴较远的位置点，这说明空方力量仍然总体占优，并且此时多方力量的反攻软弱无力，可以预计，新一轮的下跌行情出现概率极大。

图 5-5 为世嘉科技 2019 年 9 月至 11 月走势图，个股在高位盘整之后，开始震荡下行。如图中标注所示，一波反弹走势使得 DIFF 线与 DEA 线黏合，此时的累计跌幅不大，黏合位置点又远离零轴，空方力量仍旧总体占优，下跌行情并没有结束的趋向。操作中，此时应顺势操作，或持币观望，或卖股离场。

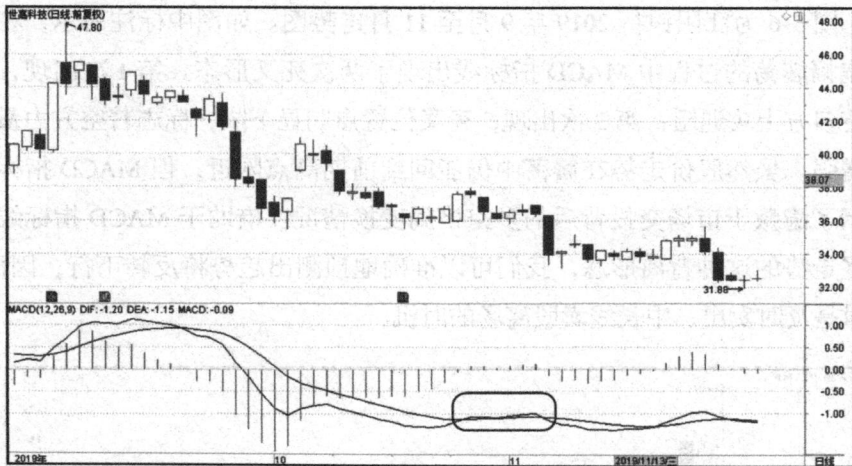

图 5-5　世嘉科技 2019 年 9 月至 11 月走势图

5.3　零轴上方卖出技术

零轴上方，主要是指向上远离零轴的位置点。此时的 DIFF 线离零轴较远，代表多方力量占据着主导地位，个股处于上升趋势中，中短线的涨幅往往较大。此时，因市场短期内的多方力量释放较多、后续买盘跟进力度不足，深幅回调甚至是反转下行的概率较大。本节我们将了解如何利用 MACD 指标的特定形态来把握零轴上方的卖出时机。

5.3.1　宽幅震荡双死叉

"宽幅震荡双死叉"形态出现在持续上涨的高位区间，个股呈振幅较大的震荡走势，在震荡过程中，MACD 指标线两次出现死叉形态，并且第 2 次死叉的位置点低于第 1 次死叉，但仍旧离零轴较远。

第 2 次死叉的位置点更低，这表明多方力量在减弱，而且，MACD 指标形态的走低与股价的横向震荡背离。在个股已有较大累计涨幅的背景下，这种组合形态多标志着多空力量对比格局的转变，是升势见顶的信号。

图 5-6 为江阴银行 2019 年 9 月至 11 月走势图。如图中标注所示，在股价宽幅震荡的过程中 MACD 指标线出现了两次死叉形态。第 1 次出现，标志着多方上攻遇阻；第 2 次出现，死叉位置点明显下降，标志着空方力量快速增强。虽然股价走势在震荡中仍能回到前期高点附近，但 MACD 指标却揭示了隐藏于市场交投背后的多空格局变换情况。借助于 MACD 指标线与价格走势的这种背离形态，我们可以准确地预测出趋势将反转下行，因而，此时是及时卖出、中长线卖股离场的时机。

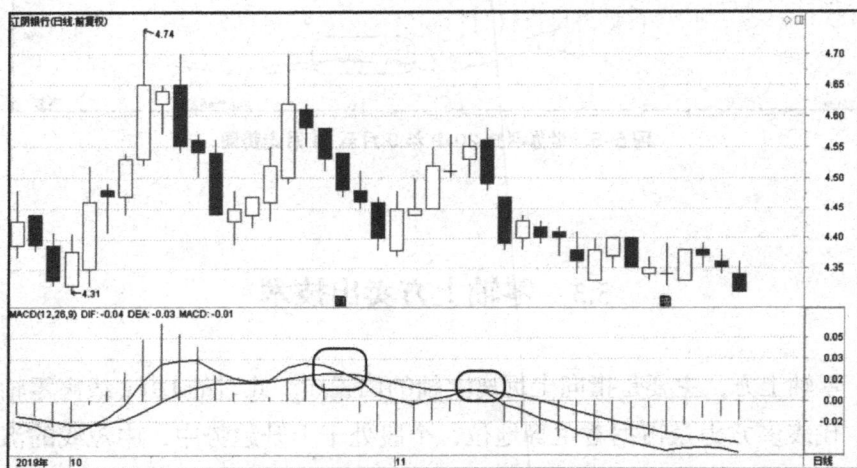

图 5-6 江阴银行 2019 年 9 月至 11 月走势图

5.3.2 高点交叉平行下滑

"高点交叉平行下滑"可以看作是将 MACD 指标的死叉、背离两大特征与股价走势相结合的一种组合判定形态。它是指 MACD 指标线在零轴上方较远的位置点出现了死叉，随后，DIFF 线以近似平行于 DEA 线的方式缓缓下行，但同期的价格走势却处于横向整理之中，并没有随之同步下跌。

MACD 指标线的缓缓下行，代表着空方力量的不断增强；此时的 MACD 指标线位于远离零轴的位置点，并且有向零轴靠拢的倾向。因而，在空方力量增强、指标回归零轴的双重驱动下，可以预计个股在横向整理之后将有着较强的下跌动力。此时应及时卖出，规避破位风险。

图 5-7 为比音勒芬 2019 年 8 月至 11 月走势图，股价在一波强势上涨之后出现了小幅回落，也使 MACD 指标线出现死叉形态；随后，股价横向整理，但同期的 DIFF 线与 DEA 线却在同步下行，这预示了价格的后期走向。操作上，应及时卖出、锁定利润。

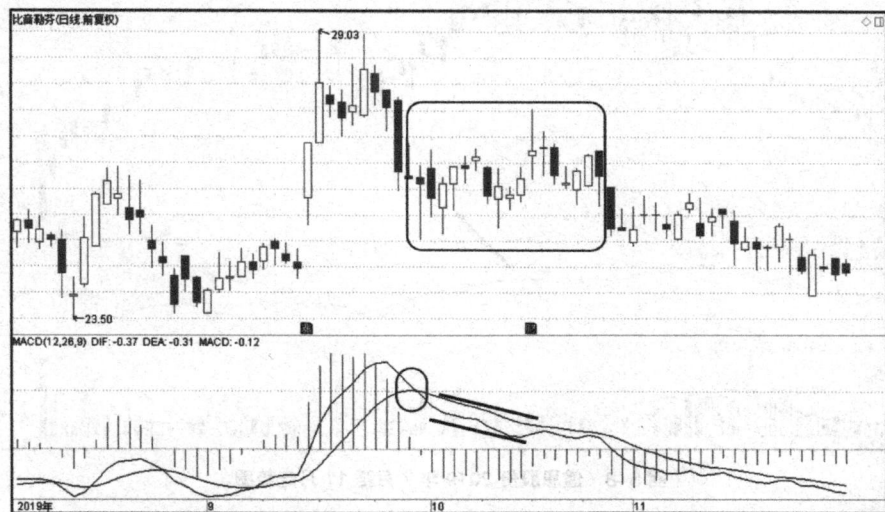

图 5-7　比音勒芬 2019 年 8 月至 11 月走势图

5.3.3　指标下滑遇阻 DEA

"指标下滑遇阻 DEA" 是指在价格走势震荡攀升期间，由于上涨速度缓慢，DIFF 线跌至 DEA 线下方，DIFF 线与 DEA 线同步缓慢下行，在一波股价小幅度震荡上扬走势中，DIFF 线跌速放缓，但在靠拢 DEA 线后无力上穿，遇到了明显的阻力。

股价震荡攀升，MACD 指标线却缓缓下行，表明个股的上涨速度极为缓慢，远远弱于此前的上涨势头。在股价累计涨幅较大的位置点出现这种情况，是趋势转变的信号。在随后的一波价格反弹走势中，DIFF 线仍旧无力向上穿越 DEA 线，这表明无论是中线还是短线，多方力量均不再占优势，随时可能因空方抛压而出现破位下跌走势。

图 5-8 为道恩股份 2019 年 7 月至 11 月走势图，个股处于高位区的震荡

走势中，DIFF 线向上运行时遇到 DEA 线阻挡，出现了无法向上突破 DEA 线的指标形态，这表明多方的推动力量在不断减弱，并且在经历震荡之后也无增强趋向，这是趋势即将转变的信号。操作中，此时应卖出。

图 5-8　道恩股份 2019 年 7 月至 11 月走势图

5.3.4　震荡突破指标迟滞

"震荡突破指标迟滞"形态是指个股在横向整理之后，股价向上突破，但 MACD 指标线并未同步上行，而是在离零轴比较远的位置点水平运行，没有呈现明显的上扬形态。

股价的突破代表着多方力量的推动，MACD 指标线随股价的突破同步上扬，才是多方力量充足、股价上涨有支撑的标志；但 MACD 指标线没有随着股价而上扬，表明多方力量已释放过度，此时的上涨仅仅是前期上涨的延续，是惯性上冲。在抛压未到来之前，这是个股可以维持稳定的高点；一旦出现滞涨、卖盘数量增多等情况，个股则很难在这一位置点站稳，后期下跌空间较大。

图 5-9 为视源股份 2019 年 8 月至 11 月走势图。如图所示，价格走势在高点继续震荡突破，但同期的 MACD 指标线却横向运行，DIFF 线与 DEA

线黏合，这是多方上攻力量明显不足的标志，也说明 DIFF 线有回归零轴的强烈趋向，这一形态预示着中线上涨的结束。操作中，应及时卖出。

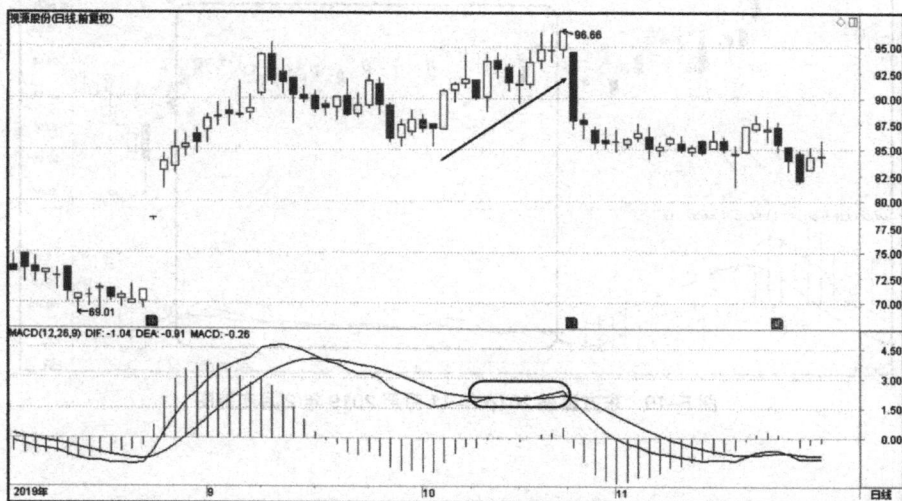

图 5-9　视源股份 2019 年 8 月至 11 月走势图

5.3.5　整理区间长期黏合

"整理区间长期黏合"形态是指股价走势呈横向窄幅整理状，同期的 DIFF 线与 DEA 线则长时间黏合在一起。

股价横向整理及 MACD 指标线的黏合形态均是趋势运行不明朗、方向待选择的信号。此时的 DIFF 线距离零轴较远，表明多方力量已得到了较多的释放，随着整理的持续，短线抛压将有所增强，在 DIFF 线向零轴靠拢的作用下，个股破位下行的概率增加。

图 5-10 为东方嘉盛 2018 年 11 月至 2019 年 2 月走势图，个股出现了整理区间长期黏合的形态，预示着价格下跌的概率较大。操作中，应及时卖出，规避风险。

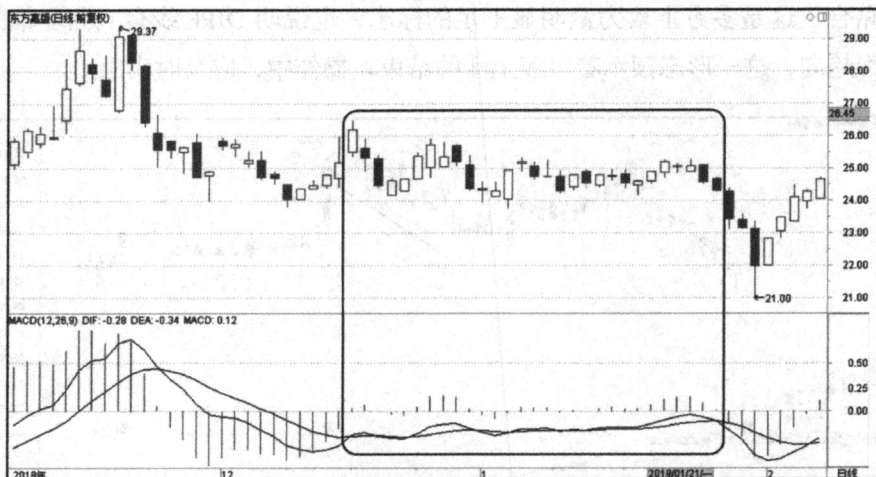

图 5-10　东方嘉盛 2018 年 11 月至 2019 年 2 月走势图

5.4　波动形态卖出技术

在第 4 章中，我们讲解了 MACD 指标的波动形态买入技术。本节我们将继续深入，看看哪些波动形态为我们提示了中短线的卖出时机。

5.4.1　DIFF 线大"V"对称性

"DIFF 线大'V'对称性"形态是基于股价走势大波段的时间对称性、多空格局转换的时间对称性所呈现出来的一种 DIFF 线形态。在此形态中，在个股经历较长时间的下跌的过程中，DIFF 线由零轴上方跌至零轴下方并远离零轴，形成了一个大的下降波段；随后，价格走势企稳，同期的 DIFF 线开始回升。一般来说，DIFF 线的这个回升波段与之前的下降波段有对称性，特别是时间、角度上的对称性，但价格走势波段却并不一定对称。因此，随着股价反弹的持续，DIFF 线向上运行至与左侧下跌波段大致对称的位置点时，往往就是反弹行情结束的时候，此时也是反弹行情中的卖出时机。

　　图 5-11 为华西证券 2019 年 5 月至 11 月走势图，图中标示了 DIFF 线大"V"对称性形态。当 DIFF 线持续上扬至与左侧下跌波段相对称的位置附近时，虽然股价未反弹至前期高点，但却提示了反弹行情的结束。此时投资者应依据 DIFF 线的这种形态卖股离场。

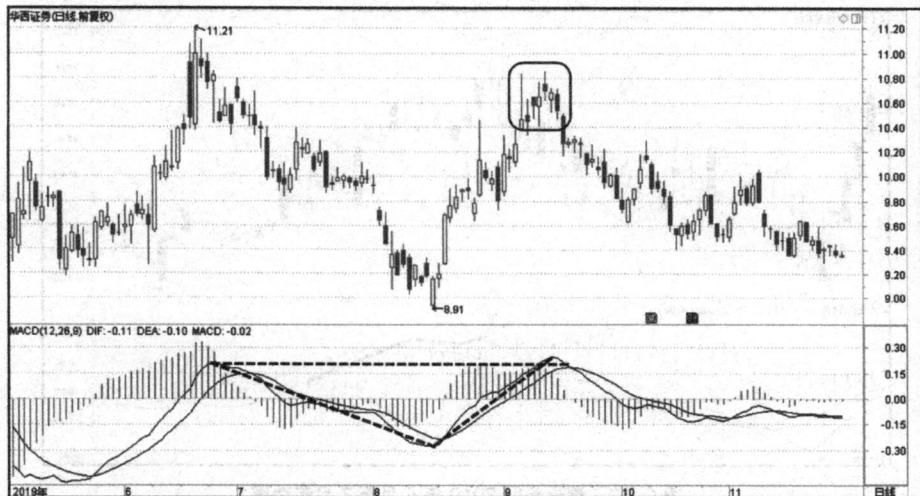

图 5-11　华西证券 2019 年 5 月至 11 月走势图

5.4.2　高点延展的下降浪

　　"高点延展的下降浪"形态是指个股在中短线涨幅相对较大的背景下，股价在高位区出现了震荡，其间，DIFF 线的运行出现了一波持续时间较长，但角度缓和的下降浪。在下降浪构筑的过程中，往往有走平的环节，故称之为"高点延展的下降浪"。

　　角度缓和、持续时间很长的高点延展的下降浪是市场的空方力量虽然优势不明显但却长时间占据相对主动地位的标志。当个股经历上涨进入高位区震荡整理后，一旦 DIFF 线出现这种高点延展的下降浪，往往预示着多空格局将悄然变化。此时的股价走势即使能在震荡中创出新高，也会由于多方推动力量已经不足，而难以维持突破走势。操作中，应果断地逢高卖出。

　　图 5-12 为泰永长征 2019 年 4 月至 7 月走势图，个股在经历了震荡上涨

之后，MACD 指标线也跃升至零轴上方，此时股价的震荡走势较为稳健，似有再度突破上行的动力。但是，如图中虚线标注所示，DIFF 线上出现了一个高点延展的下降浪，这预示着多空格局的转变。此时，个股再度突破上行的成功概率较小。操作中，应逢高卖出，锁定利润。

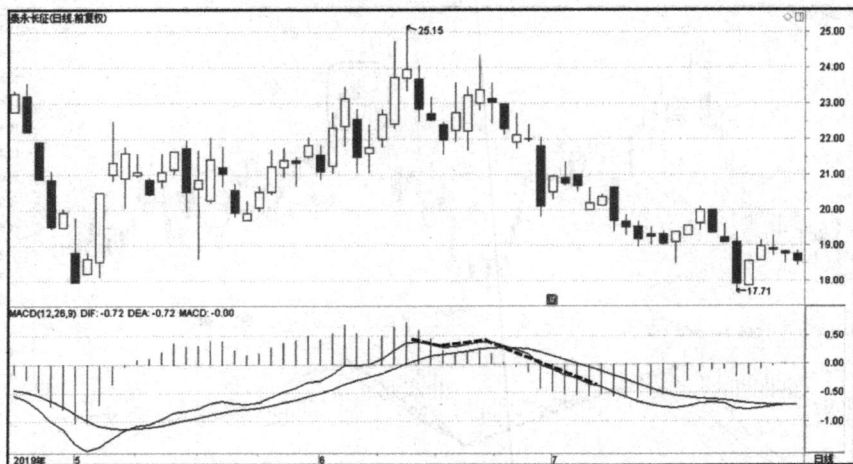

图 5-12　泰永长征 2019 年 4 月至 7 月走势图

5.4.3　DIFF 线 M 顶背离

"DIFF 线 M 顶背离"形态既是 MACD 指标线的一种背离形态，也是日 K 线图上经典 M 顶形态在 MACD 指标运行上的再现。这一形态的形成过程是，在价格持续上涨的过程中，DIFF 线向上远离了零轴，随着股价的震荡上扬，DIFF 线也出现了上升、回落、再上升的震荡；并且，DIFF 线在震荡中两次上探最高点，形成了近似于英文字母"M"的波动形态。在 DIFF 线两次探顶的过程中，价格走势却不断上扬、创出新高，因而，两者在运行上是背离的。

DIFF 线 M 顶背离形态表明多方力量已得到了较为充分的释放，价格上涨已接近尾声。操作中，应及时逢高卖出，规避趋势反转。

图 5-13 为明德生物 2019 年 8 月至 11 月走势图，个股持续的震荡上扬走势较为稳健，累计升幅大，此时 DIFF 线向上远离了零轴并出现了两度上探的 M 顶形态。一般来说，在这种市场情况下，除非有重大利好消息，否则

DIFF 线很难再度上扬，中期顶部也就此形成。操作中，我们可以在 DIFF 线第 2 次探顶时卖出，不要等到 MACD 指标线大幅回落，形成了清晰的 M 形再卖出；此时卖出，已错失了中短线逃顶点。

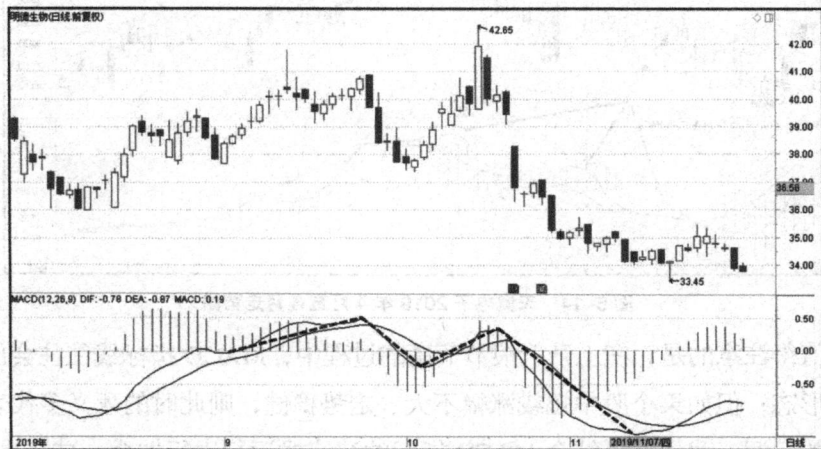

图 5-13 明德生物 2019 年 8 月至 11 月走势图

5.4.4 上升三浪节节高

《左传·庄公十年》中有云："一鼓作气，再而衰，三而竭。"对于个股走势来说，这同样适用。当大市较好、个股不断上行时，我们发现，很多个股虽然可能出现多波上涨，但对于 MACD 指标来说，当其出现 3 个不断抬高的浪时，往往就预示着中期顶部的出现，这就是 MACD 指标的"上升三浪节节高"形态。

上升三浪节节高的形态使得 MACD 指标线远离零轴，这预示着多方力量的释放已达到了极限，市场处于明显的超买状态；随着理性的回归、追涨情绪的降温，个股出现中期顶部的概率也在增大。操作中，本着风险规避的态度，应锁定利润，卖股离场。

图 5-14 为天奥电子 2019 年 4 月至 8 月走势图。如图中标注所示，个股自低位区开始突破上行，上攻走势稳健，MACD 指标线也是一浪高于一浪，最终呈现为上升三浪节节高的形态，此时就是中线卖出时机。

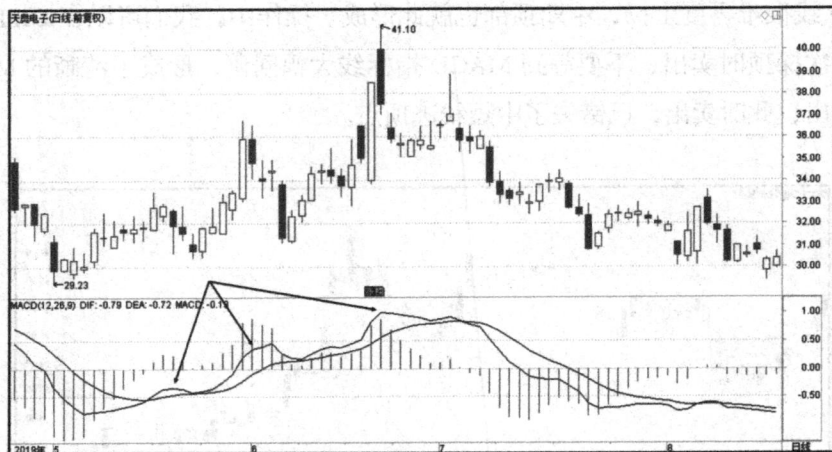

图 5-14　天奥电子 2019 年 4 月至 8 月走势图

值得注意的是，在上升三浪节节高的过程中，MACD 指标线往往会出现死叉形态；但如果个股中短线涨幅不大、走势稳健，则此时的死叉多代表着短线的回调。我们可以结合 MACD 指标的波浪式运行进行加仓、减仓操作，直至 MACD 指标线第 3 浪创出新高时再清仓离场。

图 5-15 为恒铭达 2019 年 6 月至 10 月走势图。在 MACD 指标线前两浪的形成过程中，股价涨幅不大、上升趋势稳健，此时可以看长做短，进行波段交易；最后，当指标线出现第 3 浪并创出新高时，则应清仓卖出。

图 5-15　恒铭达 2019 年 6 月至 10 月走势图

5.5　极端行情卖出技术

极端行情下的卖出时机常常出现在突破上攻走势或强势反弹走势中。此时的价格飙升力度大、速度快，给投资者的直观感觉就是股价上涨无阻力，因此投资者往往很难把握正确的卖出时机。卖得过早，可能会踏空，错失大部分利润；卖得过晚，可能会因暴涨之后的急速反转，错失卖点。在极端行情中，MACD 指标的历史运行规律可以帮助我们准确把握卖点。

5.5.1　同步飙升的峰值点

"同步飙升的峰值点"形态是指在一波快速上涨走势中，股价与 MACD 指标线同步快速上扬，两者均创出了阶段性新高，结合个股近年来的运行轨迹看，MACD 指标也达到或接近了峰值。

个股最近几年的历史波动情况有着重要的参考意义，它既体现了大盘的波动情况，又能反映个股的独立运行特征，MACD 指标出现的历史峰值多代表着极端行情的延展力度。

在正常的情况下，MACD 指标线会在峰值点下方震荡运行，一旦股价飙升走势出现，MACD 指标达到或接近峰值点，基于技术分析的三大假设之一——"历史往往会重演"，可以预计，此时就是极端走势将转折的位置点。

图 5-16 为中直股份 2019 年 3 月至 10 月走势图。将个股的走势图时间范围进行扩展，可以在其历史上的阶段性价格走势峰值处与 MACD 指标阶段性峰值处各画一条水平线，如图中所示。当个股再度出现这种飙升的走势时，可以发现，随后的 MACD 指标与股价均达到了阶段性历史峰值点，而且个股的上涨并没有利好消息或热点题材支撑。由此可以看出，历史峰值点有着重要的参考意义。操作中，可以据此进行卖股操作。

图 5-16　中直股份 2019 年 3 月至 10 月走势图

利用这种形态展开交易时，应注意的是，只有在个股短线飙升没有重大利好消息支撑的前提下，历史峰值点才更有借鉴、参考意义。对于多与重大利好消息有关的连续无量涨停板的走势来说，历史峰值点的参考性就比较弱了。

5.5.2　零轴起向下发散

"零轴起向下发散"形态是一种用于判断下跌趋势的力度的形态。它是因股价盘整走势使得 MACD 指标线在零轴附近运行，随后股价破位下行且跌速较快而形成的 MACD 指标中的两条指标线呈开口向下发散的形态。

MACD 指标贴合于零轴运行，这是价格方向待选择的信号。当价格走势开始破位后，DIFF 线与 DEA 线呈现的向下开口发散的形态则是下跌力度强、空方抛压极重的标志。若个股自高点盘整后破位下行，则下跌空间较大，一波下跌走势很难构筑起中期底部，MACD 指标还有再度向下、接近历史低值的趋向。在实盘操作中，当 DIFF 线与 DEA 线仍以这种开口形态存在时，即使股价出现整理、企稳走势，也不可抄底入场，因为这只是股价下跌途中的一次短暂整理。

图 5-17 为江山股份 2019 年 10 月至 11 月走势图。如图中标注所示，在价格走势破位下行的过程中，可以看到 MACD 指标线呈向下开口发散形态，这预示着跌势的力度将加大，随后股价出现的短暂企稳走势并不是抄底入场的好时机。对于投资者来说，应及早止损离场，避免被深套其中。

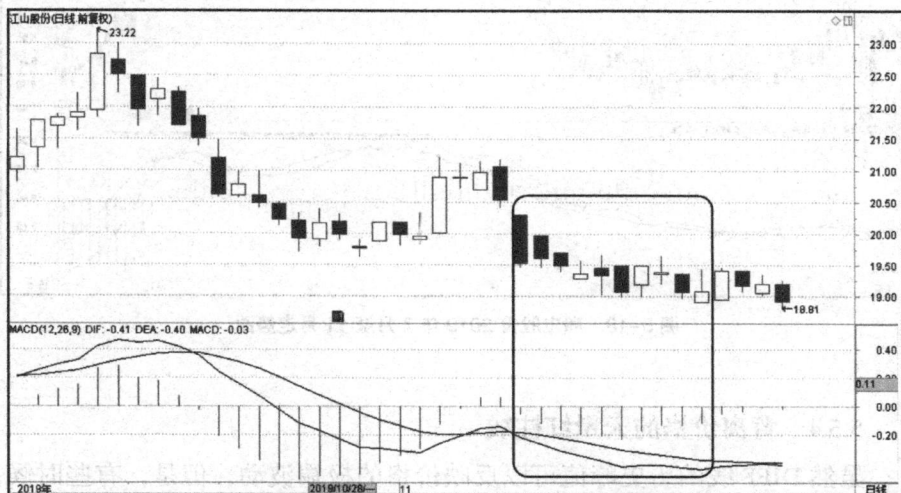

图 5-17 江山股份 2019 年 10 月至 11 月走势图

5.5.3 长期平台突破峰值减半

价格走势在短线上涨后的相对高点位横向震荡，构筑起一个平台区域。如果在价格震荡突破时，DIFF 数值只上升到整个价格平台区 DIFF 的峰值的一半左右，则表明多方推动力量不足，股价再度跌回平台区域内部的概率较大，投资者应逢高卖出。

个股的运行以上下起伏的波动为主要特征；但也有一些个股，多空力量长期处于均衡状态，震荡平台的延续时间很长，这同样是一种较为极端的运行方式。对于短线投资者来说，能否准确判断价格突破成功的概率，是决定买卖操作的关键所在。

图 5-18 为湘电股份 2019 年 7 月至 11 月走势图。从图中可以看出，股价在长期震荡整理之后开始向上突破，但此时的 DIFF 值只有此前峰值的一半左右，表明多方推动力量明显不足。操作中，此时不宜追涨买入。

图 5-18　湘电股份 2019 年 7 月至 11 月走势图

5.5.4　背离价格的天量红柱线

虽然 DIFF 线的历史峰值可以反映价格的极端波动，但是，有些时候，DIFF 线是由零轴下方上穿零轴的，这样，一波上涨走势所呈现的极端市况就不能以 DIFF 线的历史峰值作为参考了。此时，柱线的峰值更具实战价值。

在一波快速上涨走势中，个股如果没有重大利好消息支撑，也没有连续的无量一字板，股价仅仅是短线的飙升，但此时的柱线于零轴上方快速伸长（在计算机屏幕显示的图形中，位于零轴上方的柱线多呈现为红色）并创出历史新高，这可以看作是与价格走势不同步的天量红柱线，我们将其称为"背离价格的天量红柱线"。

这一形态的出现，表明股价短线的上涨已到达了极限，即使短线飙升的幅度、力度没有达到历史走势中出现过的峰值，但天量红柱线的出现就标志着多方力量的释放已经到达了极限，短期内股价的上涨空间被挤压。此时应及时逢高卖出，锁定利润。

图 5-19 为泛微网络 2018 年 12 月至 2019 年 9 月走势图。在 MACD 指标窗口中，用一条水平虚线标示了红柱线的历史峰值，个股在一波上涨波段

中，红柱线放出天量，远远超过其历史峰值。这就是股价短期波动处于极端状态的信号，也是价格短线上攻到达极限、价格走势将反转的信号。

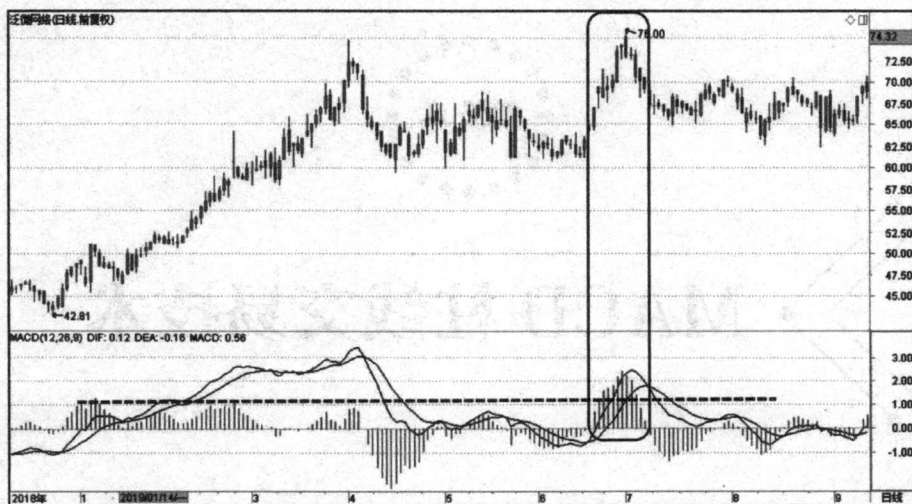

图 5-19 泛微网络 2018 年 12 月至 2019 年 9 月走势图

柱线的伸缩、面积等形态对于我们在实战中进行短线交易、波段交易有着重要的参考意义。柱线的形态种类较多，我们将在第 6 章专门进行讲解。

第 6 章

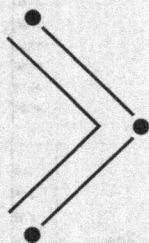

MACD 柱线交易技术

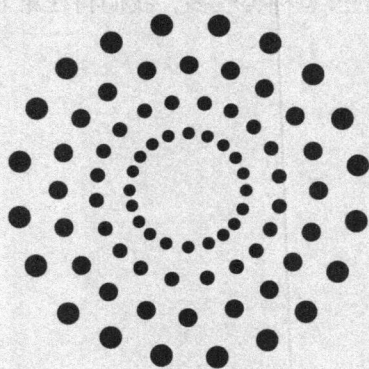

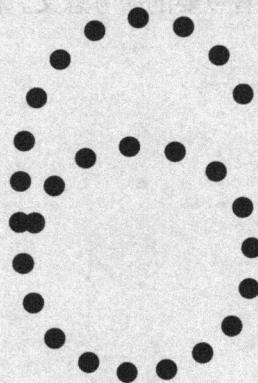

通过第 2 章的学习，我们知道柱线的长短就是 MACD 指标的数值，MACD=（DIFF−DEA）×2。这一数值以柱线的形式输出，当 MACD 值大于 0 时，柱线为红色；当 MACD 值小于 0 时，柱线为绿色。

柱线是放大的 DIFF 线与 DEA 线之间的距离，而这两者之间的距离的变化既反映着股价的运行方向，也呈现出多空力量的实时变化。本章我们将在结合柱线市场含义的基础上，学习如何利用柱线的变化形态把握波段买卖时机。

6.1　柱线伸缩买入技术

柱线的伸缩既是价格波动情况的实时呈现，也是多空力量转变的实时反映。柱线的伸缩几乎与价格走势同步，但又比价格走势更为灵敏，常常可以预示股价的短期波动方向。本节我们将结合柱线的伸缩形态来学习如何把握买入时机。

6.1.1　柱线市场含义

我们知道，DIFF 线与 DEA 线的位置关系其实就是多空力量变化的一种表现方式。DIFF 线向上远离 DEA 线或由下向上向 DEA 线靠拢，代表短期内的价格走势处于上涨过程中；DIFF 线向下远离 DEA 线或由上向下向 DEA 线靠拢，代表短期内的价格走势处于下跌过程中。

DIFF 线与 DEA 线之间的位置关系，能直接将价格走势形象化、立体化。而柱线的伸缩能很好地反映股价的涨跌势头，当涨跌加速时，可以看到柱线长度的快速变化。

从多空格局的角度来考虑，MACD 柱线是能量变化最直接的反映，也是投资者对股市多空变化趋势最直观的感受。利用柱线的变化趋向、变化速度进行研判，我们可以很好地把握市场中正在发生的多空力量转变情况。

在上涨波段，可以看到的柱线变化趋向是绿柱线不断缩短或红柱线不断伸长。下跌波段则正好相反，红柱线不断缩短或绿柱线不断伸长。柱线随着股价的波动而不断伸长、缩短，这正是多空力量此消彼长过程的最好呈现。因而，利用柱线的这种变化方式，再结合股价走势，就可以实时把握多空力量的变化情况，进而实施高抛低吸的波段交易。

6.1.2　回调后绿柱线缩短

因一波价格快速下跌趋势，柱线开始出现在零轴下方且不断伸长，这是空方抛压快速释放的标志；随后，因价格下跌放缓或企稳回升，绿柱线开始缩短。

绿柱线缩短，代表着价格走势的企稳，也是短期内空方抛压减轻的标志。一般来说，上升趋势中的一次深幅调整就能够很好地释放短期抛压，因而，利用柱线开始变短的这种形态，我们可以很好地把握回调低点买入时机。

图 6-1 为振德医疗 2019 年 8 月至 10 月走势图，随着股价缓缓有力地攀升，MACD 指标线一直稳稳地运行于零轴之上，这是价格走势处于升势格局的标志。随后，一波价格快速下跌的趋势使得绿柱线（颜色请参考计算机屏幕，下同）快速伸长，不可在此过程中抄底入场。当绿柱线开始缩短这就是价格回调低点出现的信号，而且此时的调整很充分，个股有望获得强力支撑并再度回到上升轨道中。操作中，此时可以买入，但应注意把握时机。

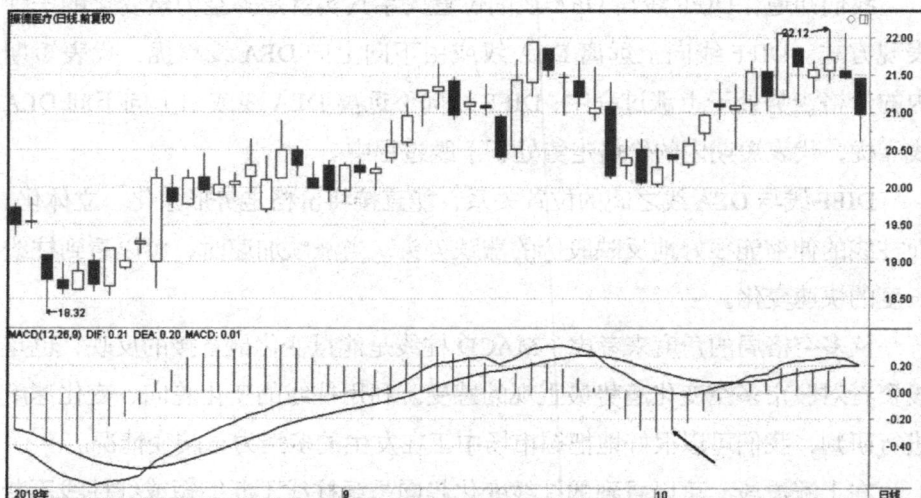

图 6-1　振德医疗 2019 年 8 月至 10 月走势图

利用绿柱线缩短的形态进行买股操作，应注意价格的总体走向。当个股或市场处于多方力量主导的格局中时，绿柱线缩短是一个好的买入信号；但是，当市场被空方力量主导时，空方的抛压往往是接二连三的，此时的绿柱线缩短并不构成买入信号。而且，利用绿柱线缩短的形态进行买入操作时，最佳买点多出现在绿柱线刚刚表现出缩短趋向时，因为绿柱线的缩短过程往往伴随着价格的同步上涨。当绿柱线已明显缩短时，股价已经短线上涨不少。

6.1.3　回调时红柱线缩短

在一波价格上涨走势中，柱线出现在零轴上方且不断伸长，这是多方快速推动价格上涨的标志；随后，因价格上涨遇阻出现回落，红柱线开始缩短。

红柱线缩短，代表着价格走势的回落，也是短期内空方抛压增强的标志。当红柱线大幅缩短且接近 0 值时，市场抛压得到了较为充分的释放，个股有望重拾升势。

利用红柱线缩短的形态实施买入操作时，有两点要注意。

一是要关注趋势运行情况。股价升势中出现的红柱线持续缩短形态表明短期抛压得到了很好的释放；但股价跌势中的红柱线缩短形态表明抛压的释放力度不足，柱线更有可能进一步变化，即由红柱线变为绿柱线，并呈伸长态势。

二是在红柱线不断缩短过程中，股价应同步出现一定幅度的调整，这样，空方抛压才能得到更好的释放。

图 6-2 为华通热力 2019 年 7 月至 10 月走势图。从图中可以看到，个股在长期盘整之后，价格开始突破攀升，随后价格出现一波回落走势，红柱线快速缩短，当接近 0 值时，股价也得到了充分调整，此时是升势中的逢回调买入时机。

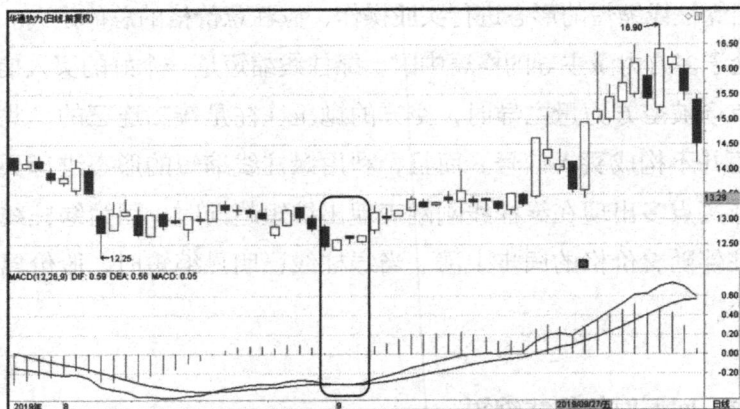

图 6-2　华通热力 2019 年 7 月至 10 月走势图

6.1.4　整理区红柱线缓缓放出

在横向的整理走势中，特别是在低位区（MACD 指标线位于零轴下方）的整理走势中，价格处于横向窄幅波动状态下，股价没有上涨，但同期的红柱线却缓缓放出，呈"温和放大"形态。这是多方力量在慢慢积蓄的标志，预示着整理后价格突破上行的概率较大。操作中，可在这个窄幅整理区买股布局。

图 6-3 为上汽集团 2019 年 4 月至 9 月走势图。如图中标注所示，价格处于低位区的整理走势中，红柱线在缓缓放出，这就是价格趋势将突破向上的信号，也是我们买股入场的信号。

图 6-3　上汽集团 2019 年 4 月至 9 月走势图

6.2　柱线伸缩卖出技术

利用柱线伸缩形态卖股时，我们主要参考红柱线的缩短趋向和绿柱线的伸长趋向。柱线的这两种变化趋向代表着空方力量在逐步增强，再结合价格走势，就可以及时把握空方力量增强点，进而进行波段卖出交易。

6.2.1　快速递增的巨量红柱线

红柱线的出现是由于多方力量的推动。多方力量有序释放才能更稳定地推动股价上升。在价格快速上涨波段，红柱线如果出现快速的递增式伸长，这说明多方力量在加速释放。但由于释放得过快，后续力量往往跟进不足，红柱线在递增至峰值后，往往很难保持，因而其快速缩短的趋向较强。这也将伴随股价的回落。下面结合一个案例来看看这种形态。

图 6-4 为商赢环球 2019 年 7 月至 11 月走势图，在突破盘整区的一波上涨走势中，个股的突破形态很优异，但红柱线的变化却表明了多方力量的释放过快。一旦红柱线达到峰值，股价或将出现深幅回落。操作中，应把握短线卖点。

图 6-4　商赢环球 2019 年 7 月至 11 月走势图

6.2.2　震荡突破红柱线缩短

在股价横向震荡整理之后的突破过程中，红柱线应保持在较为充分的放大状态，这是多方力量充足、价格上涨稳健的标志。

图 6-5 为湘电股份 2019 年 6 月至 10 月走势图，可以看到，个股经历了整理之后，开始向上突破，此时的红柱线明显伸长。柱线的这种变化对于个股后期上涨有着较强的支撑作用，也是股价能够在突破点站稳的信号。

图 6-5　湘电股份 2019 年 6 月至 10 月走势图

但是，也有一些个股在价格震荡突破时，其红柱线明显缩短，一般来说，这种突破往往非常短暂，股价随后反转下行的概率较大。操作中，应注意规避风险，不宜追涨。

图 6-6 为 ST 中新 2019 年 8 月至 11 月走势图，从形态上来看，个股的上涨、整理走势十分稳健，但市场背后的真实信息并非如此。如图中标注所示，个股横向窄幅整理之后，顺势突破，但此时的红柱线却大幅缩短，这是多方力量已达到透支状态、推动力严重不足的标志，股价很难在突破后的高点站稳，趋势反转的概率在加大。操作中，应减仓或清仓离场。

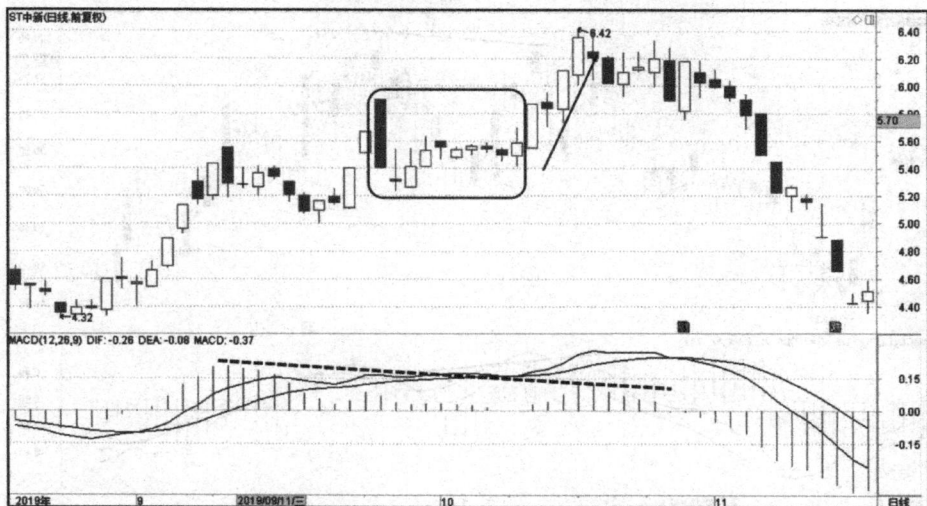

图 6-6 ST 中新 2019 年 8 月至 11 月走势图

6.2.3 创新高红柱线缩短

在股价创出新高的一波上涨走势中,红柱线的长度不必与股价同步创出新高,但应呈现为一种较为理想的温和放大形态,这才是多方力量充足、买盘源源不断入场的标志。如果在股价创新高的过程中,红柱线较之前股价上涨波段的红柱线大幅缩短,一般来说,这就表明股价升势已近尾端。操作中,应注意逢高减仓、锁定利润。

图 6-7 为振德医疗 2019 年 7 月至 11 月走势图。如图所示,在股价创新高的一波上涨走势中,红柱线的长度远小于前一波股价上涨时红柱线的长度,这是在升势中出现的柱线 - 价格背离形态,也是多方力量有转弱倾向的信号。由于此时的个股累计涨幅已较大,这种背离形态预示了趋势的反转,是中长线卖股离场信号。

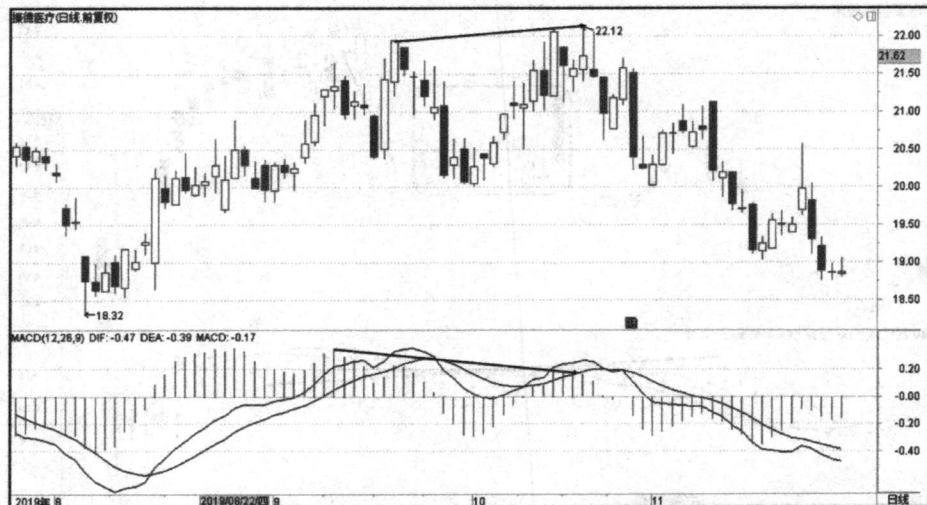

图 6-7　振德医疗 2019 年 7 月至 11 月走势图

6.2.4　整理中的柱价背离

"整理中的柱价背离"形态是指在价格走势处于横向整理（或股价重心缓缓上移）阶段的时候，绿柱线却缓缓伸长的情况。

这种形态代表空方力量在稳步增长，特别是当股价位于中短期涨幅较大的位置点时，它是较为可靠的下跌信号。

图 6-8 为宁夏建材 2018 年 12 月至 2019 年 5 月走势图，在快速上涨之后出现了横向整理走势，在整理过程中，股价重心上移，在图中标注的部分柱线位于零轴下方且向下缓缓伸长，价格走势与柱线变化呈现了背离，结合个股处于高位区的特点来看，整理之后的选择方应是向下。操作中，应卖股离场。

图 6-8 宁夏建材 2018 年 12 月至 2019 年 5 月走势图

6.3 柱线面积买入技术

单条柱线的长短反映着多空力量的强弱,那么,连续出现在零轴上方的红柱线整体或连续出现在零轴下方的绿柱线整体(即"柱线面积"),它们蕴含了哪些市场信息呢?在实盘交易中,如何利用柱线面积分析多空力量的变化呢?本节我们将从买入时机着手,看看哪些特定的柱线面积形态的出现预示了此时应该买入。

6.3.1 什么是柱线面积

柱线面积,是由连续出现、颜色相同的多条柱线组成的一个区域。例如,在一波价格上涨走势或回落走势中,假设柱线出现了这样的变化过程:柱线颜色先由绿变红,红柱线不断伸长,随后红柱线开始缩短,直至再度变成绿色柱线。那么,在前、后绿柱线之间出现的这些红柱线,就形成了红柱线的面积区域。

图 6-9 为中航机电 2019 年 10 月至 11 月走势图,图中标示了红柱线的一个面积区域。那么,如何理解这样的面积区域呢?

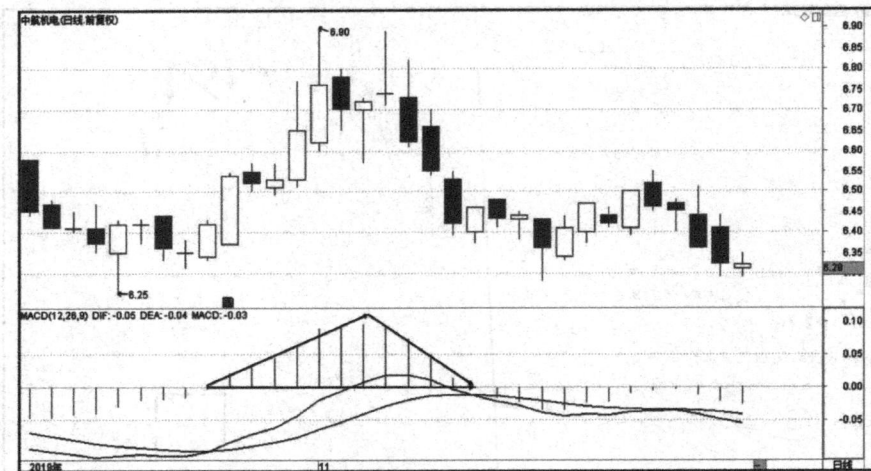

图 6-9　中航机电 2019 年 10 月至 11 月走势图

一般来说，由于 MACD 指标是对多空力量强弱的呈现，我们可以将红柱线的面积区域理解为多方区域，将绿柱线的面积区域理解为空方区域。如果将多方、空方理解为两个阵营的话，那么，红柱线面积的大小就代表着多方阵营的大小，绿柱线面积则是空方阵营的大小。在个股的波动过程中，特别是在震荡格局中，价格运行趋势不明朗，但是利用柱线面积的大小，可以很好地判断多空阵营的情况，进而预测价格走向。

6.3.2　震荡区的红绿柱线面积对比

在股价横向震荡走势中，多方阵营和空方阵营的力量强弱预示着价格的未来选择方向。如果价格震荡期间的红柱线面积明显大于绿柱线面积，并且个股前期累计涨幅小（或前期跌幅大，但目前正处于低位震荡格局中），则随着震荡的持续，后期出现价格突破上攻的概率极大。操作中，应逢回调之际买入。

图 6-10 为蓝晓科技 2019 年 5 月至 10 月走势图，个股在低位区出现了长时间的横向震荡，此时的股价未见上涨，但其间的红柱线的面积远大于绿柱线的面积，这是多方阵营强大的表现。操作中，在辨识出这种形态后，应逢震荡回落时买入，等待价格突破。

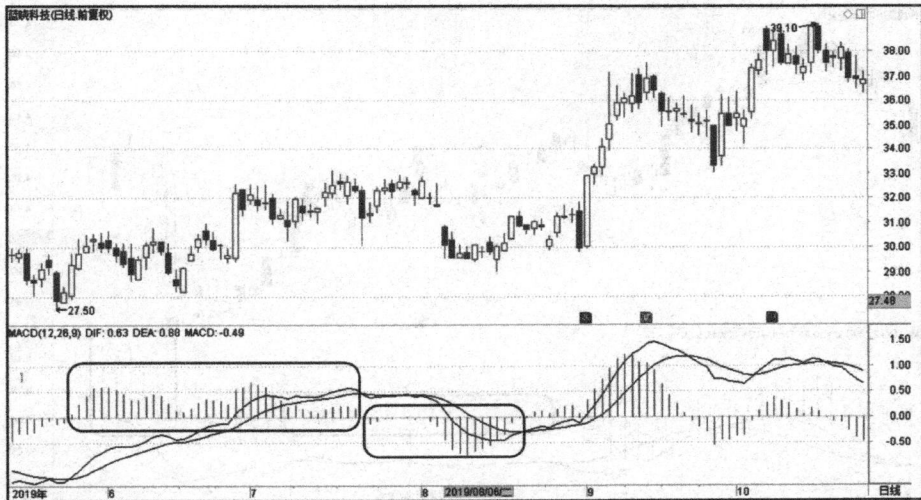

图 6-10 蓝晓科技 2019 年 5 月至 10 月走势图

6.3.3 起涨前的山堆式蓄势

在低位区震荡之后，吸筹往往并不充分，此时，大盘走势或已出现转机。为了不错失良好的拉升时机，在大力拉升前进行一个短暂的吸筹蓄势操作。这常常呈现为 MACD 指标窗口中的"山堆式蓄势"形态。

"起涨前的山堆式蓄势"形态是指个股在低位区长时间震荡后，自震荡区低点出现一波上涨，刚好突破震荡区；随后，股价出现回调，在价格突破上涨阶段，MACD 指标窗口中连续出现红柱线，并且其面积远大于此前盘整走势中的红柱线面积或绿柱线面积。

图 6-11 为诺德股份 2019 年 9 月至 11 月走势图，个股自低点出现了一波连续中小阳线的突破形态，当股价达到突破点位时，出现了小幅度回落。如图中标注所示，此时的红柱线面积远大于此前盘整走势中的红柱线面积，这就是 MACD 指标窗口中股价突破前的山堆式蓄势形态。它的出现说明或有资金在这个突破波段进行了大力吸筹，这是个股随后能够继续展开突破上攻行情的可靠信号。

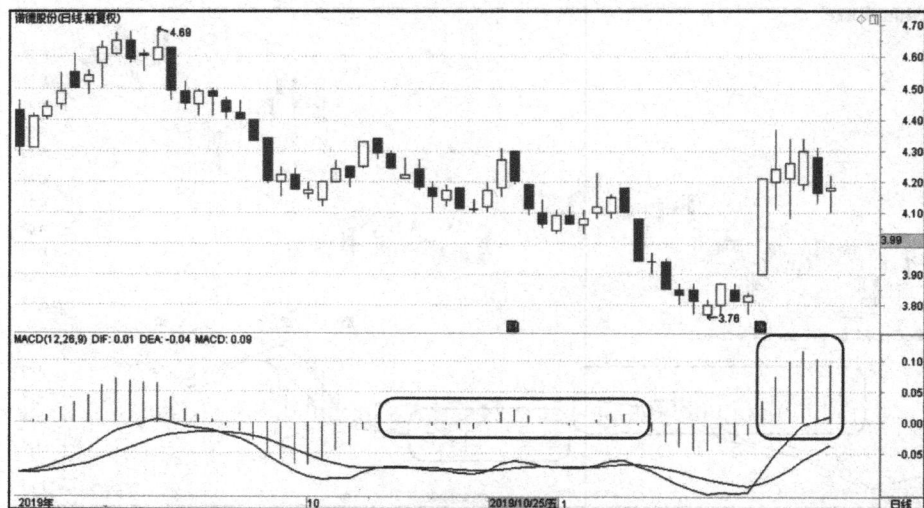

图 6-11　诺德股份 2019 年 9 月至 11 月走势图

6.3.4　高频的红柱线

"高频的红柱线"形态主要用于判断股价长期震荡走势中的买入时机。在低位区或累计涨幅不大的位置点，在整个震荡过程中，若红柱线的出现更频繁且红柱线面积大于绿柱线面积，则表明震荡过程中的多方阵营较为强大，股价随后向上突破的概率较大。

图 6-12 为大连圣亚 2019 年 8 月至 11 月走势图，在这长达 4 个月的走势中，虽然股价重心略有上移，但涨幅很小，价格总体走势可以视作横向震荡。但如果将其间的红柱线面积区域与绿柱线面积区域分开并进行比较，就会发现，大部分时间出现的都是红柱线，并且红柱线的总面积远大于绿柱线的总面积。这就是多方力量酝酿的一个结果，也预示了随后的价格走向。操作中，在发现这种市况后，应逢个股震荡回调之机买入，等待突破。

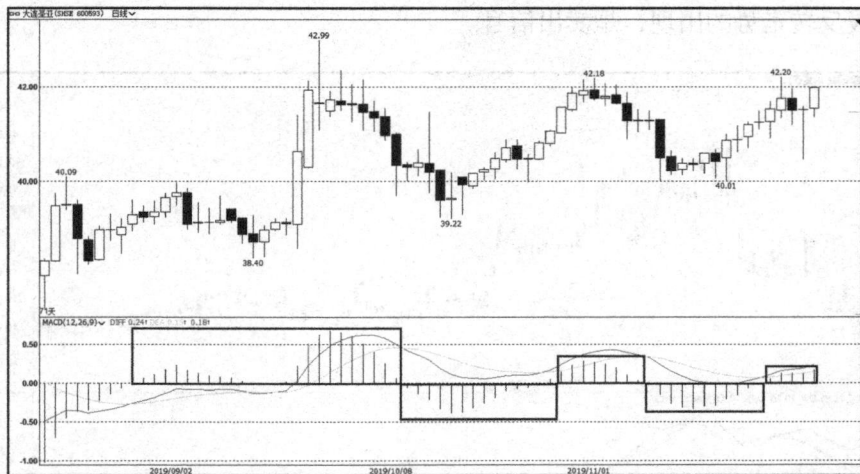

图 6-12 大连圣亚 2019 年 8 月至 11 月走势图

6.4 柱线面积卖出技术

利用柱线面积形态可以实施买入操作，也可以实施卖出操作。在形态特征上，柱线面积的卖出形态往往与其买入形态正好相反，在学习时，投资者应注意比对两者，方便理解、记忆。

6.4.1 回调企稳大柱面

在稳健攀升的过程中，个股出现了一两波回调走势，随后企稳，回调幅度不大，从价格走势来看，上升形态未被破坏，但如果在价格回调及企稳过程中出现了较大的绿柱线面积，则多预示着此位置区即将出现多空格局的转变，应注意规避风险，减仓或清仓离场。

图 6-13 为明阳智能 2019 年 2 月至 8 月走势图。如图中标注所示，小幅度价格的回落持续时间较短，回调幅度不大且随后的价格走势也企稳走平。但查看 MACD 指标窗口，可以发现其间的绿柱线面积远远大于此前的单一绿柱线区域及单一红柱线区域。这就是空方力量集中于此的标志，也预示着

中级反转走势的出现，是卖出信号。

图 6-13　明阳智能 2019 年 2 月至 8 月走势图

6.4.2　滞涨回落绿柱

在价格持续上涨、稳健推升的过程中，个股处于明确的上升通道中，趋势运行状态良好，但此时，也要注意顶部的构筑及行情反转等情况发生。

如果个股在高位区出现震荡回落，累计回落幅度不大，但持续时间较长，同期的绿柱线连续出现且面积较大，则表明空方阵营在快速扩大、空方力量不断增强，运行趋势出现反转下行的概率大增。操作上，应在震荡反弹时及时卖出。

图 6-14 为金新农 2019 年 2 月至 11 月走势图。如图中标注所示，股价在经历了持续上涨并进入高位区后出现了震荡回落走势，持续时间较长，这可能是一次中途整理，也可能是顶部反转，我们可以利用柱线面积法来判断多空格局是否发生了转变。不断扩大的绿柱线面积表明空方阵营在不断扩大，因而，当前的股价震荡回落走势可以看作是顶部反转形态。操作中，此时是中长线卖股离场、规避风险的时机。

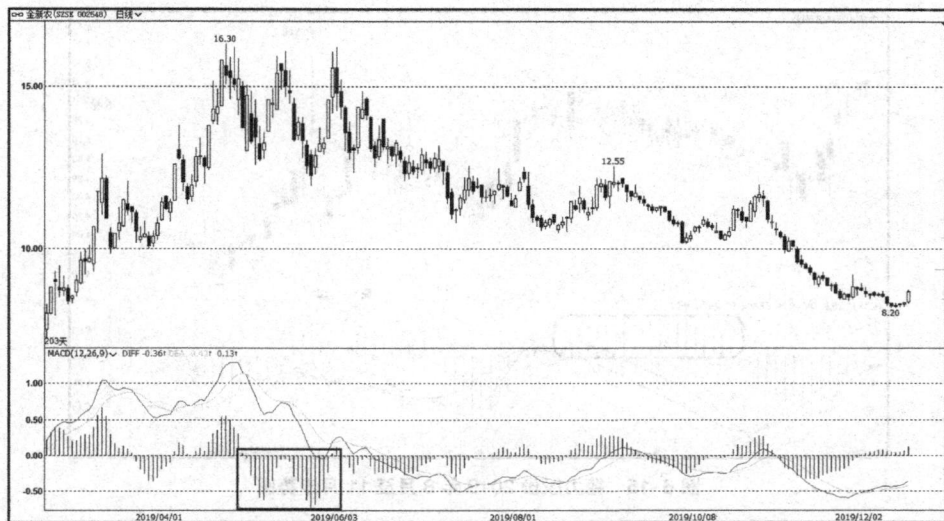

图 6-14 金新农 2019 年 2 月至 11 月走势图

6.4.3 上穿零轴矩形红柱

"上穿零轴矩形红柱"形态是指个股自低位震荡区开始向上攀升，MACD 指标线同步上穿零轴，整个上涨过程持续时间较长，其间没有明显回调，红柱线在整个价格上涨过程中处于明显伸长状态且数值接近，整个红柱线面积区域近似于一个矩形。

红柱线出现了矩形的特征，这说明在这一波股价上涨过程中，大多数交易日都处于多方力量明显占优的局面，多方力量释放得极为充分。MACD 指标线从零轴下方上穿至零轴上方，对应的价格涨幅较大，这种价格上涨走势出现"一波到顶"的概率较大。

图 6-15 为德力股份 2019 年 8 月至 11 月走势图，个股的涨速虽然较为缓和，但持续时间长、力度大，其间红柱线面积区域近似于一个矩形，这是多方力量充分释放的标志。如图中标注所示，红柱线开始不断缩短，这是波段见顶的信号，操作中应卖出。

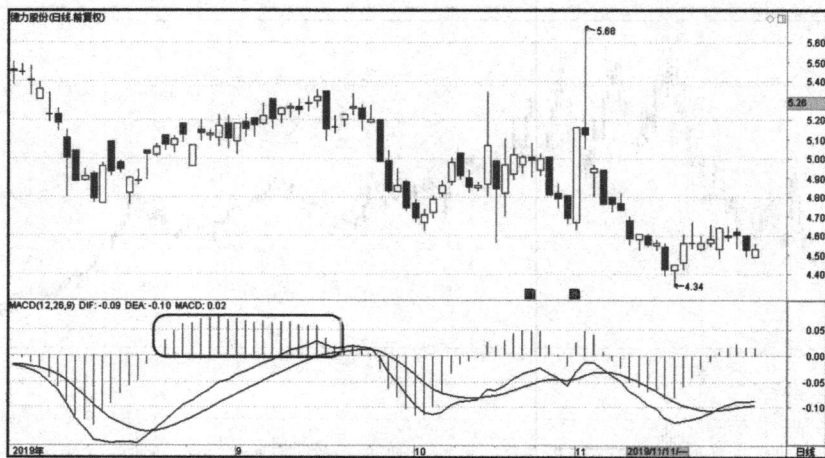

图 6-15　德力股份 2019 年 8 月至 11 月走势图

对于矩形区来说，如果红柱线的峰值较大，则表明价格涨速较快，此时的矩形区构筑时间往往较短。操作上，仍可依据红柱线的缩短趋向来把握中短线卖出时机。

图 6-16 为亚通股份 2019 年 8 月至 11 月走势图，在股价快速上涨的过程中，MACD 指标线跃升至零轴上方，同期的红柱线呈现为矩形形态，但红柱线的峰值较高，因此这个矩形形态的持续时间会相对较短。如图中标注所示，红柱线开始快速缩短，这是多空对比格局出现转变的信号，此时应及时卖出。

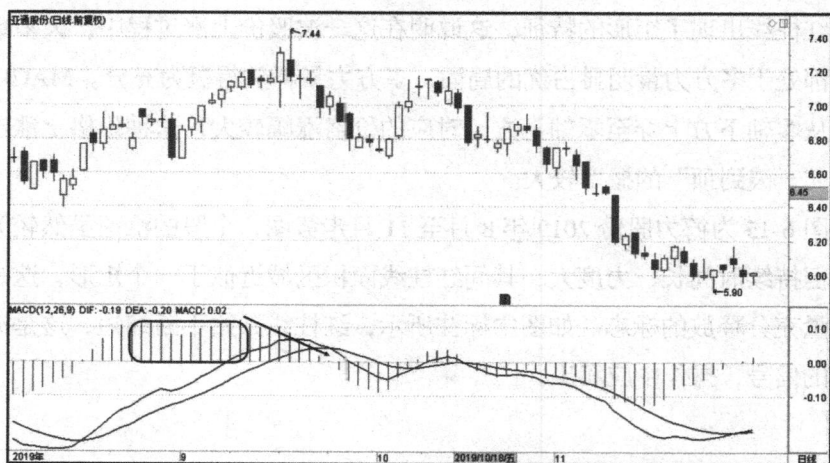

图 6-16　亚通股份 2019 年 8 月至 11 月走势图

6.5 柱线双峰交易技术

柱线双峰，是指两个山峰形的柱线区域。柱线双峰交易技术，其实也是柱线面积技术的一种，它侧重于研究两个柱线峰的形态对比，在结合价格走势的基础上，实战时使用效果明显。由于柱线双峰的形态较多，因而我们将其单独归类讲解。

6.5.1 两波快速下跌短绿柱

"两波快速下跌短绿柱"形态是中级波段的抄底形态，它指个股先出现了一波快速下跌，下跌时的绿柱线面积较大；接着，股价走势企稳、整理，绿柱线缩短接近 0 值，或者柱线颜色由绿色变为红色；随后，股价再度跳水且幅度较大，柱线变为绿色，虽然股价这一波的下跌力度较大，但是绿柱线面积却远小于前一波下跌时的绿柱线面积。第 2 波快速下跌时的绿柱线面积很小，这是空方阵营已"兵员不足"的标志；而且，股价经历了两波深幅下跌，个股的风险、抛压得到了较为充分的释放，中期底部有望形成，是中短线买入的好时机。

图 6-17 为西藏旅游 2019 年 4 月至 7 月走势图。如图中标注所示，对比股价这两波下跌走势，后一波的绿柱线面积远小于前一波下跌的绿柱线面积，空方阵营已处于较为薄弱的状态，股价随时会因买盘入场而企稳或强势反弹。操作中，可以分批买入，这样既不会因犹豫不决而错失抄底机会，也不会因重仓操作而陷入短线被套的窘境。

利用两波快速下跌短绿柱形态实施操作，是一种实用性强、能够博取大级别波段利润的实盘交易技术，在实战中应多加以运用。下面我们再结合一个不同时间点的案例来看看如何把握好这种形态下的买卖时机。

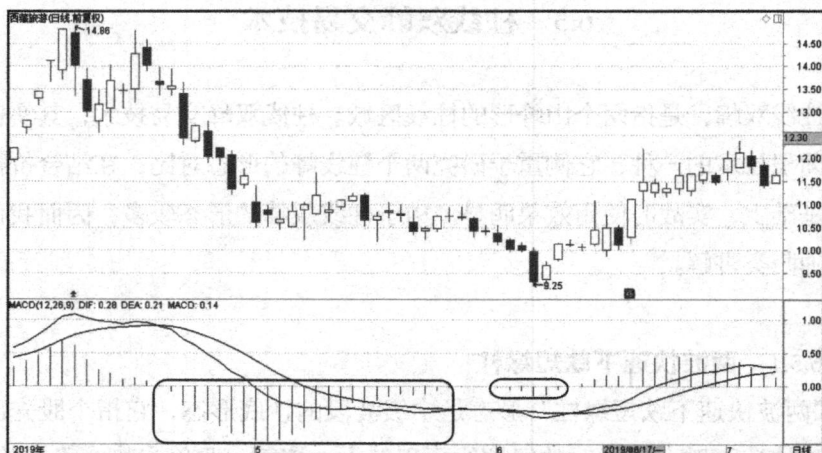

图 6-17　西藏旅游 2019 年 4 月至 7 月走势图

图 6-18 为浙大网新 2019 年 6 月至 11 月走势图，股价出现两波下跌，第 2 波下跌时的绿柱线面积远小于第 1 波，这预示着中级别的价格反弹上攻行情将展开。在利用这种形态进行短线买入时，可以将重点放在绿柱线的第 2 个面积区域，绿柱线开始缩短的时候往往就是这一轮股价下跌行情的最低点，可以适当买入、博取收益。

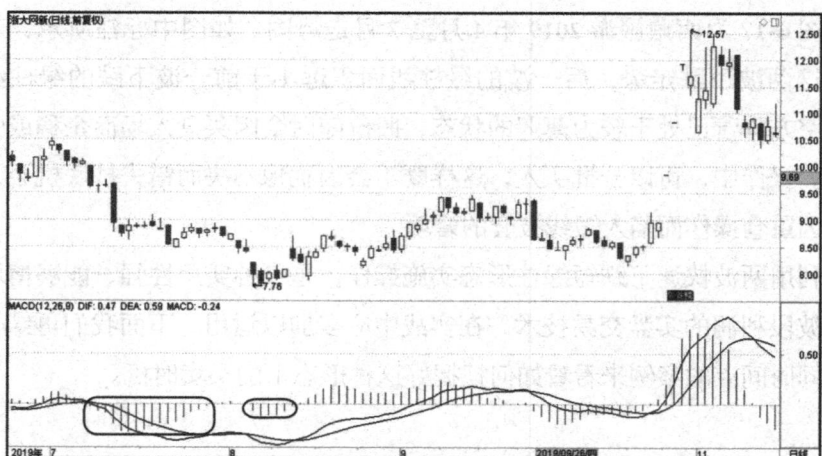

图 6-18　浙大网新 2019 年 6 月至 11 月走势图

但是，对于这种出现了两波急速下跌的个股来说，空方力量已在总体上占据了明显的优势，因而，在两波急跌之后，除非大盘走势很好，否则个股还会有一个筑底的过程，中级别的大幅反弹行情很难快速出现。操作中，若在买入后，个股直接反弹、未震荡筑底，则短线上应逢高卖出（反弹点往往就是第 2 波下跌走势的启动点），等待股价再度震荡回落时可重新买回。

6.5.2　一波式下跌后峰大于前峰

"一波式下跌后峰大于前峰"形态是一种较为常见的一波到底的下跌形态。它是指在个股深幅下跌走势中，出现了两个鲜明的绿柱峰，后峰明显大于前峰且两峰之间是缩短的绿柱线，没有红柱线出现。

股价一波下跌经历了两个绿柱峰，但两峰之间仍是短绿柱，这是一种近似于滑梯式的下跌形态。虽然其间有整理走势，但在整理过程中，股价重心也是向下移动的，因而，我们可以将这两个股价下跌波段合并，称为"一波式下跌"。

第 1 个面积很小的绿柱峰是对空方力量的初步释放，第 2 个面积很大的绿柱峰则是一种加速释放。空方力量在经历了这种从缓慢释放到加速释放的过程后，股价有望迎来反弹。

图 6-19 为分众传媒 2019 年 9 月至 11 月走势图，个股出现了滑梯式的下跌走势。如图中标注所示，后绿柱峰的面积远大于前绿柱峰，说明空方力量已得到充分释放，个股中短线底部出现的概率大。操作中，后绿柱峰的柱线开始缩短时，就是中短线买入时机。

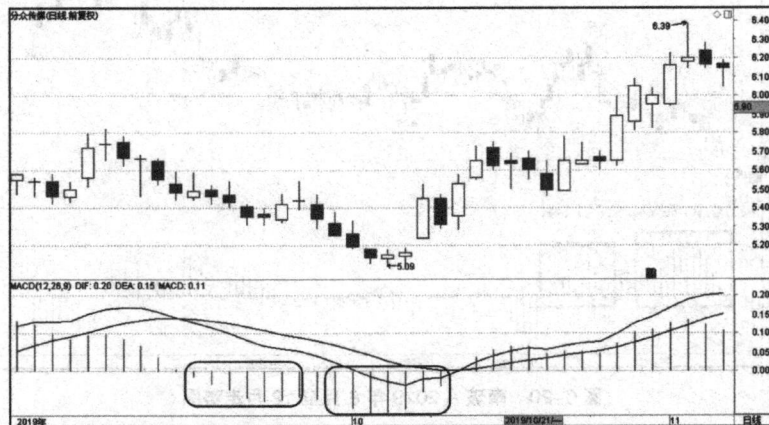

图 6-19　分众传媒 2019 年 9 月至 11 月走势图

6.5.3　上穿零轴红双峰

"上穿零轴红双峰"形态是指个股之前处于低位震荡中，此时的 MACD 指标线运行于零轴下方，随后股价的两波上涨走势使得 MACD 指标线向上穿越了零轴且出现了两个红柱峰，两峰之间没有绿柱线出现（或只出现了几条短绿柱线）。

上穿零轴红双峰是多方力量稳步释放、完全占据主动地位的标志。此前的价格走势处于低位震荡中，因而，"上穿零轴红双峰"还可以看作是多空格局转变、上升趋势展开的信号，此时股价的累计涨幅往往不大，仍有一定上涨空间。操作中，红双峰出现后，因获利抛压的离场，股价会出现回调，这是买股入场的好时机。

在实盘操作中，以后峰面积小于前峰形态为佳，这代表着第 2 波上涨的力度较小，因而，在回调时买入，可以更接近上升趋势的启动点，风险更小、潜在收益空间更大。

图 6-20 为南玻 A 2019 年 8 月至 12 月走势图，个股自低位区开始上涨，MACD 指标线出现了这种"上穿零轴红双峰"形态，随后股价的回调幅度较大，这是很好的中短线买入时机。

图 6-20　南玻 A 2019 年 8 月至 12 月走势图

6.5.4 两波快速上涨短红柱

"两波快速上涨短红柱"形态是中级波段的逃顶形态,它是指个股先出现了一波快速上涨,上涨时的红柱线面积较大,这是第 1 波上涨;接着,价格走势企稳、整理;随后,股价再度上涨、创出新高,这是第 2 波上涨,第 2 波上涨时的红柱线面积远小于第 1 波上涨。

两波快速上涨短红柱形态的出现,表明多方阵营在股价创出新高后处于极为薄弱的状态,这预示着价格上攻走势将反转,此时应及时逢高卖出、规避价格走势反转。

图 6-21 为蓝晓科技 2019 年 8 月至 11 月走势图。对比图中标注的两波价格上涨,可以发现后一波的红柱线面积远小于前一波,虽然第 2 波价格上涨走势较为凌厉,但通过 MACD 指标窗口中的红柱线面积变化,可以清晰地看到多方力量的透支,也为我们提示了价格即将反转。

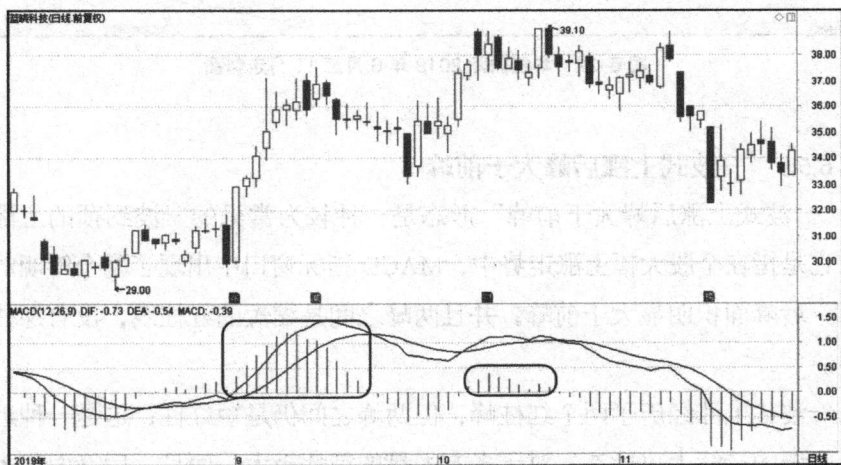

图 6-21 蓝晓科技 2019 年 8 月至 11 月走势图

两波快速上涨短红柱在实战中同样适用于相对缓和的股价突破上攻形态。只要第 2 波上涨时的红柱线面积相较于第一波大幅缩小,这种突破走势就很难持续,价格走势就容易出现快速反转,这是卖出信号。

图 6-22 为华能国际 2019 年 6 月至 11 月走势图，个股的第 2 波上涨走势虽然相对缓和，但我们仍可以利用两波快速上涨短红柱形态来把握多空格局的变化，从而实施卖出操作。

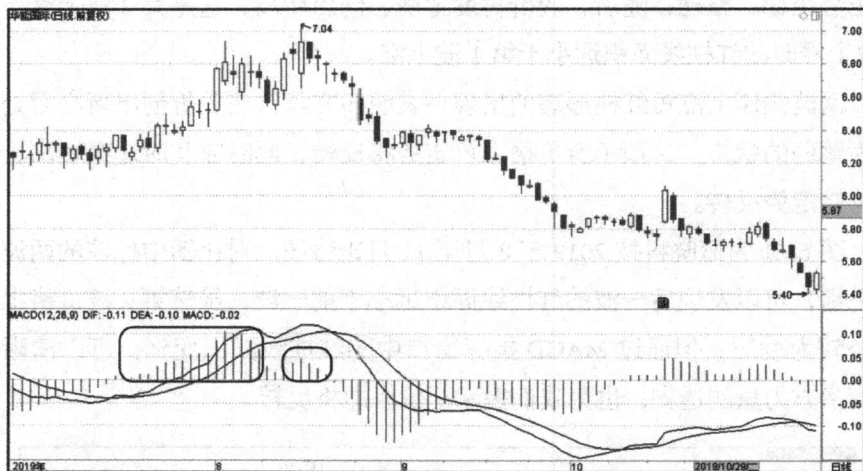

图 6-22　华能国际 2019 年 6 月至 11 月走势图

6.5.5　一波式上涨后峰大于前峰

"一波式上涨后峰大于前峰"形态是一种较为常见的一波到顶的上涨形态，它是指在个股大幅上涨走势中，MACD 指标窗口中出现了两个鲜明的红柱峰，后峰面积明显大于前峰，并且两峰之间是缩短的红柱线，没有绿柱线出现。

一波式上涨经历了两个红柱峰，但两峰之间仍是短红柱，这是一种近似于不回调的持续上攻形态，对于多方力量的消耗极大；而且，后峰面积大于前峰，表明多方力量的释放较为充分，预示价格走势将反转。

图 6-23 为西藏旅游 2019 年 8 月至 11 月走势图，个股出现了一波持续时间长、上涨力度大的行情，其间，只有短暂的整理，未见回调，可以将其

看作是一波式上涨。如图中标注所示，后红柱峰的面积远大于前红柱峰的面积，说明多方力量已得到充分释放，个股中期顶部出现的概率大。操作中，应及时逢高卖出。

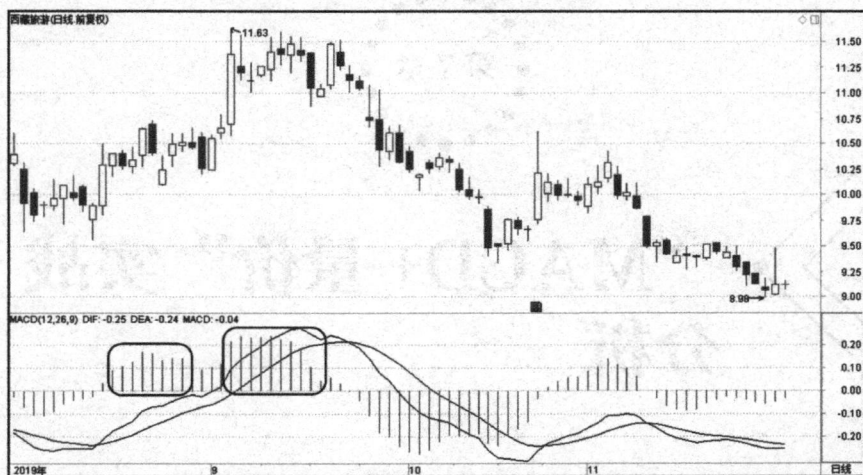

图 6-23　西藏旅游 2019 年 8 月至 11 月走势图

第 7 章

第 7 章

"MACD+ 量价" 实战分析

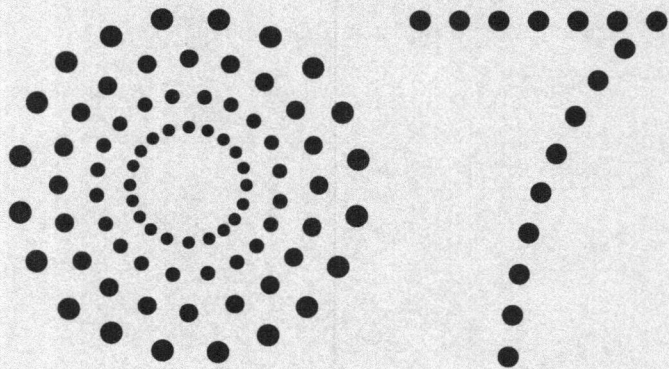

量价分析，是对动力与方向的分析，成交量是动力，价格走势是方向。这是对量价关系的简单理解，却体现了量价分析方法的实质。不同的量价形态体现了不同的市场特征，蕴含了特定的市场含义，为我们把握市场多空格局提供了依据。

可以说，量价分析既是技术分析领域中的基础分析手段，也具有很大的实战作用。对于技术分析来说，综合应用多种手段，往往可以得到更为准确的买卖信号；特别是对于买入时机而言，当多种技术形态均发出买入信号时，其准确率将大大提升。本章我们将在讲解量价知识的基础上，学习如何将量价分析与 MACD 指标分析相结合，进而展开胜算更高的实盘操作。

7.1　量价基础知识介绍

在学习量价分析方法之前，首先要对成交量有一个深刻的认识，它仅仅呈现了交易数量吗？成交量蕴含了哪些市场信息？本节我们暂不考虑成交量的直接含义，先来看看量能究竟隐藏了何种市场信息，在实施量价分析时又应关注哪些要素。

7.1.1　成交量的市场内涵

1. 呈现多空双方的交锋力度

在把握市场状况、预测价格走势的过程中，了解多空双方的交锋力度大小是至关重要的，而成交量就是多空双方交锋力度的直接体现。

放大的量能说明多空双方交锋较为激烈，缩小的量能则说明交投相对缓和。在典型的位置区，"多空双方交锋缓和"与"多空双方交锋激烈"可能反映了完全不同的市场内涵，此时，仅从价格走势形态中，我们难以觉察这种变化，而量能的大小就成为我们研判多空双方交锋力度的关键。

2. 推动股价上涨的动力

量价分析的实质是动力与方向分析，成交量是动力，价格走势是方向。如价格上升，成交量同步增大，表示上涨势头仍在延续；如价格上升，但成交量却缩小，这意味着升势已到了不能再上升的地步，是大市掉头的征兆。反过来，价位下跌，而成交量大增，显示跌势"风云初起"；价位续跌，成交量同步缩小，反映跌势已差不多到底了，这是大市掉头的信号。

一般而言，在股价向上突破颈线位、强压力位时，成交量放大是判断突破有效性的重要依据，即股价上涨特别是突破时，要有成交量的配合，这是动力充足的标志；但股价向下破位或下行时却不需要成交量的配合，"无量向下一路跌"，直至再次放量，显示有新资金入市抢反弹或抄底为止。

成交量的大小可以直接用来衡量个股的强弱。当股价走势沿着上升通道运行时，若个股逐渐加强，价格将按当前的走势继续前行，这意味着趋势仍将继续。一旦个股逐渐衰弱，成交量就很难再放大，即使股价连创新高，只要成交量不放大甚至缩小，那么这种量价背离就是市场逆转的信号。

3. 市场多空思维的体现

多头市场，推动个股上涨往往更容易，此时的投资者更倾向于看多、做多；空头市场或走势不明朗的整理市，推动个股上涨需要更多的动力，此时的投资者对后市判断的分歧较大。

因而，对于一只个股来说，同样是上涨 5%，不同幅度的放量可以在一定程度上反映市场的多空思维情况。相对放量说明需要更多的买盘资金才能推动个股达到这一上涨幅度，而相对缩量则说明并不需要太多的买盘资金即可实现较大幅的上涨。通过成交量及价格涨跌情况，我们就可以更好地了解当前的市场是由多头思维主导还是由空头思维主导。

4. 反映主力的市场行为

主力对个股的参与有一个较为完整的过程，由于每一个参与环节的任务不同，其市场行为往往也是截然不同的，而主力的市场行为有时就体现在量能的异动上。例如，在主力建仓阶段，由于建仓时间的相对短暂、建仓筹码数量的巨大，主力若想成功建仓，势必要在相对短暂的时间内进行大力度的买股操作，这也必然会使得个股出现一定的放量。通过量能形态的改变，再结合价格走势，我们就可以更好地分析主力的市场行为，从而紧跟主力步伐、把握买卖时机。

5. 股价走势的先兆

"量在价先"是对量价分析法的经典概括，它充分体现了量能的重要性。所谓的"量在价先"，我们可以这样理解，成交量蕴含的信息都是在结合价格走势的基础上，通过不同的成交量组合形态显示出来的，不同的量价关系（如"价升量增""价跌量缩"等）蕴含了不同的市场含义。"量在价先"即是指在价格走势未见明显变化的时候，成交量往往先出现了变化。

可以说，正是通过不同的量价组合形态，我们才得以把握纷繁复杂的市场信息，进而提前做出买卖决策，走在市场的前面。

6. 理解量价形态是关键

成交量蕴含了丰富的交易信息，尤其是多日成交量的不同组合，对于预测股价的后期走势有着极为重要的作用。对于大多数参与股市的投资者而言，他们对于成交量的理解只停留在较为浅显的直观意义上。例如，仅仅认识到"放量上涨"才是健康的价格走势。但是，"放量上涨"在很多时候却是卖股信号。投资者如果不能理解某种量价形态所揭示的市场信息，只会盲目套用，量价分析也就失去了意义。

7.1.2　实施量价分析的关注要点

利用量价分析方法来预测价格走势，我们需要有一个流程来保证其准确性。下面我们来看量价分析方法的关注要点。

1. 关注趋势运行

只有顺应趋势来进行操作，我们才能更好地规避风险、获取利润。趋势的最大特点就是持续时间长、运行力度大。依据趋势运行方向的不同，可以划分出 3 种不同的趋势：上升趋势、下跌趋势、横盘震荡趋势。识别趋势、把握趋势对我们的实际操作具有重要的意义。

低吸高抛的操作能让我们获利。因而，在上升趋势出现后，我们只有及早地买入布局，才能获取高额的利润回报；当下跌趋势出现后，我们则应尽早卖出，并耐心持币观望，如此方可保住利润、规避风险。特别是在进行短线买卖时，能否准确把握趋势的运行方向将直接决定我们控制仓位的情况。

对于量价分析而言，市场处于不同的趋势状态或趋势运行处于不同的环节时，往往会呈现出一些典型的量能特征，这些量能特征不仅能帮助我们把握趋势运行，还能够指导我们展开低吸高抛的操作。

2. 关注中短期波动情况

趋势的运行固然重要，但是，在很多时候，个股的走势长期处于震荡状态，股价起伏不定，趋势运行不明朗。而且，在市场处于震荡格局中时，个股的走势往往有着极强的独立性。此时，依据固有的顺势交易习惯很难做出正确的交易决策。这时，最好的方法就是结合个股中短期波动的情况，低吸高抛、展开波段交易，并跟随市场热点，积极地选股、换股。

常见的中短线的波动情况有短线下跌后的低点、短线上涨后的高点、窄幅盘整震荡走势等。高点和低点是相对的，但是在进行量价分析时，我们则要注意股价的这种上下波动性，因为出现在不同的中短期波动走势中的同样的量能形态，它的市场含义也不尽相同。

以放量这种形态为例，当其出现在上涨波段时，可以看作是买盘充足的信号；但若其出现在下跌波段，则是抛压沉重的信号。同样，就缩量这种形态而言，如果不结合个股的中短期波动情况来分析，很难得出正确结论。缩量出现在突破点时，如果波段涨幅不大，它很可能是主力参与的信号；但如果波段涨幅较大，则更可能是跟风盘不足、涨势见顶的信号。可以说，不同的波段运行格局导致了相同的量能形态具有不同的市场含义，也直接影响着我们的判断。

3. 关注局部量价与整体量价

局部的成交量可以理解为短短几日或十几日的量能形态，在与前期成交量水平相比较后，我们可以判断出局部量能形态的变化方式。通过局部量能形态，再结合波段走势，我们可以很好地把握短期内多空力量的转变情况，进而展开短线交易。

整体性的成交量形态则是指在较长的时间跨度内，成交量的总体变化趋向。这时，我们应关注量能的宏观变化情况，是不断放大或处于平量，还是处于不断缩小形态。分析整体性的成交量变化方式有助于我们把握趋势的运行情况，也有助于我们把握多空力量的整体性变化情况。

在实盘交易中，局部量价形态提示波段高低点，整体量价形态指示大方向，两者互为补充，使投资者可以更好地看长做短、展开交易。

4. 关注量能变化细节

量能的变化方式看似简单，因为成交量的变化方式只有放大、缩小两种，但是如果不看细节，则难以准确判断成交量究竟是单日偶然性的放大还是连续数日的放大，其放大程度如何，放量与缩量又是如何结合的。成交量的放大、缩小，出现在不同价格走势中的放量、缩量，它们蕴含的市场含义都是不尽相同的。可以说，理解并掌握异动的量能形态就是量价分析在细节上的体现。

5. 配合其他技术分析方法使用

量价分析方法固然重要，但它也只是一种技术分析方法，如果能综合运用其他技术分析方法，交易的成功率会更高。例如，结合本书所讲的 MACD 指标分析方法，当多种技术分析方法同时发出买入信号时，此时实施买入操作的胜算更大；反之，即使只有某一种技术方法发出卖出信号，从规避风险的角度来考虑，也应该持币观望，不可贸然行动，从而更好地保护本金安全。这就是不同技术分析方法之间的验证、互补作用。

7.1.3 量价分析思路

量价分析，其中的"量"是指具体的量能形态，其中的"价"是指具体的价格走势，将两者结合，就构成了具体的量价配合关系。

对于成交量来说，虽然量能的变化方式只有两种——放大和缩小，但具体到缩放方式，却是多种多样的，有的温和放大，有的巨量增长，有的忽大忽小。在结合价格走势的基础上，成交量的这些不同缩放方式的内在含义有待我们破解。

对于价格走势来说，可以从波段上的涨跌幅度、速度、力度、持续时间、中短线位置、中长期位置等方面来分析。例如，对于中长期位置这个要素，可以将个股走势图的时间周期拉长，个股当前所处的位置区间就一目了然了，是前期累计涨幅较大，还是正处于中长期的低位区；此前是出现了宽幅震荡，还是窄幅整理……当然，对于那些业绩不断增长、穿越牛熊市不断上涨的白马股来说，这种拉伸时间轴的方法还需要结合历史估值、市场估值等因素综合分析。

又如，涨跌速度代表着价格的局部走势情况，是急速上涨，还是缓慢上涨；是急速下跌，还是反复震荡下行。在短线量价分析中，局部走势的特征是要重点分析的，在此基础之上，结合量能变化才能得出更为可靠的结论。

除此之外，单纯从市场交投的角度来理解一些典型的量价形态是行不通的。例如，缩量突破上涨，这与投资者普遍的获利离场的思维习惯、心理特征是不相符的。此时，我们可以从主力的角度来思考问题，正是因为大资金的参与，有些时候改变了多空格局、打破了筹码供需关系，才使得一些价格走势中的量能变化呈现出独有的形态。反过来，借助于这些独有的量价形态，我们也能更好地分析主力行为、跟随主力操作。

7.2　基础量能形态介绍

简单来说，成交量的变化方式只有两种：放大、缩小。但是，放大的方式有很多种，缩小的方式也有很多种，再结合不同特点的价格走势，就组成了多种多样的量价形态。本节我们将从一些基础、常见的成交量形态着手，结合价格走势来理解这些量价形态所蕴含的市场含义。

在学习这些量能形态时，我们除了要辨识其形态特征，更重要的是理解它们出现的原因及其市场含义，这样才能更好地学习这些基础量能形态并运用其他的量价形态展开实战操作。

7.2.1 温和放量

温和放量是一种局部量能形态，指较短一段时间内的量能形态，它对应于价格的短期波动。这种成交量形态的特征是成交量较之前一段时间出现了较为温和的放大，量能的放大方式不突兀、不牵强，给人的直观感觉是多空力量顺势过渡。

温和放量常见于上涨波段，即上涨时有量，是上涨走势中的正常市场交投体现，一般来说，实盘研究意义不大。但是，在一些典型的位置区，例如，中长期的低点企稳走势中或稳健的攀升走势中，利用温和放量的形态可以更好地了解买盘入场力度及多空格局的潜在变化，进而提前预测价格选择方向。

图 7-1 为华能水电 2019 年 5 月至 9 月走势图，个股处于缓慢攀升的走势格局中，此时的趋势方向较为明确，温和放量可以帮助我们更好地把握趋势。如图中标注所示，在累计涨幅不大、攀升走势稳健的格局下，温和放量是买盘积极入场、多方力量充足的标志，也是投资者可以耐心持股待涨的信号。

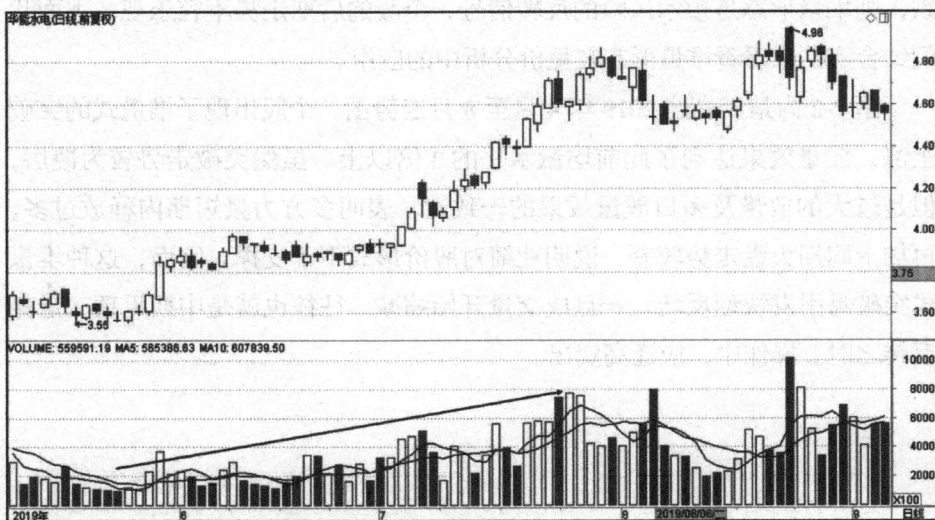

图 7-1 华能水电 2019 年 5 月至 9 月走势图

7.2.2 堆量

堆量，也称为连续大幅放量，它是指成交量自某一个交易日开始出现了大幅放出，放量效果常常达到此前均量水平的 3 倍以上，并且这种放量效果可以在随后多日内维持。堆量是市场多空双方交锋异常激烈的体现。

堆量是成交量大幅变化的一种表现，它常对应着价格走势的快速波动。一般来说，下跌走势中出现的量能放大更真实，堆量并不常见；而上涨时，堆量出现之后若出现了滞涨走势，则往往是短线见顶的信号。

在分析堆量形态时，除了考虑主力因素外，还应注意以下两点。

一是堆量出现时的位置点。低位区的堆量形态一般可以看作买盘资金加速、集中入场的信号，有利于行情的后期发展，但短线的调整在所难免；而高位区的堆量标志着筹码的快速换手，主力资金有出货的可能，一旦价格走势反转，往往就会出现中长期顶点，而且随后的跌幅大、跌速快。

二是堆量上涨后的走势情况。如果堆量上涨后的个股走势呈现出了强势的企稳形态，那我们可以认为堆量上涨时的买盘多来自主力资金，对股价的后期上涨有支撑作用；反之，如果堆量上涨后个股走势出现了快速、大幅下跌，则堆量形态是预示风险的反转信号，个股的后期走势不容乐观。下面我们结合实例来看看堆量形态在量价分析中的应用。

图 7-2 为楚天高速 2019 年 4 月至 8 月走势图，个股出现了堆量式的突破上涨，放量效果达到了此前均量水平的 3 倍以上。虽然突破走势较为凌厉，但是过大的放量及多日放量效果的一致性，表明多方力量短期内释放过多，再加上同期大盘走势较差，说明业绩对股价形成不了支撑。因而，这种堆量式突破易引发快速反转，一旦成交量开始缩减，往往也就是中期见顶、走势反转之时。操作中，应逢高卖出。

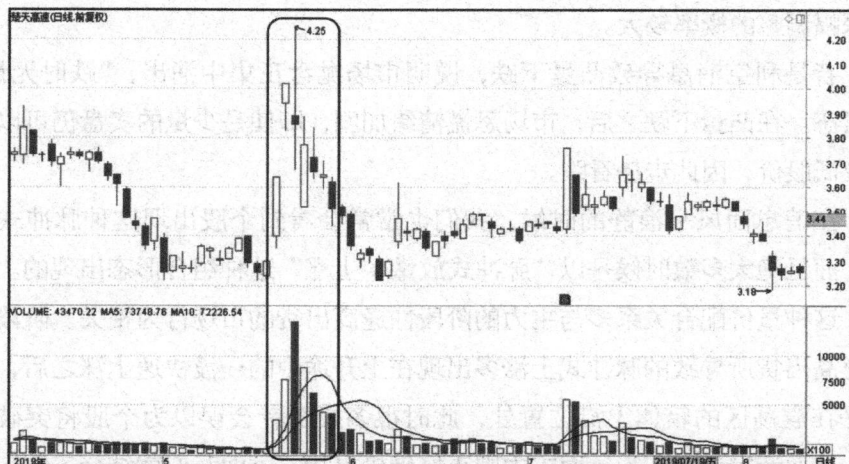

图 7-2 楚天高速 2019 年 4 月至 8 月走势图

7.2.3 凸量

凸量（也称为脉冲式放量），可分为单日凸量和双日凸量两种形态，两种形态的市场含义相同。凸量是指成交量在单日（或连续两日）突然大幅放出，放量效果达到此前均量水平的 3 倍以上，随后又突然恢复到放量前的水平，体现在成交量图形中就好像突然出现的一次向上脉冲式跳动，跳动过后就恢复到了原来的平静状态。放量时的效果越明显，则凸量的市场含义越鲜明，利用这种形态预示价格走向时也越准确。

凸量是成交量形态图中的偶然性跃动，多与消息刺激或主力异动等因素有关，而且这种量能形态常与突破性大阳线相伴出现，在 K 线图上呈现为放量上涨。但实际上它往往预示着阶段性的高点，个股随后出现深幅回落的概率极大。

下面我们来看看凸量出现的原因及其市场含义。如果凸量是源于消息面的刺激，则情况无非两种，一种是利好消息，另一种是利空消息。

若是利好消息，则当日出现的大幅上涨和凸量形态表明市场获利抛压极为沉重，对多方力量是一种快速的消耗。随后的交易日量能大幅萎缩，这说明短期内的买盘入场力度明显减弱，此时价格仍然处于波段高点，短期内出现深幅调整的概率较大。

若是利空消息导致凸量下跌，说明市场抛盘正集中涌出，"跌时无量"是常态。在凸量下跌之后，市场恐慌情绪加剧，即使是少量的卖盘仍可以继续拉低股价，因此走势看跌。

在消息面风平浪静的时候，我们也常常会看到个股出现这种脉冲式放量，而且绝大多数时候是以"脉冲式放量＋上涨"这种组合形态出现的。此时，这种量价配合关系多与主力的阶段性逢高出货的市场行为相关。阶段性的逢高出货所导致的脉冲式上涨多出现在上升途中的一波快速上涨之后，或者是在震荡区的箱体上沿位置处，此时很多投资者会误以为个股将突破上行，从而选择追涨买入，而主力则正好借机出货。下面我们就结合实例来看看"凸量上涨"形态及其随后的表现。

图 7-3 为黄山旅游 2019 年 8 月至 11 月走势图，在个股稳步攀升的过程中，出现了单日凸量长阳线的突破形态。仅从日 K 线走势图来看，个股的攀升稳健，突破上攻也顺应趋势发展，但是，借助于成交量的变化，我们可以发现，这次突破的成功率并不高。因为突破时没有连续放大的量能支撑，个股在如此大的获利抛压状态下是难以在突破点上站稳的。在实盘操作中，就波段交易来说，应卖股离场、规避风险。

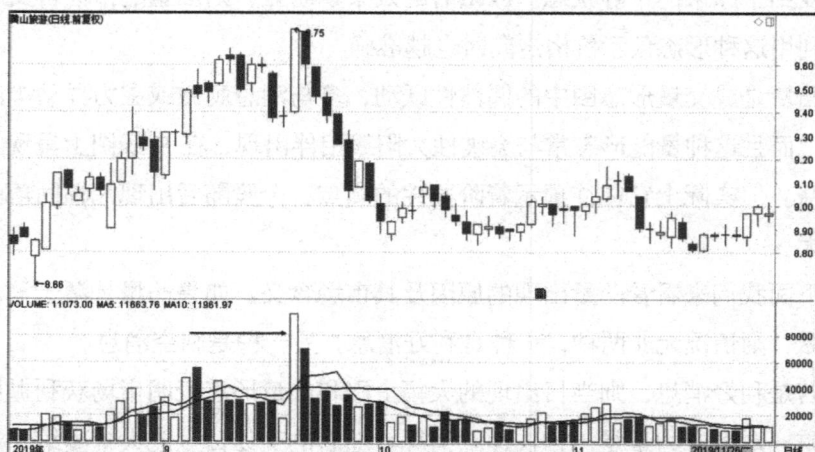

图 7-3　黄山旅游 2019 年 8 月至 11 月走势图

图 7-4 为大名城 2019 年 8 月至 11 月走势图。如图中标注所示，在个股突破时出现了双日凸量形态，这种量能形态很难对个股的突破走势形成支撑，因此个股随后的走势也就反转向下，出现深幅下跌。

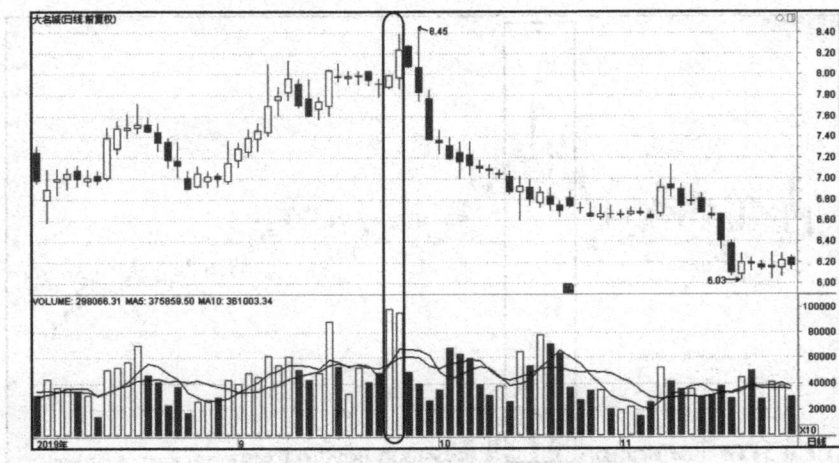

图 7-4　大名城 2019 年 8 月至 11 月走势图

从上面两个案例可以看出，在突破走势中，借助于凸量形态我们可以更好地把握突破行情的真实可靠性，进而决定是追涨买入还是逢高卖出。如果不了解量价形态的市场含义，仅从价格形态上着手，是难以做出正确的决策的。

7.2.4　断层式巨量

断层式巨量，可以看作是凸量与堆量的一种结合。它是指在个股连续放出巨量的情况下，中间的某个交易日的量能却大幅缩减，即这一交易日的突然缩量与前后交易日的巨量形成了鲜明的反差。

一般来说，断层式巨量常见于突破上涨起步阶段或短线高点。短线高点滞涨走势中出现断层式巨量是反转信号，而突破启动时的断层式巨量则预示着个股的短线升幅不会太大。操作中，不可对其短线上涨抱有过高期望。下面结合实例来看看这种较为特殊但在市场中常常出现的放量形态。

图 7-5 为诺德股份 2019 年 5 月至 11 月走势图。如图所示，个股在盘整后

的突破上涨点，出现了断层式巨量的放量形态，由于这种量能的突破，股价在
短线高点的波动往往十分剧烈。因而，投资者应做好波段减仓操作，并且不可
对个股的短线上攻行情期望过高，及时落袋、锁定利润才是最好的策略。

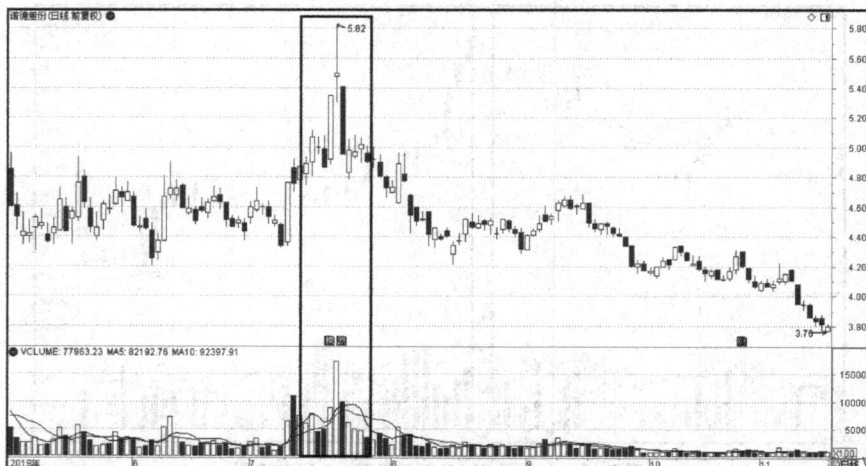

图 7-5　诺德股份 2019 年 5 月至 11 月走势图

　　图 7-6 为东睦股份 2019 年 7 月至 11 月走势图，个股的断层式巨量出现
在短线已有一定升幅且连续多日滞涨的背景下，此时的断层式巨量就是短线
见顶、股价反转的明确信号了。操作中，应及时卖出、规避风险。

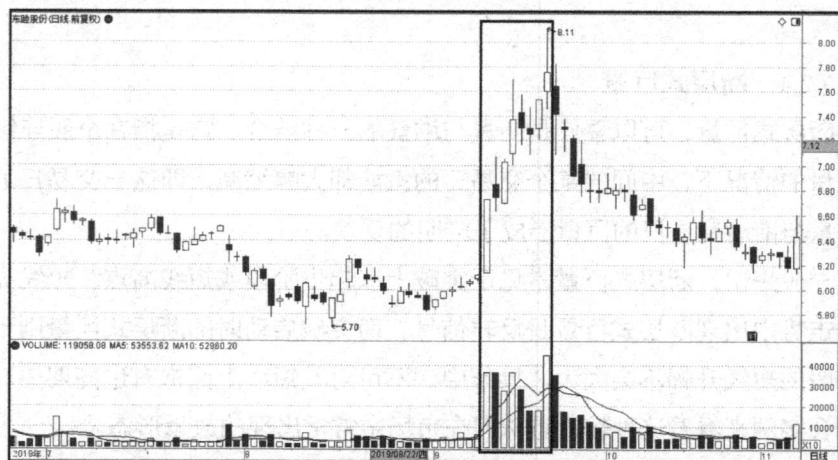

图 7-6　东睦股份 2019 年 7 月至 11 月走势图

7.2.5 缩量（平量）攀升

在 K 线图上，放量的视觉效果鲜明，是多空双方交锋激烈的体现，往往会更快引起我们的注意；但是对于缩量，我们常常将其看作是市场交投缓和的表现。其实，这种看法是较为片面的。

缩量的出现并不一定只是因为市场交投缓和，很多时候，也是由于主力持有较多筹码，市场上不稳定的浮筹较少，所以才出现了缩量的形态。缩量，并不是孤立的，我们要结合成交量的不断变化来对它进行分析。而且，在很多时候，结合量能的放大、缩小的变化方式，我们可以更好地理解筹码的供求状态，分析出个股中是否有主力、主力参与力度如何等信息。

在正常的市场交投氛围下，一波上涨走势中总要出现相对的放量，如果个股在上涨时的量能相对缩小，这往往与主力参与行为有关，主力手中持有较多筹码，有些时候可改变多空格局，所以个股上涨只需少量买盘推动就可完成。

对于"缩量（平量）攀升"形态，有一种较为独立的量价配合：不放量穿越套牢区。其形成过程是个股先出现长时间的横向震荡走势，形成了一个筹码密集区；随后，股价回落至震荡区低点，这使得在盘整区买入的筹码处于被套状态；在反弹上涨穿越这一密集区时，却未见量能的明显放大。下面我们结合案例来讲解这种量价形态的市场含义。

图 7-7 为三峡水利 2019 年 5 月至 11 月走势图，此股在跌幅较深的位置点出现了长期盘整震荡。如图中标注所示，一波上涨使得股价由低点向上运行至震荡区高点，这一波上涨虽然使得全体筹码解套，但量能却大幅缩小，呈现为缩量式的波段上涨。那么，它背后的市场含义是什么呢？

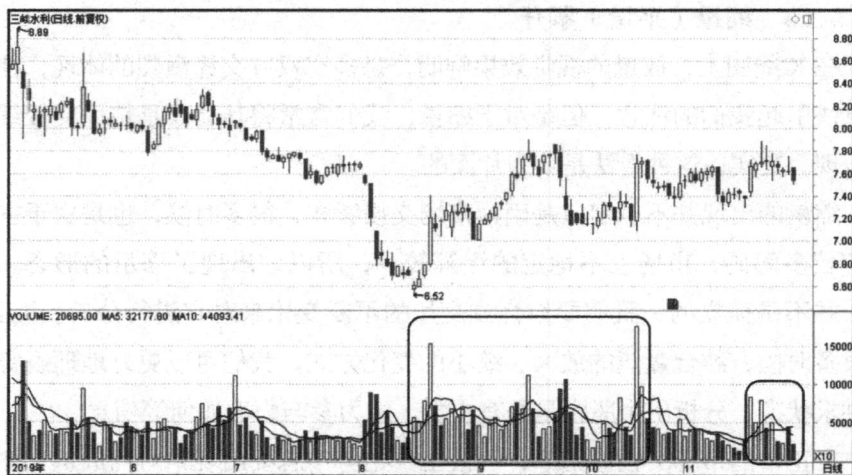

图 7-7 三峡水利 2019 年 5 月至 11 月走势图

个股能够不放量向上穿越筹码密集区，说明大量的被套盘在解套之后无意卖出。若筹码掌握在散户手中，显然不会出现这样的情况。散户在经历了被套之后，一旦出现解套，多会选择卖出，这必然导致个股放量，而且整理区持续时间越长，个股在向上穿越这一筹码密集区的量能放大就越明显。

因此，不放量的穿越，多表明市场浮筹相对较少，同时，这种向上穿越还代表了主力的拉升意愿，是个股有望展开一波上攻行情的信号。操作中，我们可以买股入场。此股随后出现的突破上攻走势也证明了我们的推断，这也是缩量（平量）攀升形态在实战中的重要作用——可以很好地帮助我们捕获有潜力的黑马股。

7.2.6 极度缩量点

极度缩量点常常不会引发投资者的关注，但它却是一种行之有效的捕获主力的工具。它是指在价格走势相对平稳的情况下，市场交投平淡，成交量呈相对缩小的状态；但是，其间的某几个交易日（不一定是连续的）的量能却再度大幅缩小，呈现出一种极度缩量的形态。

一般来说，极度缩量出现在低位盘整走势中，有着较高的实战价值，它提示我们或有主力已在积极买卖个股。正是由于在这几日的盘中，主力没有参与买卖且股价的波动幅度也不是很大，因此市场交投极为清淡，出现了极度缩量形态，个股后期的上涨空间值得期待。操作中，这类个股若有业绩支撑，则是中长线布局的理想品种。

极度缩量点，这是一个需要仔细观察才能发现的量价特征。极度缩量并不是个股被市场遗弃的结果，它是市场浮筹较少的信号，也往往是主力买卖个股的信号。我们可以结合个股之前的运行情况来综合分析，一般来说，个股此前的运行都会有一定的独立性，并不会随波逐流。

图 7-8 为弘业股份 2019 年 4 月至 9 月走势图，在经历了几轮大幅下跌之后，个股出现了企稳走势，此时的成交量已处于相对缩量状态。但是，在缩量整理中，如图中标注所示，又出现了连续的极度缩量形态，缩量效果十分明显。此位置区的极度缩量是市场浮筹较少的标志，一旦个股向上运行、突破这一整理区，就表明主力开始拉升个股。操作中，对于这类个股，我们可以积极布局、耐心持有并等待突破。

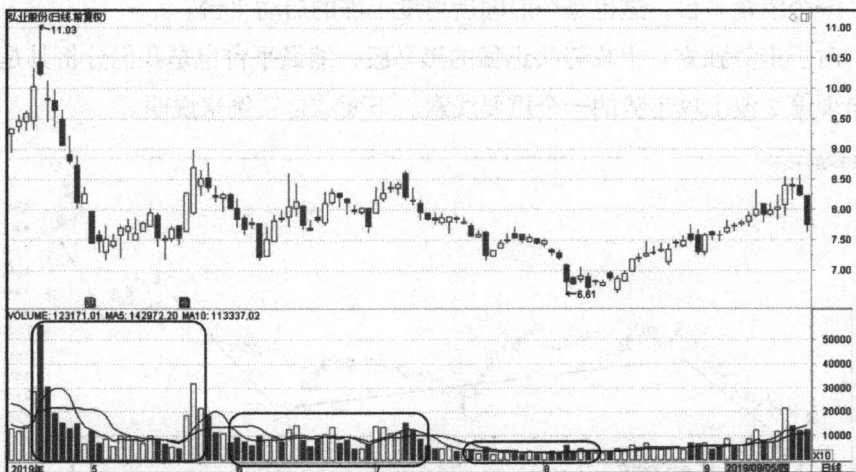

图 7-8 弘业股份 2019 年 4 月至 9 月走势图

7.2.7 缩量平台

缩量平台是相对于个股此前的放量上涨波段而言的，平台区的量能萎缩得越明显，则缩量平台的市场含义越明确，对于我们进行短线操作的指导性越强。

缩量平台出现在低位反转走势中时，实战性最强。它是指在深幅下跌后的低位区，个股先出现了一波明显的放量上涨；随后，在阶段性获利抛压较大的情况下，个股并没有出现深幅回调，而是在一个相对高点的平台处横向整理，并且此时的量能明显缩小。

缩量平台的出现，表明此前放量上涨中的买盘更多地来自主力。主力在吸筹后，其筹码多处于锁定状态。正因为这样，个股才出现了这种先放量上涨，随后大幅缩量横盘的走势。这种组合形态能帮助我们及时发现主力参与个股的信号，而且这个缩量平台往往也是下一轮上涨行情的启动平台。

图 7-9 为 ST 坊展 2018 年 10 月至 2019 年 3 月走势图，自低位区长期盘整震荡之后，个股开始了突破上涨，这一波上涨力度相对较大、放量明显。如图中标注所示，随后股价回落、横向整理，此时的量能大幅缩减，从而形成了一个缩量平台，这也是个股随后再度上涨的启动平台。

对于走势独立、上攻势头迅猛的黑马股，缩量平台也是我们分析其是否会出现第 2 波上攻走势的一个重要线索。下面结合实例来说明。

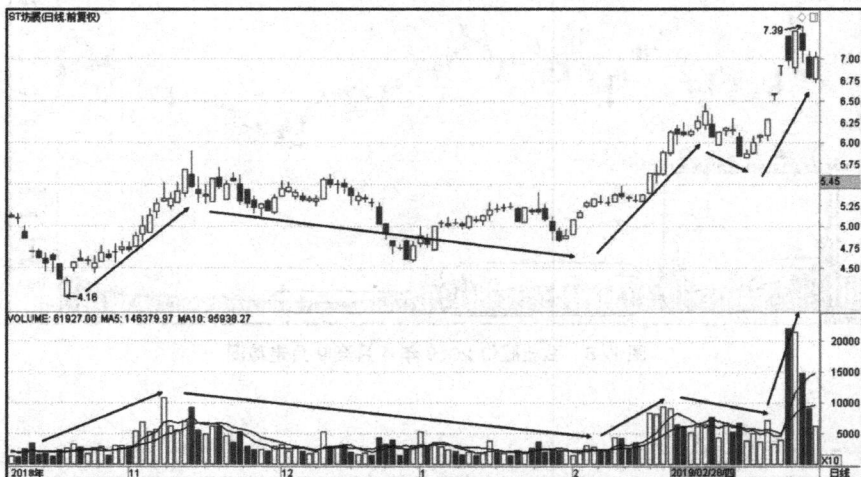

图 7-9　ST 坊展 2018 年 10 月至 2019 年 3 月走势图

图 7-10 为联美控股 2019 年 5 月至 8 月走势图，个股因热点题材而强势上攻走势凌厉，放量明显，但主力参与力度如何？短线高点是否会出货呢？其结论直接决定我们随后的操作。

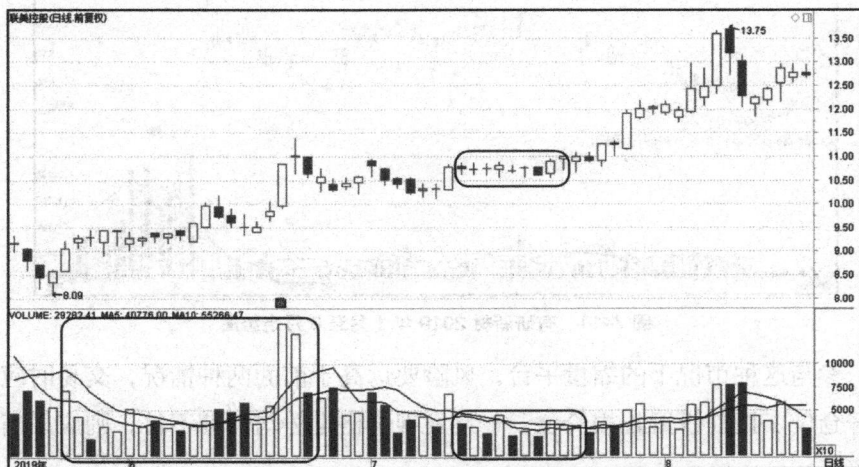

图 7-10　联美控股 2019 年 5 月至 8 月走势图

如图中标注所示，随后的横向整理中，可以看到效果极为鲜明的缩量，整理走势企稳、未见破位，这说明市场浮筹较少，获利抛压轻；而且，此时的累计涨幅只有 30% 左右，对于一只有热点题材的个股来说，后期仍有上涨空间。操作中，这个缩量平台是可以买股入场的。

缩量平台出现在黑马股反转后的下跌途中时，往往能预示中级反弹行情的出现。因为主力的出货是一个漫长的过程，高位筑顶时间短、下跌幅度大、市场交投低迷等因素都限制了主力的出货行为。此时，在累计跌幅较大的位置点，若价格走势能够出现企稳且成交量同步大幅缩减的情况，多表明主力依旧持筹较多，个股有望迎来中级反弹行情。

图 7-11 为有研新材 2019 年 1 月至 6 月走势图。从个股此前的表现来看，上涨走势较为独立且强势，随后，高位区停留时间很短，基于市场风向的变化，股价开始了持续下跌，累计跌幅接近 70%。如图中标注所示，此时的量能处于极度萎缩状态，走势上呈横向整理状态，形成了下跌途中预示着反弹行情的缩量平台。

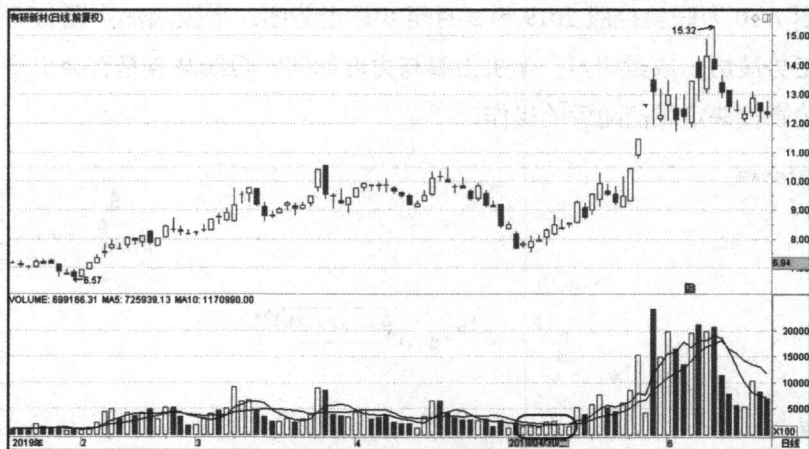

图 7-11　有研新材 2019 年 1 月至 6 月走势图

参与这种市况下的缩量平台，风险要远高于前面两种情况，交易时应控制好仓位、提前设置止损价位，一旦发现价格走势与预期不符，则应果断止损离场。

7.3　凸量与 MACD

在利用凸量进行卖股操作时，我们一般要求其放量效果至少达到此前均量的 3 倍。如果放量效果不是很明显，那么凸量突破形态并不一定预示着短线的调整，它只是一个提示性信号，此时，可以结合柱线变化来决定买卖方向。

7.3.1　凸量突破整理红柱线收缩

横向整理之后，个股开始向上突破，突破时出现了凸量形态。如果在突破点上 MACD 柱线快速收缩，这就是多方力量开始持续减弱的信号，而之前的凸量突破蕴含的上涨信息又较弱，此时本着规避风险的态度，短线宜卖出。

图 7-12 为紫江企业 2019 年 9 月至 11 月走势图，个股以一个近似于凸量的阳线实现了对整理区的突破，累计涨幅不大，此时不必急于卖出，可继续

观察。随后的突破点整理中，MACD 柱线由峰值点开始持续收缩，虽然此时的价格走势仍在整理，但多方力量已在不断减弱，结合凸量的提示性卖股信号，两者相互验证，在此整理区中应进行卖股操作。

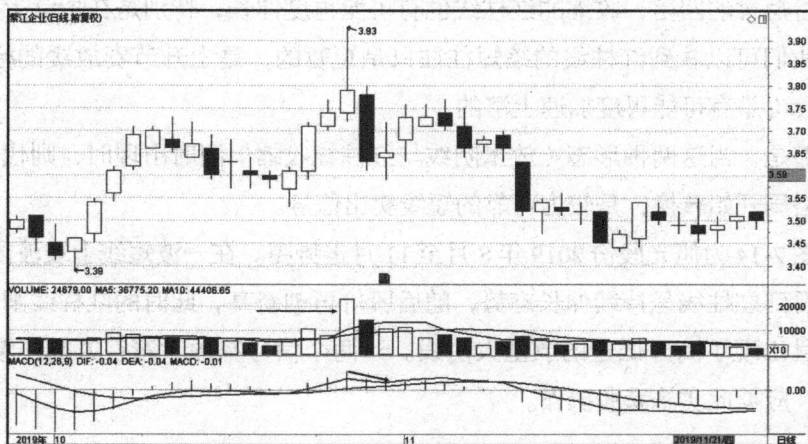

图 7-12　紫江企业 2019 年 9 月至 11 月走势图

下面我们再来看一个双日凸量与红柱线收缩的案例。图 7-13 为金鹰股份 2019 年 9 月至 11 月走势图。在突破整理区，量能形态为双日凸量，此时的红柱线仍在伸长，而且凸量放大幅度尚可，本着顺势交易的原理，仍可持股待涨；随后，股价缓慢攀升，但红柱线却开始不断收缩，这时就应卖股离场了。

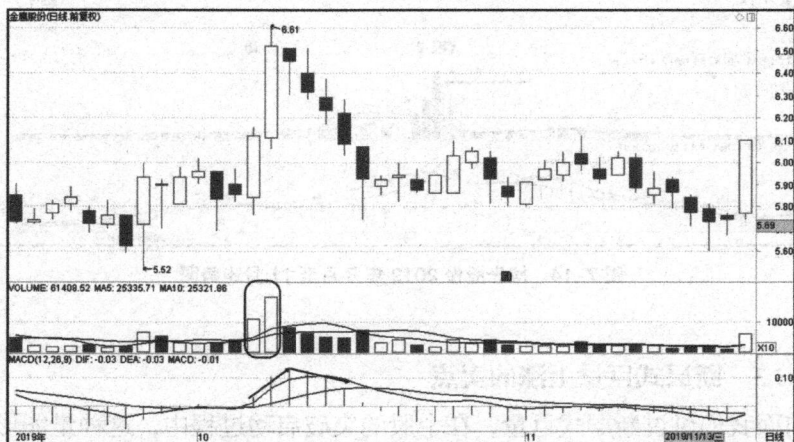

图 7-13　金鹰股份 2019 年 9 月至 11 月走势图

7.3.2 红柱线收缩放量阴线

放量阴线代表着空方的大力抛售，收缩的红柱线代表多方力量有减弱趋向。两个信号单独出现时，并不一定是短线卖出信号。因为放量阴线也可能预示着短暂的回落，收缩的红柱线也有可能再度伸长，特别是在持续上涨波段，我们可以看到红柱线的缩短往往只是短暂的，是上升节奏放缓的标志，随后股价是有可能再度加速上涨的。

但是，当这两种形态（放量阴线与红柱线收缩）同时出现时，则代表着多空格局开始转换，是较为可靠的短线卖出信号。

图 7-14 为旭光股份 2019 年 8 月至 11 月走势图。在一波短线上攻波段中，可以看到红柱线呈持续伸长态势，随后股价再创新高，此时的红柱线则不断缩短且出现了高开低走的放量大阴线。这两个信号都预示着空方抛压增强。此时，应据此实施卖股操作。

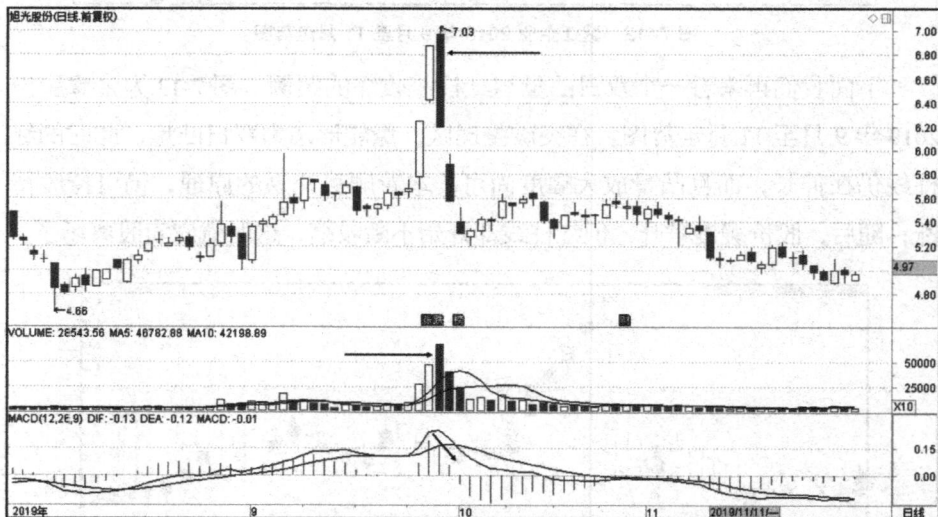

图 7-14 旭光股份 2019 年 8 月至 11 月走势图

7.3.3 断层式巨量上涨的卖点

前面我们讲过断层式巨量，在个股的突破启动过程中，这种量能形态多标志着短线抛压较重，个股的短线涨幅有限，中期走向也难见转机。但是，对于短线波段来说，断层式巨量上涨出现后，是否应马上卖出呢？结合大量的案例来看，这并不是好的方案，我们应等到其发出信号再卖出，而这个卖出信号可以通过 MACD 柱线变化呈现。

图 7-15 为江西铜业 2019 年 5 月至 8 月走势图。如图中标注所示，突破启动时，个股的断层式巨量形态特征十分明显，此时的红柱线仍在伸长，表明多方力量依旧在增强，而且短线涨幅不大，仍可持有。但随着上涨的持续，红柱线开始收缩且持续多个交易日，这就是多空力量对比开始转变的标志，也预示着短线的见顶。此时应及时卖出，锁定利润。

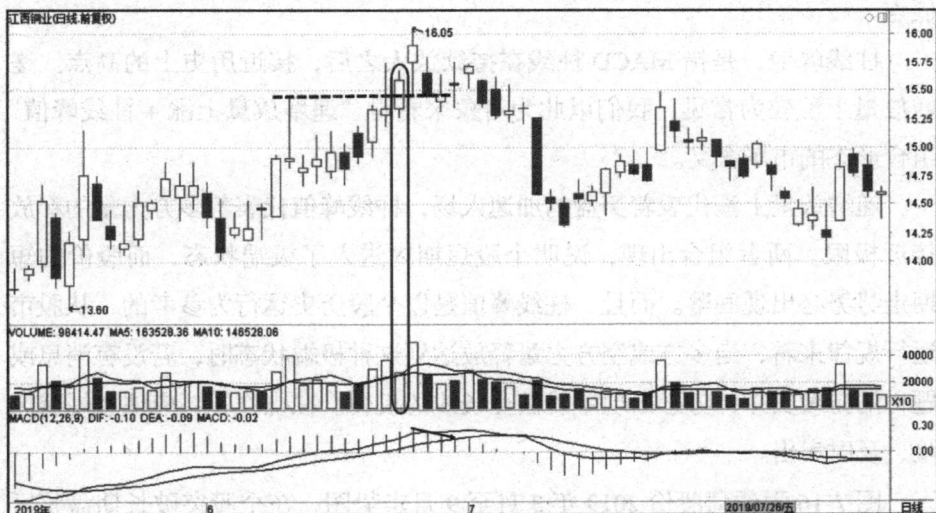

图 7-15 江西铜业 2019 年 5 月至 8 月走势图

7.4 连续放量与 MACD

连续放量主要包括堆量、递增放量两种形态，是成交量在多个交易日内连续处于放大状态的一种表现方式。连续放量下，股价常快速波动，但也有滞涨走势出现。此时，结合 MACD 指标的形态特征，可以更好地分析连续放量的市场含义，进而展开交易。

7.4.1 递增放量与柱线峰值

递增放量，是成交量连续数日持续增加的一种量能形态。所谓的"递增"，严格意义上是指后一交易日的成交量略高于前一日，但在实盘运用中，只要 5 日均量线持续上扬，我们就可以将其看作递增放量。

递增放量往往与价格走势沿某一方向的快速发展有关，它是买盘持续加速流入（递增放量与股价上涨同步出现）或卖盘持续加速抛售（递增放量与股价下跌同步出现）的表现。在实盘操作中，我们应关注递增放量形态下的量能峰值，因为，量能峰值往往也是个股阶段性的高点或阶段性的低点。

柱线峰值，是指 MACD 柱线在持续放大之后，接近历史上的高点。递增放量上涨较为常见，我们以此为对象来看看"递增放量上涨＋柱线峰值"组合形态的市场含义。

递增放量上涨代表着买盘的加速入场，柱线峰值代表着多方力量的释放接近极限。两者组合出现，说明个股短期内进入了极端状态，而股价的短期走势势必出现回落。而且，柱线峰值是以个股历史运行为参考的，从股市运行规律来看，当多方或空方力量释放达到这种极端状态时，若没有消息或题材的持续支撑，势必出现中线甚至长线的反转。在操作中，应注意规避风险、及时卖出。

图 7-16 为通葡股份 2019 年 3 月至 9 月走势图，在个股突破长期盘整区的一波上涨走势中，成交量随着股价的上涨逐级放大，呈现为递增放量上涨形态。同期，MACD 指标线也快速上扬且柱线接近历史高点，处于峰值状态。

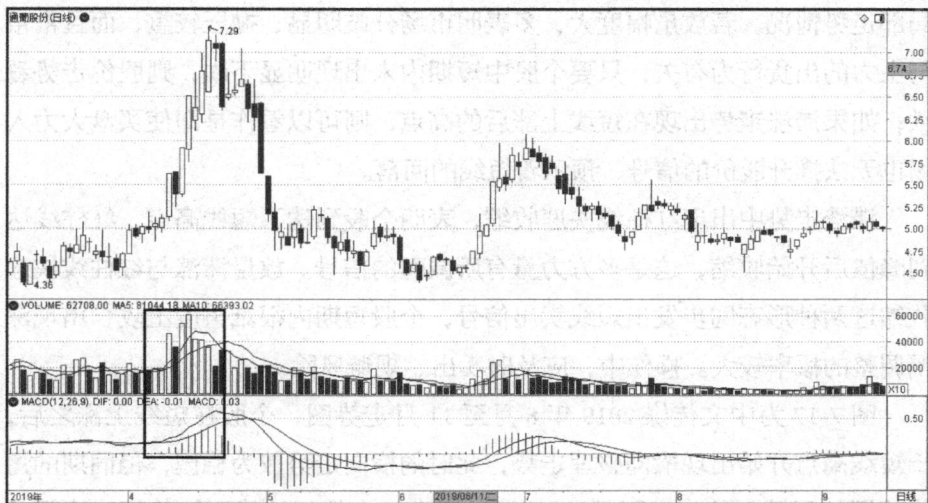

图 7-16　通葡股份 2019 年 3 月至 9 月走势图

　　虽然从 K 线图来看，这种突破上攻行情很强势，股价似要进入上升通道中，但是，从递增放大的量能形态及柱线峰值可以看出，短期内对买盘的消耗已达到极端状态，而且个股的这种上涨没有业绩支撑、题材驱动，缺乏持续上攻的动力。在操作上，不可追涨，持股者应卖股离场或陆续减仓退出。

7.4.2　放量滞涨区红柱线收缩

　　放量滞涨走势是指个股运行呈横向整理状，此时的量能较前期均量出现了明显的放大，但量能的放大并没有推动股价上涨，所以称之为放量滞涨。

　　一般来说，连续放大的量能多会引发股价短期的剧烈波动。在连续大幅放量形态下，若出现上涨走势，可以看作是买盘大量涌入的迹象；在连续大幅放量形态下，若出现下跌走势，可以看作是卖盘大量抛出的迹象。

　　那么滞涨走势中的放量体现了什么样的市场含义呢？虽然在连续大幅放量形态下股价没有出现大幅变化，但这种放量形态无疑揭示了一个现象，即此股的买卖盘交锋明显加剧，股价运行方向急待选择。随着一方力量的逐渐加强，这种形态的出现是股价将要上涨或下跌的信号。

　　一般来说，在理解滞涨走势中的放量时，我们一要看放量幅度，二要看局部走势情况。若放量幅度大，多表明市场分歧明显、抛压较重，而且常常与主力的出货行为有关，只要个股中短期内未出现明显下跌，则股价走势看跌；如果滞涨走势出现在短线上涨后的高点，则可以看作是即使买盘大力入场也无法推升股价的信号，预示着短线的回落。

滞涨走势中出现红柱线快速收缩，表明个股到达了短线高点，红柱线达到峰值后开始收缩，这是多方力量有所减弱的信号。放量滞涨与红柱线快速收缩这两种形态同步发出短线卖出信号，个股短期内很难再度上攻，出现深幅调整的概率较大。操作中，应及时卖出、规避风险。

图 7-17 为中文传媒 2019 年 8 月至 11 月走势图，个股在短线上涨之后，于短线高点开始出现横向整理走势，此时的横向走势较为稳健，但同期的量能依旧处于放大状态，而且 MACD 指标窗口中的红柱线开始收缩，这就是"放量滞涨区红柱线收缩"形态，是短线回落信号，也是短线卖出的信号。

图 7-17　中文传媒 2019 年 8 月至 11 月走势图

7.4.3　放量死叉缩量反弹

个股在短线上涨过程中，若出现了放量下跌、MACD 指标线形成死叉及随后再度上涨呈相对缩量的情况，则表明多方力量已经不足，短期空方抛压占据了上风，中短期顶部或将形成。操作中，应及时逢高卖出。

图 7-18 为青海春天 2019 年 6 月至 8 月走势图，个股前期处于稳健上升通道中，一波短线回落走势看似正常调整，但回调时出现放量且 MACD 指标线形成死叉，表明空方抛压较重，随后再度上涨时量能也没有放大，表明买盘跟进不足。在这种市况下，个股很难再向上突破创新高，此时是卖股时机。

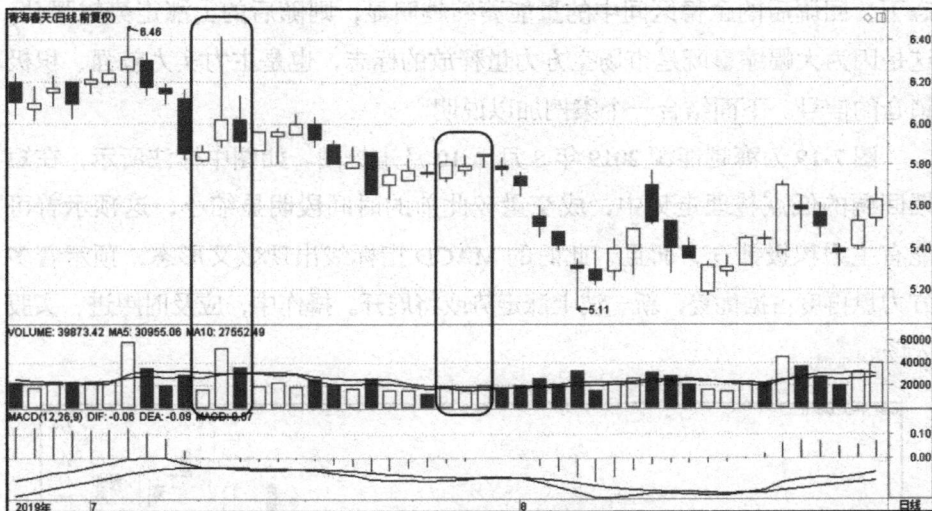

图 7-18 青海春天 2019 年 6 月至 8 月走势图

7.5 缩量整理与 MACD

缩量整理常常出现在主力参与股中，是市场浮筹较少、主力实力较强的信号，这也是一种实战意义突出的量价形态。本节我们将结合 MACD 指标形态来看看如何通过缩量整理形态预测后市趋势，展开交易。

7.5.1 回调式企稳区金叉

"回调式企稳区金叉" 形态是指个股处于震荡攀升走势中，MACD 指标线稳健运行于零轴上方；一波深幅调整之后，股价开始企稳，此时的成交量呈明显萎缩状态，在企稳过程中，MACD 指标线出现了金叉形态，股价有所回升。

在这种形态下，趋势的运行处于多方主导的市场，此时的深幅调整标志着空方抛压得到了有效释放，短线低点的缩量企稳可以看作是短期内空方力量已释放充分、有望再度上攻的信号，而同期的 MACD 指标线金叉形态则表明多方力量再一次占据了主动地位，新一波上攻走势即将展开。在这种形态下，回调后的企稳区间中的量能萎缩越明显，则随后的上涨走势越强劲，这是因为大幅缩量既是市场空方力量释放的标志，也是主力实力较强、积极锁仓的信号。下面结合一个案例加以说明。

图 7-19 为海越能源 2019 年 8 月至 10 月走势图。如图中标注所示，在短期回调的低点整理走势中，成交量较此前的时间段明显缩小，这预示着可能有主力积极锁仓，而且，此时的 MACD 指标线出现金叉形态，预示着多方力量再度占据优势，新一波上涨走势或将展开。操作中，应及时跟进、买股入场。

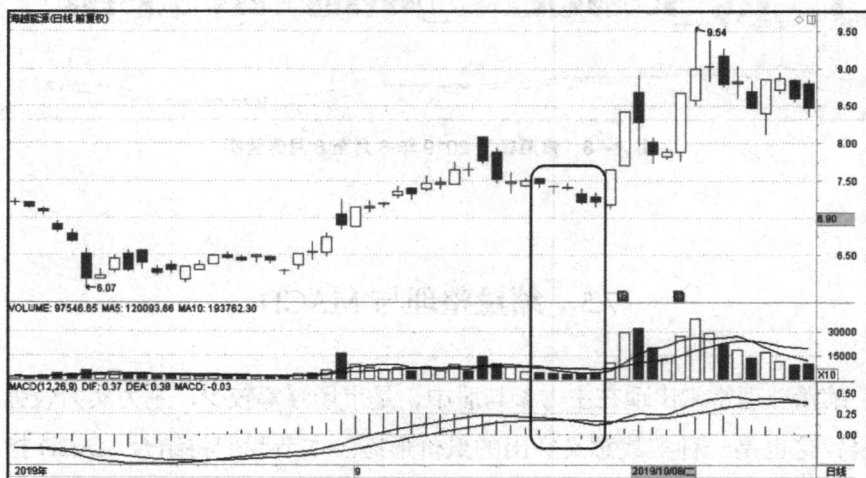

图 7-19　海越能源 2019 年 8 月至 10 月走势图

7.5.2　强缩量区低位金叉上扬

在 MACD 指标窗口的低位区出现了金叉，这代表着此前的中短线跌幅较大，使得 MACD 指标线向下远离了零轴，但跌势中并不一定会出现反弹行情，此时，可以结合企稳区的量能变化来把握机会。

如果在这个中短期低位区的整理中成交量大幅缩减，则表明空方抛压已释放充分，大量的筹码处于锁定状态，只需少量的买盘入场就可以推动股价反弹，有利于反弹上攻行情的出现；而同期的 MACD 指标线在金叉后开始上扬，也表明多方力量在增强。因而，操作中，此时可以逢个股震荡回落之际买入，博取反弹收益。

图 7-20 为湘电股份 2019 年 4 月至 10 月走势图。在中短期跌幅巨大的背景下，个股开始横向震荡企稳，此时的成交量较之前任何时间段都明显缩小，近似于一种极度缩量形态，此时的 MACD 指标线出现金叉并上扬，这是反弹行情将展开的信号。操作中，可以在这个企稳震荡区间买股入场。但由于这是下跌趋势中的操作，因而应控制仓位，并且反弹后应及时锁定利润离场，不能仅凭一个缩量企稳就判定趋势将反转。

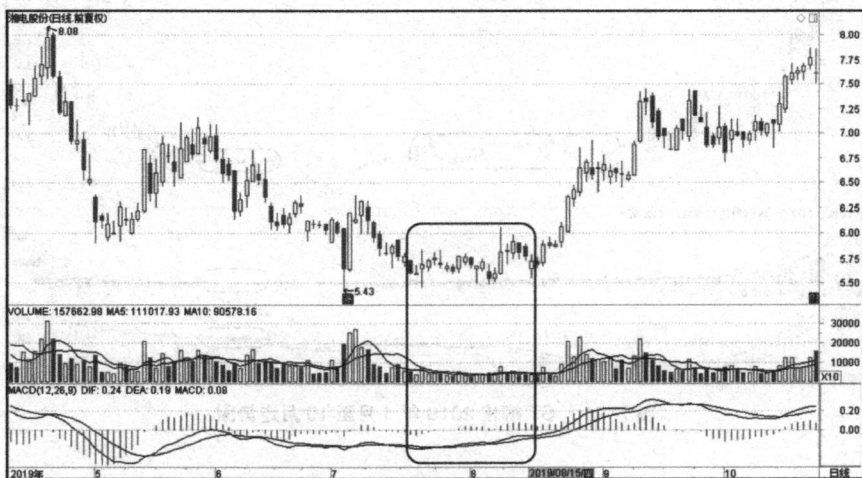

图 7-20　湘电股份 2019 年 4 月至 10 月走势图

7.5.3　密集区整理 DIFF 线上跃

"密集区整理 DIFF 线上跃"是一种组合形态，它是指个股由低点向上穿越前期盘整区（即筹码密集区）时，出现了强势的缩量整理形态，DIFF 线在整理期间向上跃升至零轴上方并稳健运行。

股价上穿筹码密集区时，解套抛压较重，但个股能够强势整理且呈现缩量，说明此时的主力手中筹码较多，市场浮筹较少；而在此期间又出现了DIFF 线跃升至零轴上方的形态，这表明多方力量在缩量整理期间开始增强，因而，结合量能特征来看，个股随后有望继续突破上攻。操作中，这个强势的缩量整理平台就是中短线入场点。

图 7-21 为 *ST 柳化 2019 年 4 月至 10 月走势图，个股先是构筑了一个筹码密集区，随后破位下行至低点，企稳后股价走势反转，在向上穿越这个筹码密集区时，出现了一个强势的缩量整理平台；同期 DIFF 线持续上行，表明多方力量不断增强，而缩量整理又是主力参与的信号之一。两种形态叠加，预示着个股随后将再度上涨，此时是买股时机。

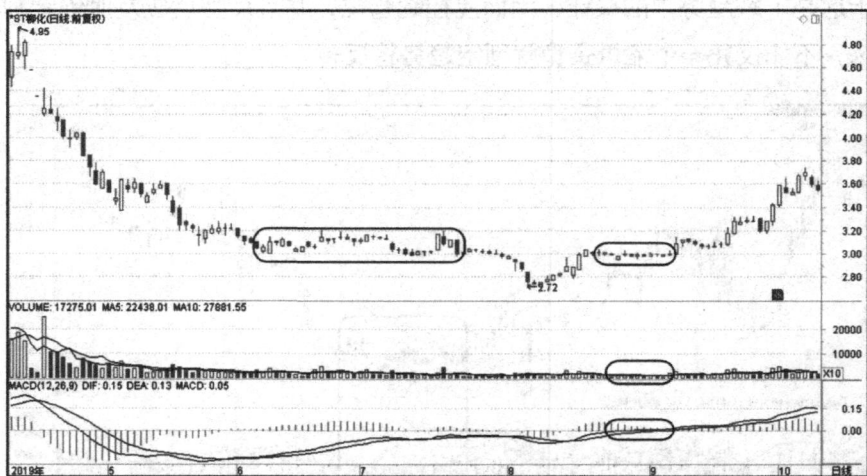

图 7-21　*ST 柳化 2019 年 4 月至 10 月走势图

7.5.4　递减量能红柱线收缩

"递减量能红柱线收缩"形态是指在一波上涨走势中，或者在短线上涨后的高点，成交量一日小于一日，呈现出递减式的变化，同期的红柱线也开始不断收缩。

有放量支撑的上涨才能代表买盘力量充足，随着上涨走势的持续，量能却不断缩减，说明买盘入场力度逐渐减缩，也预示着短线上涨将结束；而此时的红柱线由较高的数值开始缩减，则是对当前市场中多方力量减弱的进一步验证。预示着短线见顶的两种形态同时出现，是较为可靠的下跌信号。

　　图 7-22 为北方导航 2019 年 8 月至 11 月走势图，在一波上涨后的高点，个股震荡企稳，看似走势稳健，实则暗藏危机，递减式的缩量与红柱线收缩同步出现，表明多方力量在快速减弱，股价反转回落随时可能出现，应及时卖出离场。

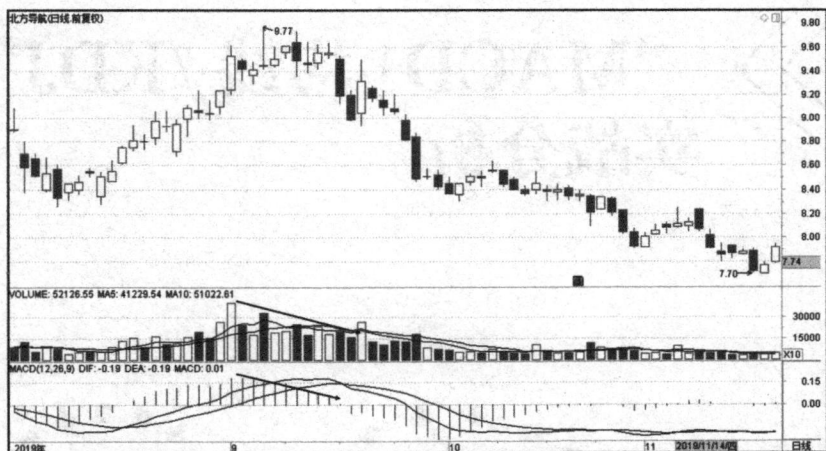

图 7-22　北方导航 2019 年 8 月至 11 月走势图

第 8 章

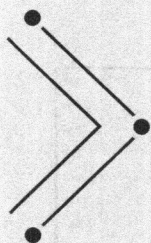

"MACD+ 均线 /KDJ" 实战分析

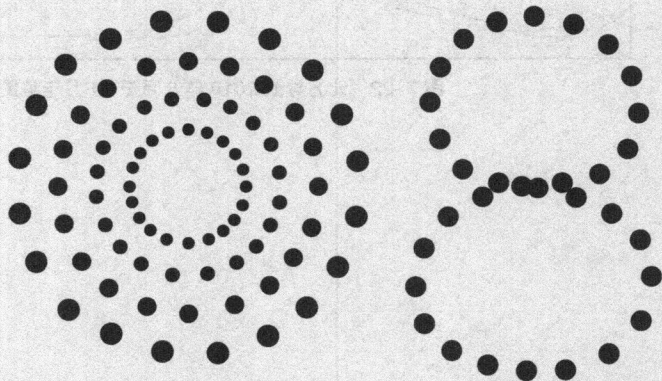

MACD 指标是一种很实用的技术指标，它呈现趋势也反映波动，但是单独使用 MACD 指标进行买卖操作时，往往会被它的一些失真情况误导。

有一种好的方法，就是借鉴其他指标来弥补 MACD 指标的一些失真错误。例如，金叉提示着买入时机，但是，很多时候"金叉"并不能作为买入信号，如果我们能够结合反映趋势特征的均线及反映短线超买超卖状态的 KDJ 指标，就可以极为有效地规避 MACD 指标发出的虚假信号。本章我们将以 MACD 指标为核心，以均线及 KDJ 指标为辅助，看看如何使用这种综合性的分析方法。

8.1 均线的研判方法

均线的主要作用是呈现趋向性，我们可以通过分析均线的排列形态更好地把握多空力量的整体对比情况，它可以为我们指明交易方向并提示仓位控制。在实战中，首先，要了解均线形态是如何反映趋势运行的；其次，要知道一些提示买卖时机的常见均线形态；最后，将均线的用法与 MACD 指标用法相结合，就可以起到相辅相成的作用了。

8.1.1 透过排列看多空格局

均线的时间周期有长有短，不同时间周期的均线构成了一个完整的均线系统。均线系统的形态取决于均线之间的位置关系、交叉方式、开口方向等，它们直接呈现出趋势当前的运行情况。通过分析均线系统的排列形态，我们可以很好地把握当前的趋势运行情况及趋势的转向。

股市中只有 3 种趋势，上升趋势、下跌趋势、横向震荡趋势，它们分别通过均线的多头排列形态、空头排列形态、缠绕形态得以反映。

均线的多头排列形态是指周期相对较短的均线运行于周期相对较长的均线上方，如 MA5 位于 MA10 上方、MA10 位于 MA15 上方、MA15 位于 MA20 上方等，这些均线开口向上，呈向上发散状。

空头排列形态正好相反,是指周期相对较短的均线运行于周期相对较长的均线下方,如 MA5 位于 MA10 下方、MA10 位于 MA15 下方、MA15 位于 MA20 下方等,这些均线开口向下,呈向下发散状。

在多空力量处于胶着状态的市况下,价格走势呈横向震荡,这常见于升(跌)势的中继整理阶段、底部区、顶部区等价格方向待选择区间。这时,由于市场原有多空格局的转变,均线系统的排列形态会出现明显的转变,不同周期的均线长期缠绕在一起,这就是均线的缠绕形态。

图 8-1 为百利电气 2018 年 12 月至 2019 年 8 月走势图。图中标示了 5 条均线,它们分别是 MA5、MA10、MA20、MA30、MA60。在这段时间里,个股的走势出现了大起大落的牛熊交替转换,股价之所以这样表现,一是因为大盘的波动,二是源于价值回归。在大盘处于震荡格局中(这是常态)时,个股常因题材、消息等因素获得主力的参与而出现价格上涨,但这种上涨缺乏业绩支撑,最终注定要价值回归,从而形成了这种"过山车"式的价格轨迹。

结合此股的牛熊交替走势,我们可以清晰地看到均线排列形态对于趋势的呈现及其实战作用。

(1)当个股在低位区横向整理、窄幅波动时,股价突破上扬,使均线呈鲜明的多头排列形态,这是多方力量开始总体占优的标志,也是个股有上涨动力的信号,预示着升势或将开启。操作中,当股价剧烈波动、再度回踩整理区价位时,就是很好的顺势买股布局时机。

(2)随着震荡上扬的展开,股价运行方向再度出现了不明朗的状态,均线也由多头排列形态转变为缠绕形态。结合同期的大盘弱势特征、个股的基本面不支撑、走势上的剧烈波动等情况综合分析,原有的升势或将结束。操作中,应在这个震荡区间(即均线由多头排列形态转变为缠绕形态的区间)逢高卖出,规避趋势反转风险。

(3)随后,股价破位下行,此时均线由缠绕形态变为空头排列形态,只要这种排列形态不出现明显变化,中线交易策略上,就不可抄底入场;短线交易上,即使可以博取超跌反弹利润,但由于大方向依旧向下,也应轻仓参与。

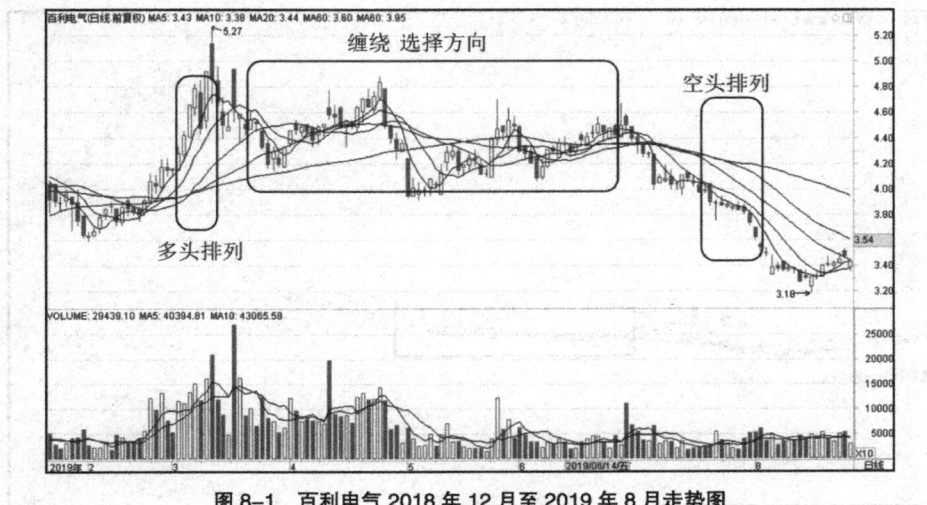

图 8-1 百利电气 2018 年 12 月至 2019 年 8 月走势图

除此之外，均线的黏合形态也较为重要，它常见于升势或跌势的途中整理阶段，表明多空格局并未发生根本性转变，原有趋势在整理之后仍将持续推进。依据前期的价格运行方向，黏合形态可以分为升势中的黏合、跌势中的黏合两种。

升势中的黏合，是指在股价重心不断上扬的过程中，个股上涨走势趋缓，出现了回调或横盘震荡的走势；此时，周期相对较短的均线向下靠拢并黏合了周期相对较长的均线，但中长期均线 MA60 却对它上方的多条均线形成了有力的支撑且支撑的方向向上。

图 8-2 为置信电气 2018 年 12 月至 2019 年 5 月走势图，个股在上升途中出现了震荡、回落，仅从价格走势上难以判断是否到达了顶部区间，但此时的均线形态指明了方向。如图中标注所示，随着整理的持续，多条均线黏合在了一起，MA60 此时的大方向仍未发生改变，因而这种黏合可以看作是多方休整、多空总体格局未发生根本转变的标志，预示着整理之后仍旧有突破上攻的动力。

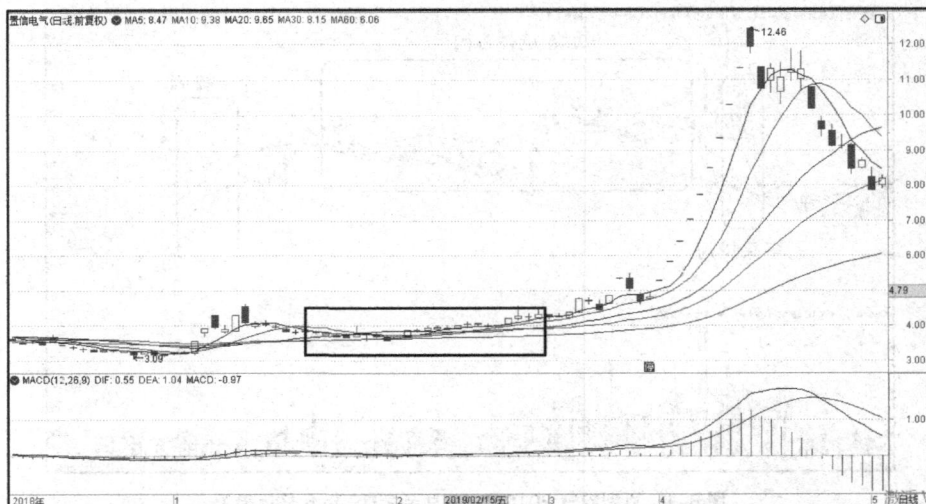

图 8-2　置信电气 2018 年 12 月至 2019 年 5 月走势图

跌势中的黏合，是指在股价重心不断下移的过程中，个股下跌走势趋缓，出现了反弹或横盘震荡的走势；此时，周期相对较短的均线向上靠拢并黏合了周期相对较长的均线，但中长期均线 MA60 却对它下方的多条均线构成了有力的阻挡且阻力的方向向下。

图 8-3 为江南高纤 2019 年 3 月至 8 月走势图，个股在下跌途中出现了震荡企稳，累计跌幅也较大，但这是否是底部区呢？从均线的黏合形态来看，多空力量格局在总体上并未改变，均线黏合之后，个股的破位倾向加强。操作中，应选择卖出、规避风险。

在均线由空头排列形态向黏合形态过渡的阶段，我们可以发现 MACD 指标线一直运行于零轴下方，当黏合形态出现时，MACD 指标线也未突破零轴，可以说，这是 MACD 指标对于多空力量的一种反映，也验证了黏合形态的空头倾向。在实盘交易中，我们应注意将不同的技术指标形态结合在一起分析，这样可以得到更为准确的市场信息。

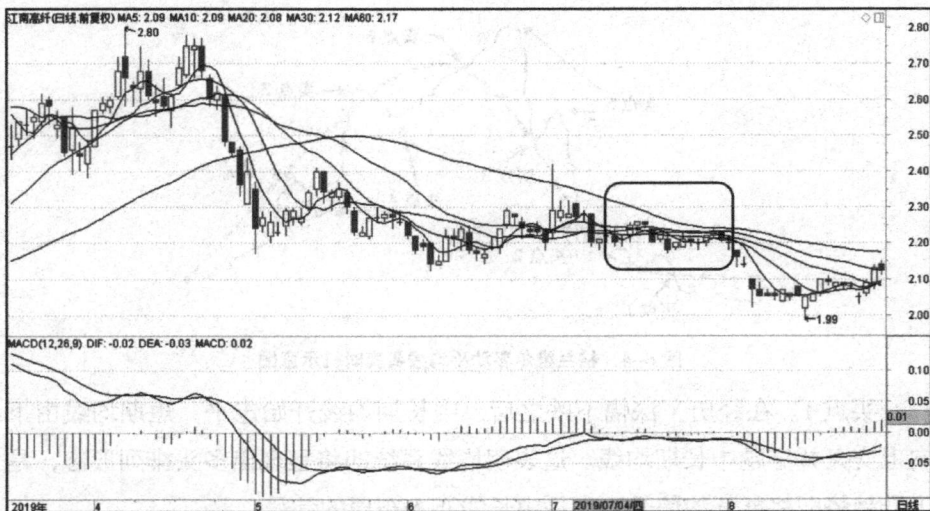

图 8-3 江南高纤 2019 年 3 月至 8 月走势图

8.1.2 格兰维尔均线交易法则

美国证券投资分析家格兰维尔对移动平均线的买入时机与卖出时机进行了较为系统的总结，其均线交易法则包括 4 个买入时机和 4 个卖出时机。这 8 个买卖时机既有顺势的中线交易，也兼顾了短线上的低吸高抛，可以帮助我们全面理解均线的交易方法，为随后进一步细化均线用法、展开实战夯实基础。

图 8-4 为格兰维尔移动平均线买卖时机示意图。图中的粗虚线代表中长期移动平均线，细实线代表短期移动平均线。中长期移动平均线可以用 MA30 或 MA60 代替。一般来说，当短期涨势或跌势较为迅急时，以 MA30 代替中长期均线；当短期涨势或跌势相对稳健时，以 MA60 代替中长期均线。短期移动平均线可以用 MA5 代替。下面我们结合这张图逐一解读这 8 个买卖时机。

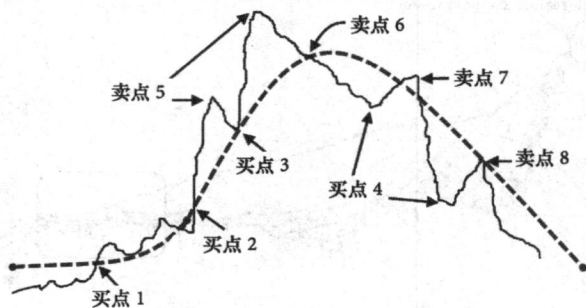

图 8-4　格兰维尔移动平均线买卖时机示意图

买点 1。在经历了深幅下跌之后，中长期均线开始走平，短期均线由下向上交叉并穿越中长期均线。这表明均线系统即将呈现出多头排列形态，是上升趋势即将展开的信号，也是中长线买入布局的信号。

买点 2。在上升趋势中，短期均线运行于中长期均线上方，此时，一波价格回调使得短期均线向下跌破中长期均线；随后，当短期均线再度向上穿越中长期均线时，就是我们买股的最好时机，因为这预示着新一波上涨行情的展开。

买点 3。在上升途中，一波快速的回调下跌走势使得短期均线跌至中长期均线附近，但中长期均线对短期均线形成了有效的支撑，此时是中短线买股的好时机。

买点 4。在高位区，个股出现了一波大幅下跌走势，短期均线第 1 次向下跌破并远离了中长期均线，基于顶部的反复震荡性，往往有一波强势反弹上涨走势即将出现，此时是我们短线博取反弹收益的买股时机。

卖点 5。在上升行情中，若个股出现一波快速上涨，使短期均线明显向上远离中长期均线，此时，我们可以适当逢高减仓，因为中长期均线对短期均线有着"引力"作用，因而在短期均线因短期买盘的推动而快速远离中长期均线后，短期均线仍有再度向下靠拢中长期均线的倾向。

卖点 6。持续上涨后进入高位区，若此时的短期均线开始向下与中长期均线交叉，则往往预示着趋势已由升转跌。这是一轮下跌行情即将展开的信号，此时我们应及时卖股离场。

卖点 7。在下跌途中，一波反弹走势使得短期均线向上穿越了中长期均线，若随后短期均线有掉头向下的迹象，则多预示着新一轮下跌走势将展开，我们应卖股离场。

卖点 8。股市或个股处于下跌途中，此时均线呈空头排列形态，当短期均线经一波反弹上涨至中长期均线附近时，中长期均线对其构成了有力阻挡，此时是下跌趋势中的逢高卖出时机。

8.1.3　关注 MA5 与 MA30（或 MA60）

对于整个均线系统来说，其中的 MA5 与 MA30（或 MA60）的作用最为突出。MA5 较为灵敏，通过分析其与股价的位置关系变化，可以很好地预测短线高低点；MA30（或 MA60）则有着较强的趋势呈现性，股价与其位置的变化往往提示了中级别的价格走向。下面我们先通过一个案例来了解一下 MA5 的作用，之后将结合 MACD 指标讲解均线的一些典型用法。

图 8-5 为新赛股份 2019 年 4 月至 8 月走势图。如图中标注所示，个股在短期突破上涨时，收盘价突然远离了 MA5，这就是一个卖出信号。一般来说，稳健、有持续力的攀升趋势，即使涨势较为凌厉，也应以 MA5 为支撑，攀附于 MA5 之上。如果个股的短期波动使股价向上突破远离了 MA5，这样的短线上涨的支撑力往往不足，股价难以在短线高点站稳，而且易出现低开低走的深幅回落。操作中，这是明确的减仓或卖出信号。

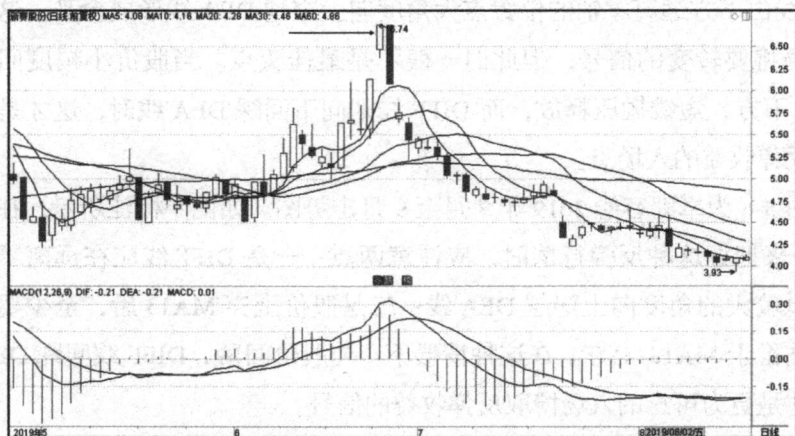

图 8-5　新赛股份 2019 年 4 月至 8 月走势图

通过本例可以看到，MA5 在短线交易中有着很重要的作用，它可以让我们更好地把握短线波动。有时，看似强势的短线上涨，实则没有短线推动力，这时就不应盲目追涨，而应锁定利润、落袋为安。除此之外，MA5、MA30（或 MA60）还有很多用途，后面将陆续讲到。

8.2　波段点结合 MA13 用法

进行股票交易不需要多复杂的技术，市场本身是简单的。MA13 均线兼具均线的灵敏性和稳定性，既适用于短线波段买卖决策，也能够提示行情发展方向。用 MA13 均线来交易，之前大幅上涨，随后下穿均线时宜做空；之前大幅下跌，随后上穿均线时宜做多；"高不成低不就"的位置则观望。在实盘操作中，结合 MACD 指标所发出的买卖信号，MA13 的实战准确率将大大提升。本节我们将看看如何将 MA13 与 MACD 指标结合到一起进行分析。

8.2.1　低点金叉回踩 DEA

短线的快速下跌使得股价向下远离了 MA13，股价处于中期低位区，一波反弹使得价格向上穿越 MA13，随后连续多日站稳于 MA13 上方，此时的 DIFF 线由下方远离零轴的位置点大角度向上穿越 DEA 线形成金叉。这是多空格局将要转变的信号，但此时一般不是最佳买点。当股价小幅度回落至 MA13 下方，短线抛压释放，而 DIFF 线则向下回踩 DEA 线时，这才是我们博取反弹收益的入场点。

图 8-6 为卓郎智能 2019 年 7 月至 9 月走势图。如图中标注所示，在结合 MA13 来把握这种反弹行情时，应注意两点：一是 DIFF 线应在远离零轴的下方以较大的角度向上穿越 DEA 线；二是股价上穿 MA13 后，至少要连续一周站稳于 MA13 上方。在这种情形下，当股价回落、DIFF 线回踩 DEA 线时，才是更为可靠的入场博取反弹收益的信号。

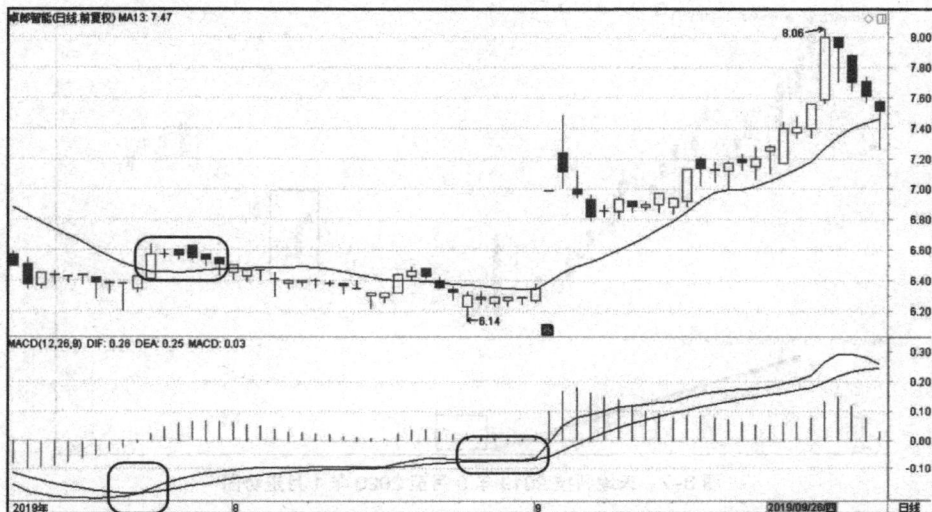

图 8-6 卓郎智能 2019 年 7 月至 9 月走势图

8.2.2 回调中股价回踩 MA13

回调走势，顾名思义，前期的市场处于多方主导格局。"回调中股价回踩 MA13"形态是指在一波深幅调整走势中，股价向下跌破了 MA13 且 DIFF 线由零轴上方较远的位置大幅回落至零轴附近（或零轴下方），此时股价反弹，DIFF 线向上突破了零轴，MACD 指标线出现金叉，随后，股价回踩 MA13。此时就是回调后的买入时机。

这种形态出现在多方总体占优的格局中，MACD 指标线的金叉预示着或有新一波上攻行情将展开，而股价回踩 MA13 时将获得较强支撑，此时正是多方力量再度占据优势、行情一触即发的时候。利用这一形态，我们可以很好地把握回调低点的买入时机。

图 8-7 为天地科技 2019 年 9 月至 2020 年 1 月走势图，个股自低点震荡后开始上攻，DIFF 线向上远离零轴，这表明当前的上涨不是反弹，而是多空格局转变的标志，随后出现深幅调整，利用本小节中讲的股价回踩 MA13 相关知识，并结合 MACD 指标线的金叉形态，我们就可以判定新一波上攻行情开始之际是买入时机。

图 8-7　天地科技 2019 年 9 月至 2020 年 1 月走势图

8.2.3　跌破 MA13 指标反弹遇阻

在震荡走势中，若股价向下跌破了 MA13 且在其下方停留多日，则代表空方力量较强，股价向下破位运行的概率较大；此时，若 DIFF 线同时大幅回落且向上反弹时遇到了 DEA 线的明显阻挡，则是可靠的下跌信号，应卖出离场。

图 8-8 为大西洋 2019 年 9 月至 11 月走势图。如图中标注所示，虽然股价又再

图 8-8　大西洋 2019 年 9 月至 11 月走势图

度回到了 MA13 上方，但此时的 DIFF 线无力回升、遇到了 DEA 线的阻挡。这就是一个明确的卖出信号，预示着个股破位下行的概率在增大。

8.3 转向点结合 MA60 用法

在中级波段的反转位置点，依据移动平均线与 MACD 指标形态的变化及配合关系，我们可以很好地了解多空格局的变化趋向，进而把握反转位置点，同时有效地规避整理走势的不确定性，既能避免在下跌途中过早抄底，也能相对稳妥地在上升途中耐心持股。本节我们将结合使用 MA60 与 MACD 指标来看看如何把握中级行情的反转点。

8.3.1 上穿零轴与突破 MA60

很多时候，在大幅下跌后的低点，我们很难判断当前的整理区是下跌途中的中继阶段，还是行情即将反转的底部区，仅仅依据价格走势或 MACD 指标线判断，往往并不准确。

例如，我们知道，MACD 指标窗口中的零轴是多空力量的分水岭。MACD 指标线稳健运行于零轴上方就是升势，持续运行于零轴下方就是跌势。在低位区，MACD 指标线从下方向上穿越零轴后，也可能只是短暂的停留，并不能持续运行，也并不一定预示着底部出现、趋势反转。此时，借助中长期均线的稳定性，可以做出更为准确的判断。

MACD 指标线上穿零轴与股价突破 MA60 同步出现，是多方力量已总体占优的可靠信号，也预示着升势将出现，至少，当前的震荡区再度出现破位的概率极小。操作中，随后就可据此信号，逢个股的短线震荡回落进行买入布局。如果觉得 MA60 均线运行太慢，无法买到最接近底部的价格，相对激进的投资者，特别是更注重短线交易的投资者，可以再借助 MA30 进行研判。

图 8-9 为法拉电子 2019 年 7 月至 10 月走势图。如图中标注所示，在经历了低位区的持续整理之后，DIFF 线不断上扬并最终穿越了零轴，同期的

股价也向上突破了 MA60，两种指标同时发出了趋势反转信号，这就是一个可靠的转向时机。操作中，若股价短线已有一定幅度上扬，不宜追涨，因为低位区的多空分歧依旧较大，股价的短线上扬势必引发一定的获利盘、解套盘离场，从而引发回落，回落的时候就是中短线入场的好时机。

图 8-9　法拉电子 2019 年 7 月至 10 月走势图

8.3.2　下穿零轴与跌破 MA60

当 MACD 指标线下穿零轴与股价跌破 MA60 同步出现时，这是空方力量已总体占优的可靠信号，也预示着跌势将出现，个股有加速下行的风险。由于下跌趋势往往来得更为迅急，在卖出时，投资者不宜效仿升势启动时的逢震荡回落买入的方法来实施卖出操作，即不宜逢反弹出局。操作中，应及时卖出、规避风险。

图 8-10 为迪马股份 2019 年 6 月至 11 月走势图，在高位的震荡整理之后，股价重心开始下移，向下跌破 MA60，此时的 DIFF 线也向下跌破了零轴，两者同步出现，预示着跌势出现的概率在增大，持股者宜卖出离场。

图 8-10 迪马股份 2019 年 6 月至 11 月走势图

8.3.3 指标黏合据 MA60 测方向

MACD 指标线呈现黏合形态，是价格走势不明朗的信号，随后可能出现较大级别的上涨或下跌。借助于股价与 MA60 的波动情况，我们可以预测随后的价格走向。

如果股价以大阳线的方式向上穿越或脱离 MA60，多预示着一波上攻行情将展开；反之，当股价以大阴线的方式向下跌破 MA60，则一波下行破位走势出现概率极大。

图 8-11 为山鹰纸业 2018 年 12 月至 2019 年 4 月走势图，MACD 指标线在零轴上方出现了黏合，这标志着多方力量占据了主动地位，或有一波上涨走势。短线操作中，可以适当看多做多。

图 8-12 为长电科技 2019 年 5 月至 7 月走势图，在 DIFF 线与 DEA 线黏合之后，出现了大阴线下破 MA60 的形态，这说明经历了短暂的多空胶着状态后，空方占据了主动地位，一轮下跌行情或将展开。操作中，应及时卖出、规避风险。

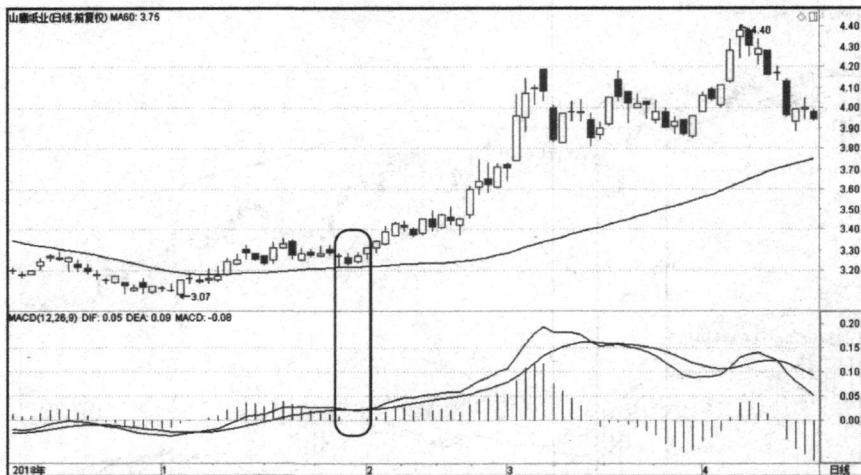

图 8-11　山鹰纸业 2018 年 12 月至 2019 年 4 月走势图

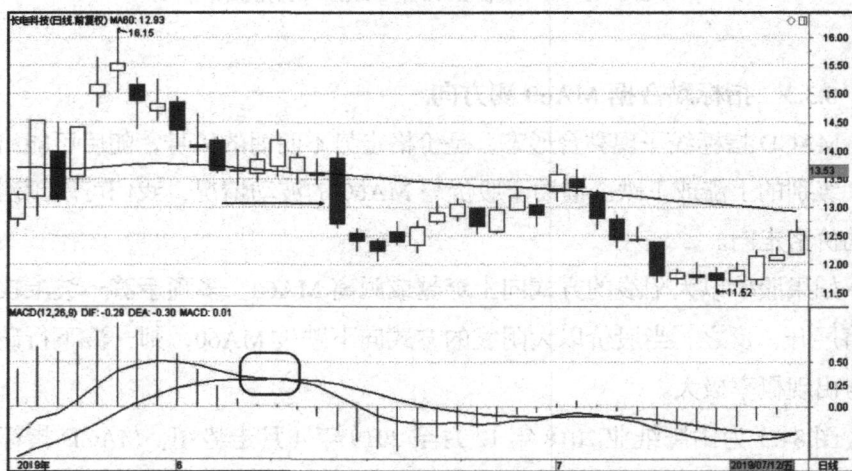

图 8-12　长电科技 2019 年 5 月至 7 月走势图

8.4　KDJ 指标原理及用法

乔治·莱恩（George Lane）所创造的随机摆动指标（KDJ 指标）最初是用于分析期货市场的，但由于其通用性，后被广泛用于股市分析中。与

MACD 指标不同，KDJ 指标是一种纯粹的短线指标，它不能用于分析趋势运行，在一轮相对快速的升势或跌势中，KDJ 指标会出现钝化，但是它能够很好地反映出个股的短期波动情况，特别适用于分析震荡行情，是投资者进行短线交易的重要工具之一。

8.4.1 KDJ 指标设计原理

KDJ 指标在设计过程中主要参考了最高价、最低价和收盘价之间的关系，同时也融合了动量观念、强弱指标和移动平均线的一些优点，可以用来考查当前价格脱离正常价格波动范围的程度。

KDJ 指标最早是以 KD 指标的形式出现的，而 KD 指标是在威廉指标的基础上发展起来的。不过威廉指标只能判断股票的超买超卖现象，而 KDJ 指标则融合了移动平均线的概念，K 线与 D 线配合 J 线组成 KDJ 指标来使用。KDJ 指标的本质概念是随机波动，即价格走势具有明显的波动性，利用这种波动性，再结合"平衡点"的核心思想，就可以分析当前的市况。那么，什么是"平衡点"呢？

统计学理论认为，任何事物都有向其"平衡点"回归的倾向。摆动类指标的基本原理就是，一定幅度（强度）的上涨就是卖出的理由，一定幅度（强度）的下跌就是买入的理由。通过引入短期内的"平衡点"，研究价格在短期波动过程中所产生的最高价、最低价及收盘价之间的关系，考查当前价格脱离正常价格波动范围的程度，分析短期内市场所处的超买超卖状态，进而把握短期内的价格波动方向。

在 KDJ 指标窗口中，我们可以发现，无论行情是上升还是下降或是平台震荡，KDJ 指标的 3 条线总是在一个相对平衡的位置两侧来回地波动，KDJ 指标线的这一形态正好反映了 KDJ 指标的核心——价格的任何波动都将向其平衡位置回归。

如图 8-13 所示，在 KDJ 指标窗口中，J 线最为灵敏，K 线其次，D 线最为平稳，在指标窗口的左上角标出了指标的参数及对应的指标数值。

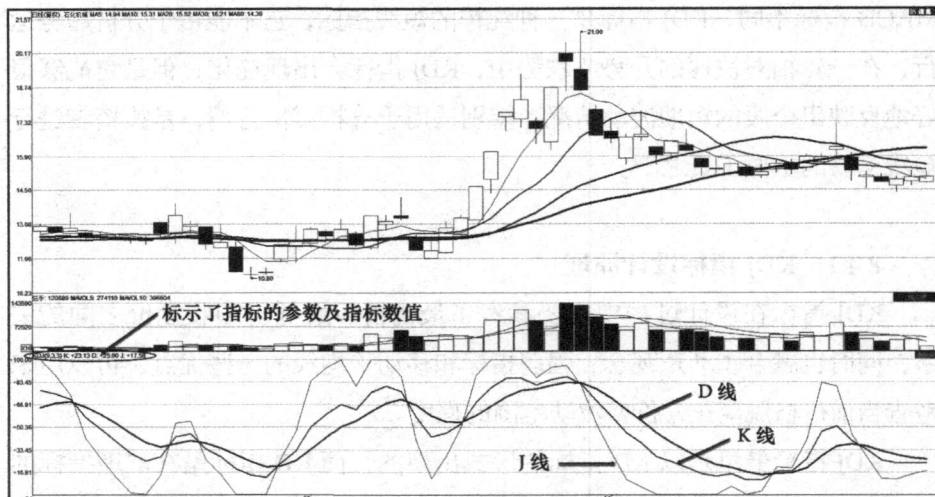

标示了指标的参数及指标数值

D 线

K 线

J 线

图 8-13　KDJ 指标示意图

8.4.2　KDJ 指标优势

在利用 MACD 指标线的金叉、死叉等形态或均线展开交易时，我们会发现，当金叉形态或死叉形态完全形成，我们可以很好地辨识时，个股往往已有不小的阶段涨幅或跌幅，我们也错过了最佳的短线买卖时机。之所以如此，是因为这些指标在设计时更注重对价格方向的指引，即呈现中线意义上的趋势，不会过于关注短期波动，特别是短短几日的小波动。因此，MACD 指标与均线虽然可以呈现趋势，但也丧失了一定的灵敏性，在一些短期波动较快的情况下，依靠趋势类指标把握局部高点与低点的效果并不理想。

摆动类指标的出现在一定程度上弥补了趋势类指标的这个缺点。摆动类指标因其计算方法，可以实时地呈现价格的偏离程度、反映市场的超买超卖状态。当市场处于短期超买状态时，股价未必会立刻上涨；同样，当市场处于短期超卖状态时，股价也未必会马上反转下跌，因而，摆动类指标常常领先于价格走势发出信号，为我们提供判断的依据。

摆动类指标的主要作用就是反映超买超卖情况，这类指标以一个固定的中轴（指标值为 0 或 50）为中心，在相对固定的区间内上下波动。由于股市及个股在多数时间内处于震荡行情中，典型的升势或跌势并不常见，因而，摆动类指标的实战作用十分突出。在实盘交易中，将其与 MACD 指标或均线组合运用，既可以有效辨别在典型的升势或跌势中 MACD 指标或均线因钝化而发出的虚假买卖信号，又能实现对短期交易中高低点的实时捕获。

8.4.3 KDJ 指标计算及 KDJ 指标线含义

KDJ 指标是通过一段时期内出现过的最高价、最低价及当日收盘价来计算出 K 值和 D 值。在分析中，通过将 K 值连成快速线 K 和将 D 值连成慢速线 D 来共同研判，另外还引入了考查二者位置关系的 J 线。

KDJ 指标的计算比较复杂，先要计算周期内的未成熟随机指标值 RSV，然后再计算 K 值、D 值、J 值。关于 KDJ 指标的周期有两个概念：一个是 KDJ 指标的周期，即 KDJ 指标选择几天作为样本，一般股票行情软件中的默认设置为 9 天；另一个是进行平滑计算时选用几天作为周期，一般选择 3 天作为平滑移动平均线的周期。

下面以 9 天的 KDJ 指标的周期为例计算 KDJ 的数值，计算过程如下。

1. 计算周期内的未成熟随机指标值 RSV

RSV=（第 N 日收盘价 $-N$ 日内最低价）÷（N 日内最高价 $-N$ 日内最低价）× 100

2. 计算 K 值、D 值与 J 值

当日 K 值 =（1/3 当日 RSV）+（2/3 前一日 K 值）

当日 D 值 =（1/3 当日 K 值）+（2/3 前一日 D 值）

当日 J 值 =（3 倍当日 K 值）-（2 倍当日 D 值）

K、D 初始值取 50。注意：式中的平滑因子 1/3 和 2/3 是可以人为选定的，但是目前已经默认为 1/3 和 2/3。

K 值和 D 值的取值范围都是 0 ～ 100，而 J 值的取值范围可以超过 100 或小于 0。

通过指标的计算方法可以看出，RSV 的实质是反映当日收盘价的偏离程度。N 日内最高价 $-N$ 日内最低价得出的这个数值代表着一段时间内的极限波动幅度，而第 N 日收盘价 $-N$ 日内最低价得出的数值则代表着第 N 日时的波动幅度；两者相除，正好反映了第 N 日在极限波动区间所处的位置。当分子（第 N 日收盘价 $-N$ 日内最低价）的数值过小或过大（接近分母）时，表明第 N 日的波动幅处于极限区间内的低点或高点。我们可以将这个极限区间的中间值理解为平衡点。例如，N 日内最高价 10，最低价 2，则极限区间的幅宽就是 10-2=8，而平衡点则可以取数值 8 ÷ 2=4 这个位置。

殖后的 K 线是对 RSV 进行进一步处理，加强其灵敏性；D 线是对 K 线进行平滑处理后得到的，灵敏性弱于 K 线；J 线则不同，它反映的是 K 值和 D 值的乖离程度，它可以先于 K、D 值找出头部或底部。

8.4.4　超买超卖用法

KDJ 指标中有 3 条指标线：K 线、D 线、J 线。J 线最为灵敏。在价格经过一波快速的上涨后，若 K 值（或 K 值与 D 值）超过 80，往往表明短期内的市场处于超买状态；在价格经过一波快速的下跌后，若 K 值（或 K 值与 D 值）低于 20，往往表明短期内的市场处于超卖状态。简单来说，超过 80 是超买，低于 20 是超卖。

但是，由于超买超卖信号往往领先于价格走势出现，当超买状态出现时，个股短线上也许还能再度上涨，但涨幅一般较小、涨势乏力，应做好卖出准备。基于 KDJ 指标的领先性，我们发现，当 KDJ 指标由超买状态回落至 80 下方时，此时往往就是短线最高点；反之，当超卖状态出现时，个股短线也许还能再度下探，但跌幅一般不大，是短线上的空头陷阱，应做好买入准备，一般来说，当 KDJ 指标由超卖状态回升至 20 上方时，此时往往就是短线最低点。

当然，也要结合股价的波动来综合判断。如果短期波动幅度过小，则 KDJ 指标发出的超买超卖信号并不准确。下面结合实例来说明。

图 8-14 为海螺水泥 2019 年 8 月至 11 月走势图，在指标窗口中用虚线分别标注了数值 80、20 所在位置。如图所示，随着股价的大幅波段涨跌，当 K 线跌至 20 下方时，市场处于超卖状态，随后当 K 线回升至 20 上方时，就是短线买入时机；反之，当 K 线升至 80 上方时，市场处于超买状态，随后当 K 线再度回到 80 下方时，就是短线卖出时机。

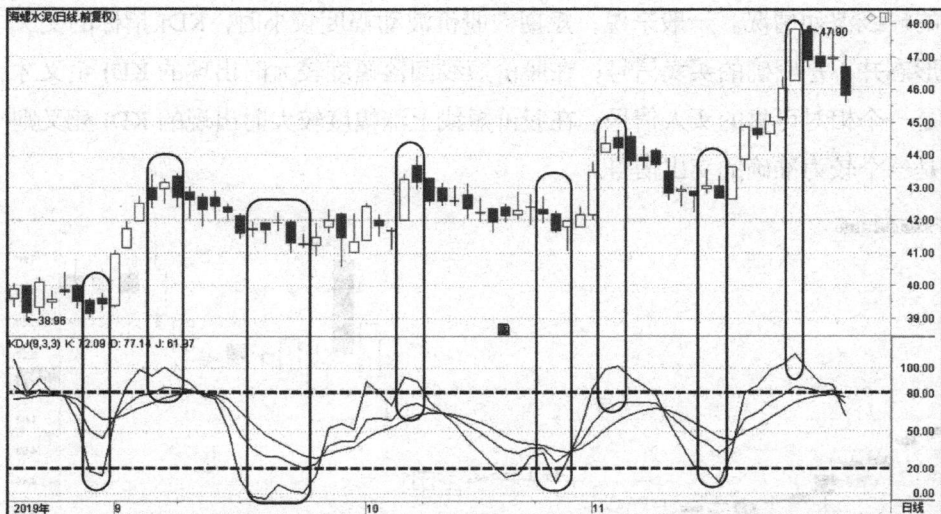

图 8-14　海螺水泥 2019 年 8 月至 11 月走势图

8.4.5　KDJ 指标线交叉用法

与 MACD 指标线相似，KDJ 指标线也有金叉和死叉形态。J 线向上交叉并穿越 K 线和 D 线，反映了短期内市场上的多方力量开始占据优势，若此时股价正处于阶段性的相对低点，并没有出现大幅上涨，则会是一次很好的短线买入时机。这时所出现的 J 线向上穿越 K 线和 D 线的形态就是我们常说的"KDJ 金叉"。J 线向下穿越 K 线和 D 线，反映了短期内市场上的空方力量开始占据优势，若此时股价正处于阶段性的相对高点，并没有出现大幅下跌，则会是一次很好的短线卖出时机。这时所出现的 J 线向下穿越 K 线和 D 线的形态就是我们常说的"KDJ 死叉"。

一般来说，金叉代表短线的波动方向向上，是买入时机；死叉则正好相反。但是 KDJ 金叉、KDJ 死叉是与价格走势同步的，因而，在利用这两种形态实施买卖操作时，应结合股价的波动把握最佳买卖点，特别是短线买入，应尽量避免追涨操作。

图 8-15 为广东榕泰 2019 年 7 月至 9 月走势图，图中标注了 KDJ 指标的金叉买入时机、死叉卖出时机。在利用这两种形态买卖时，一定要结合股价

的短线波动情况。一般来说，短期内股价波动幅度较小时，KDJ 指标的交叉形态并不是明确的买卖信号；在股价短线回落幅度较大时出现的 KDJ 金叉才是一个相对可靠的买入信号；在股价短线上涨幅度较大时出现的 KDJ 死叉则是一个较为准确的卖出信号。

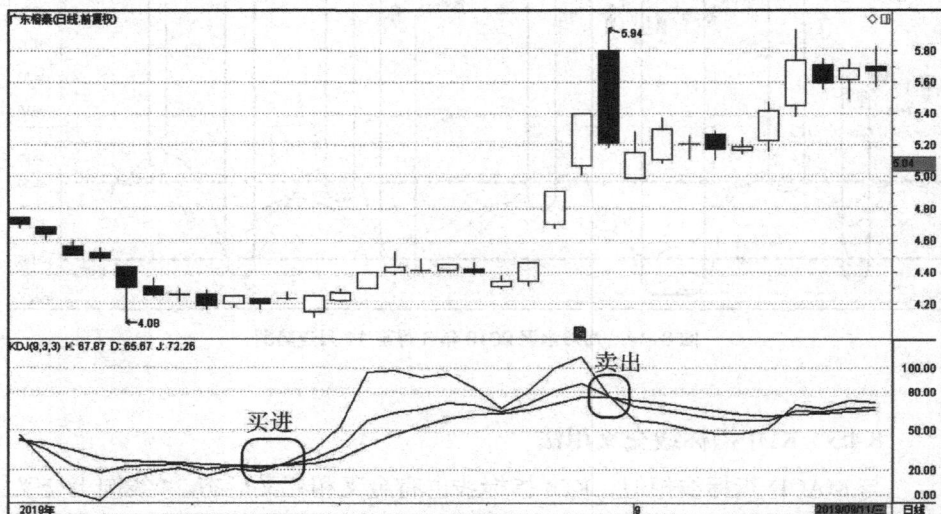

图 8-15　广东榕泰 2019 年 7 月至 9 月走势图

8.5　结合 KDJ 指标运用 MACD 指标

在实盘操作中，MACD 指标的波段买卖信号主要包括交叉、柱线变化、与零轴的位置关系等。有时，MACD 指标发出明确的买卖信号时，股价往往已出现了一定程度的短线上涨或下跌，此时再依据信号展开买卖操作，将较为被动。由于 KDJ 指标的灵敏性，它常在股价短线反转前就发出信号，因而，KDJ 指标可以很好地弥补 MACD 指标信号的迟滞性缺陷。

8.5.1　KDJ 指标交叉的领先性

我们知道，MACD 指标线的死叉形态是一个卖出信号。该信号结合 KDJ

指标，往往可以让我们在死叉形成之前实施卖出操作，进而更好地锁定利润空间。下面结合一个案例进行说明。

图 8-16 为新安股份 2019 年 8 月至 11 月走势图，在短线的高点，此时的 MACD 指标线并未形成死叉，DIFF 线仅仅是开始走平，柱线收缩趋向也不明朗，但同期的 KDJ 指标线却早已形成了鲜明的死叉形态，结合股价波动来看，这是一个短线卖出信号。利用 KDJ 指标的领先性，我们能提前把握短线卖出时机。

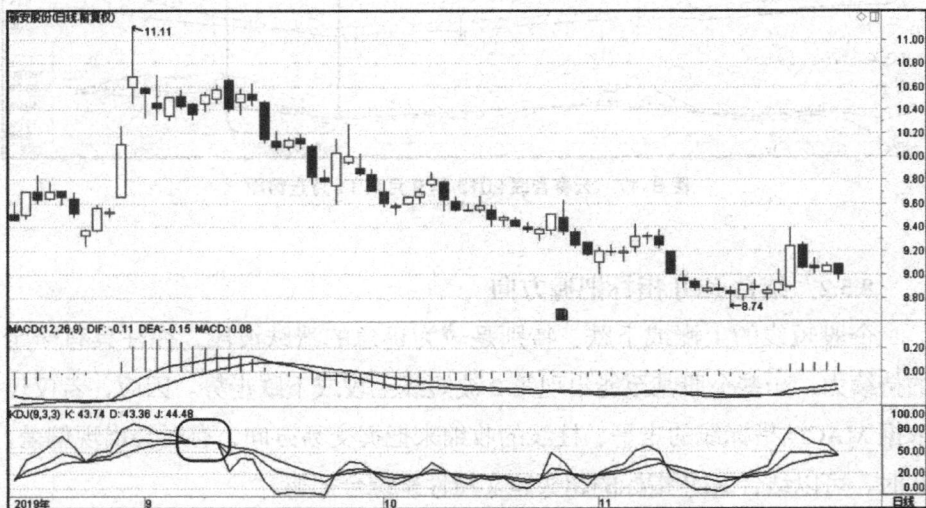

图 8-16　新安股份 2019 年 8 月至 11 月走势图

图 8-17 为云赛智联 2019 年 9 月至 11 月走势图，个股出现了震荡回落，此时的绿柱线有收缩趋向，但这并不是明确的短线买入信号，需要结合 KDJ 指标形态的变化来综合分析。如图中标注所示，KDJ 指标线形成了金叉，此时股价仍在震荡区低点，KDJ 金叉就是买入信号，预示着随后股价的回升。

从走势图中可以看到，当 MACD 指标线出现金叉时，股价短线已有小幅上涨，若能够事先结合 KDJ 指标形态进行研判，我们就可以实现更低点入场，从而占据主动地位。

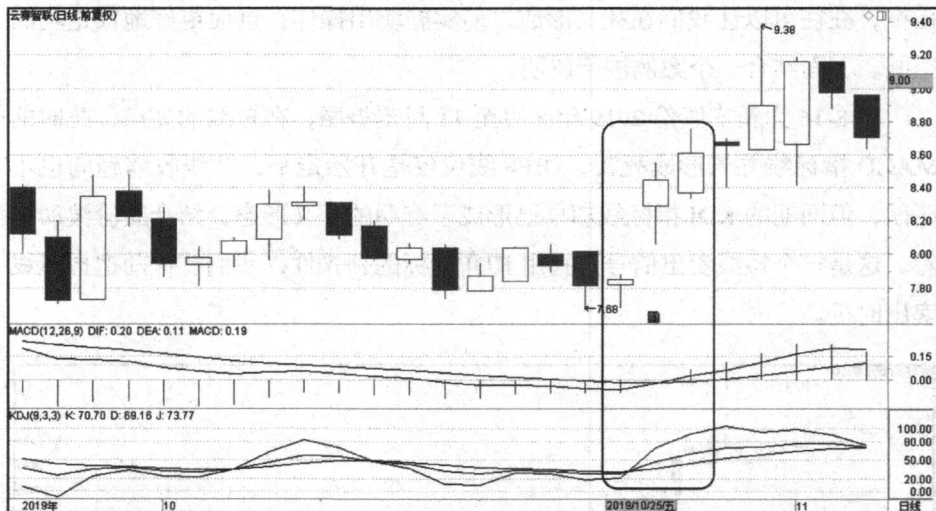

图 8-17　云赛智联 2019 年 9 月至 11 月走势图

8.5.2　结合 KDJ 指标把握方向

个股短线的上涨或下跌，特别是较为迅急的涨跌波段，往往具有一定的持续力，一些个股甚至能出现第 2 波短线上攻或下跌走势。因而，若仅仅依据 MACD 指标线的走平、柱线的收缩来把握交易方向，有时会出现偏差，此时，可以结合 KDJ 指标的超买超卖特性来综合把握。

当短线飙升与 KDJ 指标进入超买状态同步出现时，MACD 指标线走平及红柱线收缩就是明确的短线卖出信号；反之，当短线快速下跌与 KDJ 指标进入超卖状态同步出现时，MACD 指标线走平及绿柱线收缩就可以被视作反弹信号。

图 8-18 为丰华股份 2019 年 7 月至 10 月走势图，在 KDJ 指标窗口中用虚线标示了数值 80 的位置。如图中标注所示，这一波价格飙升使 KDJ 指标进入超买区间，投资者可以利用 KDJ 指标的变化把握股价反转的最高点，提前卖出。

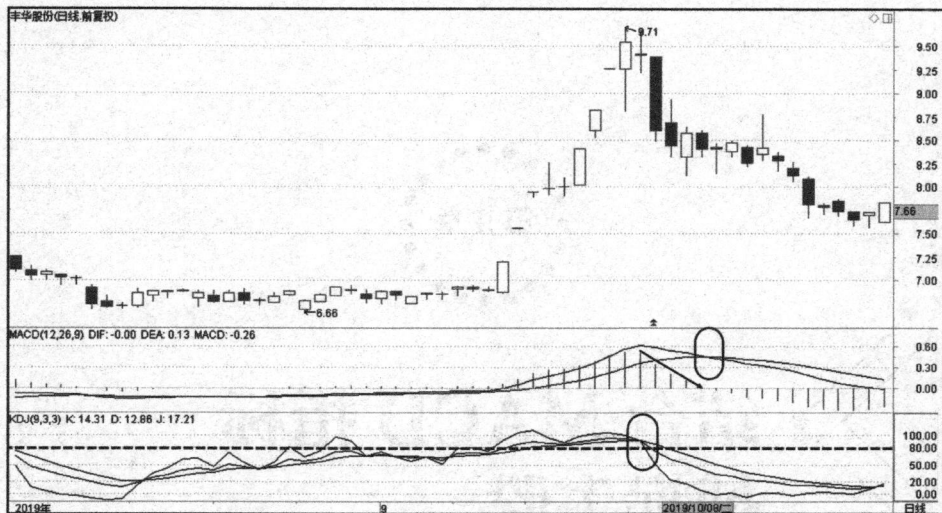

图 8-18 丰华股份 2019 年 7 月至 10 月走势图

第 9 章

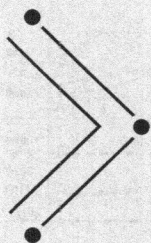

结合 MACD 指标
捕捉牛股

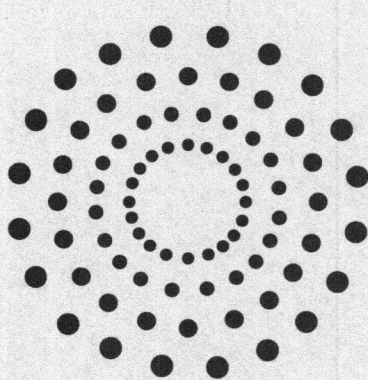

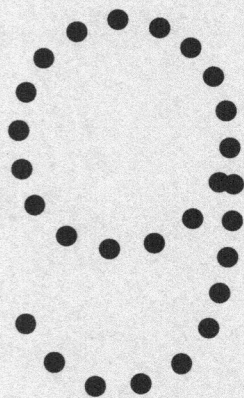

单独使用 MACD 指标可以分析多空力量的变化，把握波段意义上的买卖时机；在结合均线、量价、KDJ 指标等技术分析方法之后，MACD 指标的使用范围得到了进一步的拓宽。虽然前面各章主要讲解的是 MACD 指标能帮助进行短线交易，但实际上，MACD 指标还可以帮助我们分析市场资金对于一只个股的参与程度，进而预测黑马股的出现。本章，笔者将结合实战经验，讲解一些较为典型、能够预测牛股、实战性突出的 MACD 指标形态。

9.1　低位长期震荡蓄势

9.1.1　形态及含义

"低位区长期震荡蓄势"形态，顾名思义，是指个股处于中长期的低位区，中短期内的跌幅较大，此时的股价处于低点，MACD 指标线也处于零轴下方的低点；随后，价格走势企稳，呈长期震荡整理状态，随着震荡的持续，股价重心略有上移，这一过程就被称为"震荡蓄势"。

震荡蓄势可以看作是多方力量不断积蓄的一个过程，也是孕育牛股的一个环节。但如何了解多方力量是否积蓄充分、个股震荡整理何时结束呢？依据 MACD 指标形态进行判断是一个好方法。

在同期的震荡整理过程中，MACD 指标线会由零轴下方向上运行，角度缓和、持续时间长，与震荡整理同步行进。随着指标线的上扬，DIFF 线最终运行于零轴上方，并且会在零轴上方保持较长一段时间。这代表着多方力量已经处于总体占优的格局，上涨行情随时有可能展开。我们可以选择在股价短线回调、获利盘有所释放的位置点买入，看长做短，这样既可以耐心、安稳地中线持股，也可以结合股价波动进行波段交易。

9.1.2　实盘案例跟踪

图 9-1 为新世界 2019 年 4 月至 11 月走势图，个股在深幅下跌后的低点

出现了震荡企稳走势，震荡时间长，充分蓄势，为个股随后脱离大盘打下了良好基础。操作上，当 MACD 指标线经历了漫长的上扬并最终运行于零轴上方时，我们就应及时关注了。此时的多方力量应该已积蓄充分，当股价短线回调、DIFF 线回踩零轴时，就是一个很好的中短线买入时机。此股随后的中长线走势强，也就是说，这种形态预示了牛股的出现。

图 9-1　新世界 2019 年 4 月至 11 月走势图

9.1.3　交易思路与策略

当然，任何一种指标形态、技术形态，都并非一定能预示牛股的出现。牛股的出现既需要自身的优势基因，也需要大市环境的配合。在捕捉牛股时，我们一要看个股，通过特定的个股形态缩小选股范围；二要看大盘，稳健运行，至少不出现系统性暴跌风险的大盘是牛股出现的基本条件。

对于 9.1.2 小节的案例来说，个股深幅下跌之后，有基本面和技术面支撑，大盘指数下跌空间较小，这些都说明其后期稳步上扬概率较大。在这样的情况下，认真分析、积极布局就是一种很好的交易策略。

9.2　大波段同步收敛

9.2.1　形态及含义

"大波段同步收敛"形态在股价走势上表现为，个股先出现一个相对大级别的上涨波段，同期的 MACD 指标线由零轴下方跃升至零轴上方；随后，股价走势与 MACD 指标线同步反复震荡回落，上下波动幅度逐渐收窄；将 MACD 指标线波动过程中的高点、低点分别相连，会得到一个收敛三角形；同样，将股价波动中的高点、低点分别相连，也会得到一个收敛三角形。

最初的大波段上涨起始于低位区，可以看作是主力资金加速入场的信号，但这只是一个波段式的上涨；随后反复震荡回落，个股的累计涨幅收窄，这个过程往往就是主力资金进一步吸筹、缺乏耐心的散户卖出离场的过程；随着震荡收敛的持续，我们可以发现 MACD 指标线向上不断靠拢零轴，而这正是多方力量不断增长的信号。此时的股价较低、波动幅度小，价格走势有望再度迎来大级别的方向性选择，而开启突破上攻行情的概率无疑更大。

9.2.2　实盘案例跟踪

图 9-2 为哈药股份 2018 年 10 月至 2019 年 4 月走势图，图中用虚线分别标注了股价波动过程中的收敛趋向和 MACD 指标线波动过程中的收敛趋向。两者在运行趋势上同步收敛。而且随着震荡的持续，可以发现 MACD 指标线正靠拢零轴，当收敛达到极致，MACD 指标线也接近零轴（或围绕零轴）运行时，就是个股运行再一次面临方向选择的时间点。此股有业绩支撑，符合当时市场中受追捧的白马股的特征，估值合理，技术形态配合，因而投资者可以买股布局。

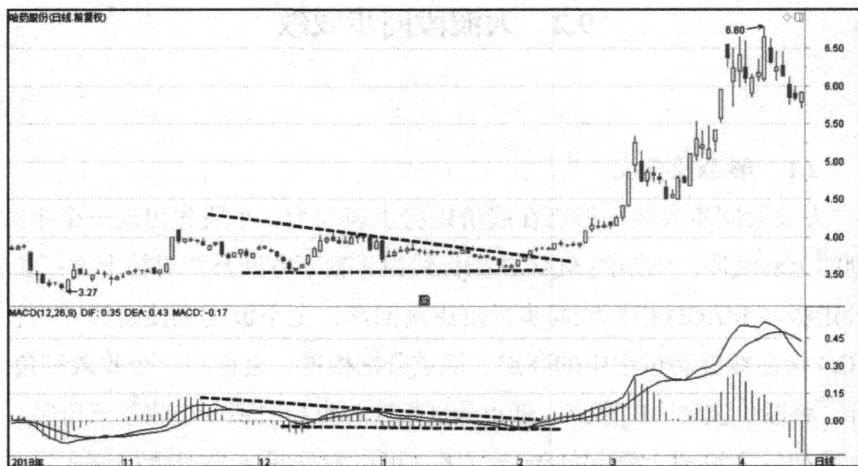

图 9-2　哈药股份 2018 年 10 月至 2019 年 4 月走势图

9.2.3　交易思路与策略

有时候形态相似，市场含义却不尽相同，因此在应用某种形态时，我们要注意这种形态构筑过程中是否出现了与市场含义相悖的组合形态。否则，盲目地套用形态，在没有捕捉到黑马股的情况下，反而可能出现严重亏损，这也是股票交易技术更注重综合分析多种指标的原因所在。下面我们结合一个案例来看看如何避免盲目套用形态，规避风险。

图 9-3 为上海凤凰 2018 年 12 月至 2019 年 11 月走势图，通过图中画出的虚线，可以看到，在反复波动过程中，此股也出现了这种"大波段同步收敛"形态，但是，在波动幅度大幅收窄、MACD 指标线接近零轴时，股价却开始掉头向下并跌破了中长期均线 MA60。结合前面的讲解，MA60 是中长线意义上的多空分水岭，如果收敛后的市场格局为多方占优的话，那么，股价是可以快速回升至 MA60 上方的，但这只个股的走势显然并不是这样。另外，此股在收敛过程中还有一个形态特征值得注意，这一点是决定我们随后的交易选择的重要参考。

经过以上详细分析，可以看到，此股出现的这种收敛形态并不预示着牛股的出现，它仅仅是个股被动跟随大盘上下起伏的结果。在最终收敛后的窄幅波段点，股价也没有支撑力，随着大盘的弱势震荡，破位下行的概率还是较大的。

图 9-3　上海凤凰 2018 年 12 月至 2019 年 11 月走势图

9.3　整理区大跃升二度翻红

9.3.1　形态及含义

"整理区大跃升二度翻红"形态，是指个股处于中长期的低位区，MACD 指标线向下远离零轴，此时柱线为零轴下方的绿柱线，股价在低位区以上下波动幅度较小的整理走势为主，同期的 DIFF 线以较大的角度、幅度持续上扬，并最终靠拢（或突破）零轴，这是 MACD 指标线出现的大跃升和柱线第 1 次翻红；随着震荡的持续，MACD 指标线小幅度回落，红柱线收缩变成绿柱线，但持续时间很短，柱线再次翻红，这就是二度翻红。

窄幅的整理与 MACD 指标线的大跃升，两者并不同步，MACD 指标线的"进攻"角度更激进，而这也体现了资金的入场力度较大、多方力量快速转强。一般来说，这种形态往往与主力的参与有关。窄幅的整理式波动、量能的温和放大，正是主力在低位区稳步吸筹的一种盘面表现。

MACD 指标线大幅跃升至零轴附近，并随着股价震荡整理而出现柱线第 2 次翻红，表明短期内的调整已结束，个股有望在主力的带动下开启上攻行情。

9.3.2　实盘案例跟踪

图 9-4 为海尔智家 2019 年 6 月至年 11 月走势图，个股在低位区就出现了这种股价整理、MACD 指标线大幅跃升的组合形态，当柱线随着震荡的持续出现第 2 次翻红的时候，表明个股距离突破启动的时间越来越近，此时是较为理想的买股时机。

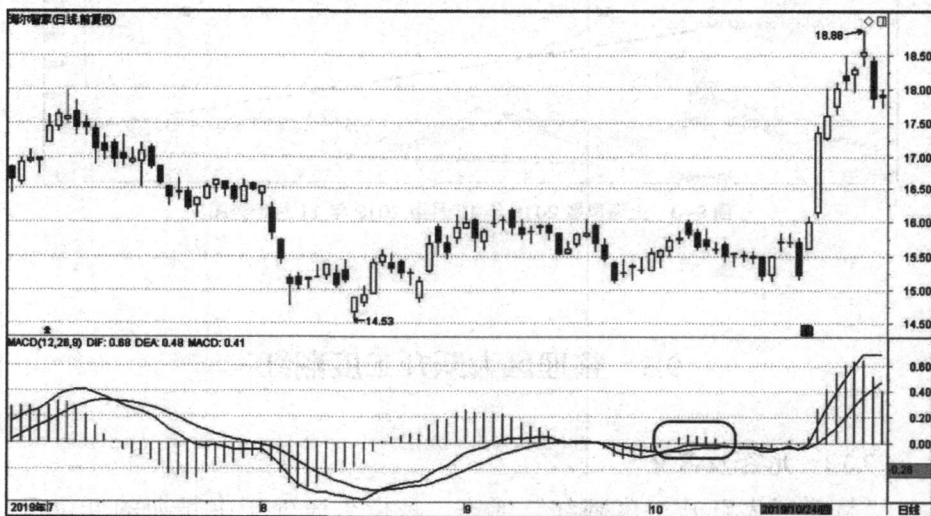

图 9-4　海尔智家 2019 年 6 月至 11 月走势图

9.3.3　交易思路与策略

为什么要等到第 2 次翻红时才买入？结合大量的案例形态来看，这样做有两个好处：一是可以避免买得过早，增加时间成本；二是有可能在更低的价位买入。

随着震荡的持续，股价重心有下移倾向，从走势上来看，这使得个股有向下破位的可能，毕竟前期的市场以下跌走势为主，此时的整理也难免会成为一次跌途中的整理。为了规避纯粹技术分析可能带来的风险，同时也为了不错失捕捉牛股的好机会，我们还应结合基本面展开操作，因为对于捕捉黑

马股的交易方式来说，应该更注重布局、持有，而不是持股时间过短的波段
操作。

图 9-5 为大商股份 2019 年 3 月至 11 月走势图，个股在经历了漫长的下
跌之后，企稳了一段时间，此时的 MACD 指标线大幅回升至零轴附近，随
后，股价继续震荡且重心下移，同时柱线二度翻红。但从个股日 K 线形态
来看，股价一直处于走势低迷且有破位下行趋向的状态，此时是否应该买
入呢？

图 9-5　大商股份 2019 年 3 月至 11 月走势图

依据个股的累计跌幅、整理区大跃升二度翻红形态来分析，个股有望成
为牛股；但依据日 K 线形态来看，直观的感觉是要破位。在难以做决定的
时候，基本面和估值就是一个很好的切入点。大商股份 2019 年 3 季报显示，
每股净资产超过 30.36 元，公司业绩也相对稳定，估值上处于历史上的相对
低估状态，对于主力来说，是有着较强吸引力的。可以说，个股破位下行的
空间极其有限，而且日 K 线图给人的直观感觉往往并不可靠，它常与大众的
思维习惯相悖。

综合以上种种因素，经过仔细分析、推断，个股在出现柱线二度翻红时
是一个很好的买入时机，此时的价格低，买入后可以放心、耐心地持有。

9.4　反转沿 MA5 的单日下跌

9.4.1　形态及含义

"反转沿 MA5 的单日下跌"形态是指个股在低位区震荡之后，开始反转上行，沿着 MA5 缓慢攀升，每个交易日的收盘价都位于 MA5 上方，MACD 指标窗口中的柱线一直保持为相对较短的红柱线，并且 MACD 指标线缓慢上扬并最终向上突破零轴。在沿 MA5 缓慢攀爬的过程中，某个交易日出现大阴线，使收盘价跌至 MA5 下方，但是次日及随后几日均收于小阳线，股价再度于 MA5 上方站稳。

这是一种借助于 5 日均线捕捉牛股的交易技术。在低位区的上涨波段，股价能够攀附 MA5 缓缓上行、收盘价一直位于 MA5 上方，这是有资金在缓缓流入个股的标志。同期的 MACD 指标线也慢慢攀升至零轴上方，虽然此时的个股累计涨幅较小，但多方力量已经占据了主导格局。当单日的阴线被随后多条小阳线快速修复时，就是对此股有主力资金参与的进一步验证。此时，个股刚刚突破低位整理区，累计涨幅较小，我们可以积极地布局这类有潜力成为牛股的优秀品种。

9.4.2　实盘案例跟踪

图 9-6 为大商股份 2019 年 1 月至 3 月走势图，个股在反转时的攀升十分稳健，除了单日的阴线跌破了 MA5，其他交易日均是小阳线运行于 MA5 上方，这种走势并不仅仅是因为大盘的带动，还因为个股的运行有着一定的独立性，这说明主力参与的概率极大。

若没有主力的积极参与，个股的单日阴线之后，很难马上出现连续小阳线快速修复的走势，而这条阴线，在技术形态上则可以视作一次短暂的下跌回落。结合同期 MACD 指标线在零轴上方攀升来看，多方力量已开始总体占优，个股的上升节奏由缓升转变为加速上升的概率较大。操作中，可以积极地买股。

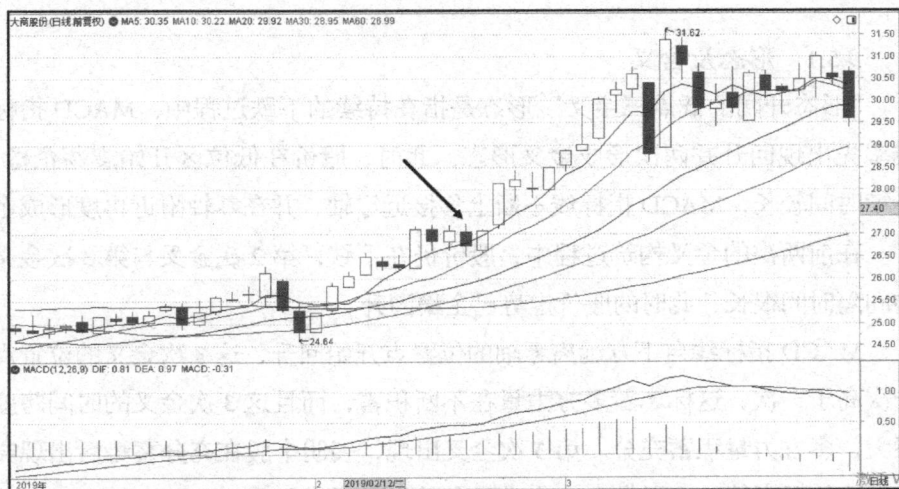

图 9-6　大商股份 2019 年 1 月至 3 月走势图

9.4.3　交易思路与策略

在利用 MACD 指标捕捉牛股时，我们总要借助一些其他的技术形态，例如前面提及的量价、均线等；而且，形态上近似牛股并不一定预示着该股是牛股，有的时候，风险股也会出现所谓的"牛股形态"。可以说，捕捉牛股绝不能只依靠一个简单的形态，它需要对技术分析方法加以综合运用。

特别需要我们注意的是，当风险警示形态和"牛股形态"同步出现时，前者往往更为准确。风险警示形态可以分为短线的回落及中线的破位，无论是哪一种，都侧重于关注市场中的卖方行为。结合个股运行来看，卖方行为无疑更为可靠，因为股市中的风险情绪总是比获利情绪来得更为强烈。

了解了股票市场的这种特征之后，我们在捕捉牛股时就要做好充分准备，不能抱着"股票不涨我不卖"的心态来交易，而且要严格地控制好仓位；否则，一次错误的预测就很可能让投资者遭受本金与时间的双重损失。

9.5　形态开阔的低点三金叉

9.5.1　形态及含义

"形态开阔的低点三金叉"形态是指在持续的下跌过程中，MACD 指标线率先出现回升并两次形成金叉形态，此时，股价在低位区开始震荡企稳，持续时间较长，MACD 指标线不断上移接近零轴，并在零轴附近再度形成金叉。在前两次的金叉构筑过程中，股价仍在下跌；第 2 次金叉与第 3 次金叉的间隔时间很长，此时的股价走势已企稳回升。

MACD 指标线自下方远离零轴的位置点开始回升，这 3 次金叉的位置点一次高于一次，这标志着多方力量在不断积蓄，而且这 3 次金叉的时间跨度很大，多方力量积蓄充分。第 3 次金叉出现，表明个股在充分蓄势后出现突破上攻的概率较大。操作中，此时可逢震荡回落买入。

9.5.2　实盘案例跟踪

图 9-7 为世纪星源 2019 年 3 月至 9 月走势图。如图所示，前两次金叉与股价走势背离，这是多方力量开始慢慢转强的信号；随后，经历了长期的横向震荡再度出现金叉且这次金叉接近零轴，这是多方力量积累充分、多方已明显占据主动地位的标志，也预示了随后突破上攻行情的展开。

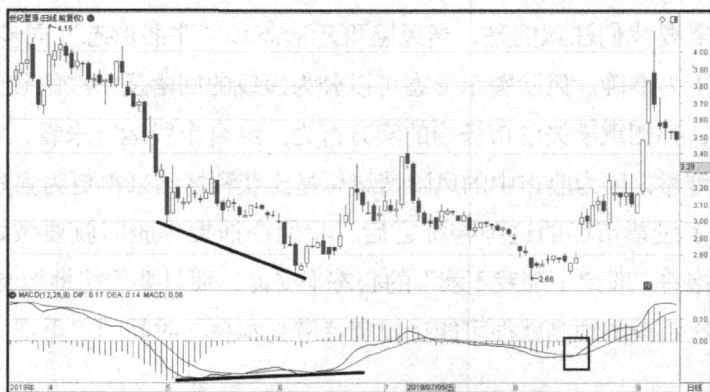

图 9-7　世纪星源 2019 年 3 月至 9 月走势图

9.5.3 交易思路与策略

在中期底部，多方力量的积蓄往往需要较长的时间，但是，横向的震荡走势并不一定意味着有资金持续入场，如果没有资金推动，个股的大幅上攻行情就很难展开。而借助于这种一次高于一次的形态开阔的低点三金叉形态，我们就可以更好地辨识市场内的资金变化，进而实施买股布局操作。

实盘分析中，我们还可以借助 MA60 的趋势指向作用进行研判。当"MACD 指标线的第 3 次金叉"与"股价站稳于 MA60 上方"这两种形态同步出现时，它所预示的上攻行情往往更为准确。

9.6　周线放量金叉回踩 DEA

9.6.1　形态及含义

周线对于分析价格走势的中级运行有着重要的意义，它可以过滤掉日线上的偶然波动，让我们更为清晰地看到多空力量的变化，进而把握方向。

"周线放量金叉回踩 DEA"形态是将 MACD 指标形态运用于周线的分析，放量上攻的同时 MACD 指标线出现金叉，代表着资金的入场，此时的 MACD 指标线位于零轴下方、股价处于低点，一旦场外资金大力入场，个股后期走势看好；随后，因多空分歧，股价出现回落，当 DIFF 线回踩 DEA 线而又连续数周未跌破 DEA 线时，这表明个股在此位置点的市场承接力很强，随着多方力量的进一步积蓄，后期有望出现大级别的上攻行情，可以积极地买入布局。

9.6.2　实盘案例跟踪

图 9-8 为中远海能 2018 年 5 月至 2019 年 11 月走势图。这是一张周线走势图，个股在低位的连续两周放量上攻形态十分鲜明，这是资金入场的信号；而且这也是个股长期下跌途中第 1 次出现周线 MACD 金叉形态，市场多空格局已经发生变化。但筑底有一个反复震荡的过程，我们可以等到

DIFF 线回踩 DEA 线、股价二次探底确认时再买入，这样既可以结合个股的波动博取短线利润，也可以用中线的思路耐心持股待涨。

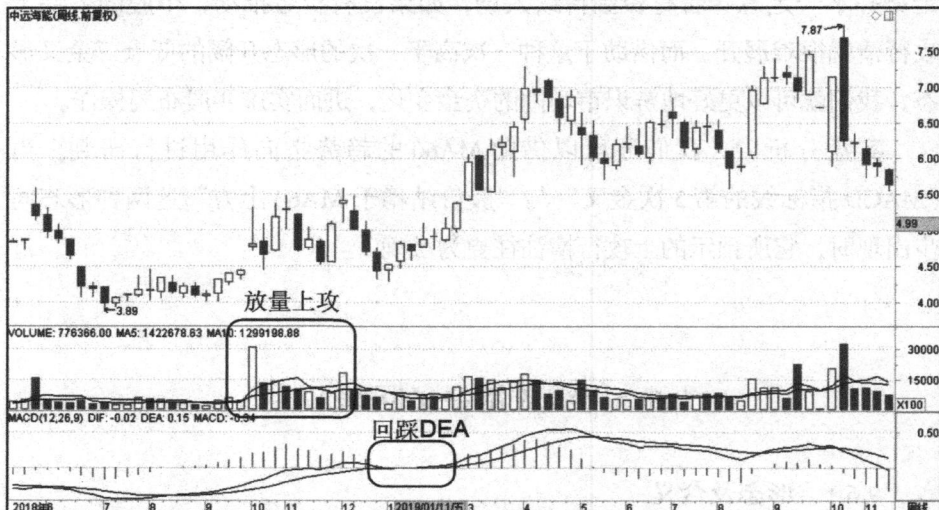

图 9-8　中远海能 2018 年 5 月至 2019 年 11 月走势图

9.6.3　交易思路与策略

我们知道，日线的 MACD 金叉代表短期内多方已占据主动地位，波动向上的概率大；周线 MACD 的金叉则是中期内多方力量开始占据主动地位的信号，随后出现中期上涨行情的概率大。但是，由于筑底是一个反复的过程，操作中，我们宜等待股价回落二次探底时再入场。

结合大多数个股出现的周线 MACD 指标形态来看，在深幅下跌之后，若 MACD 指标线形成金叉且金叉此时位于零轴下方较远处，则见底的概率很大。但在买入时不宜急于抄底，应等待股价回落、DIFF 线回踩 DEA 线，这时才是较好的入场布局时机。

第 10 章

打造 MACD 交易系统

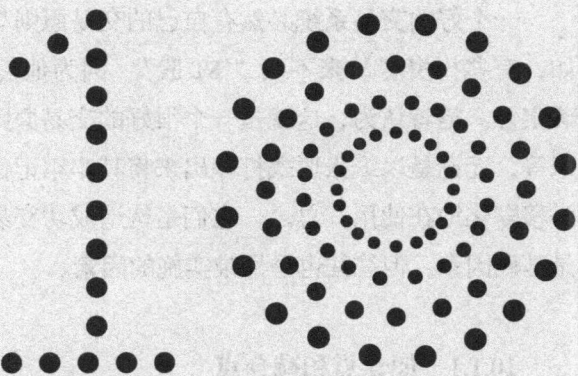

MACD 交易系统，是一种炒股的交易系统。构造一个成功率高的交易系统不仅要求有技术分析能力，还需要具备自己的交易风格、纳入风险意识、把握策略等。没有一个完善的交易系统是很难遨游于股市中的。

一些投资者似乎并没有严格的止损价位、精密的交易策略，但却总能让自己全身而退、屡屡有所斩获。其实，这与不断的经验积累、能力提升有关，他们早已将交易系统融入每笔交易之中，即使在买入前不考虑止损价位，但只要看看 K 线、基本面、市场表现，就可大致了解风险情况，从而决定是否买入。这是一种对交易系统的潜意识运用。当然，大多数投资者的经验与能力尚未达到这个水平，所以，有必要了解构造一个成功交易系统的种种要素。本章就是以此为目标，力图帮助读者更好地展开交易，真正地理解自己的每一笔交易行为。

10.1　交易的原则、策略

一个好的交易系统必然有自己的交易原则与策略，特别是风险意识。例如，有些投资者从来不买 "*ST 股"，因为他们认为这类股票有着太多的不确定性。笔者认为，这就是一个很好的交易原则。交易原则、策略、风险意识等，无论是以纸张形式打印出来将其牢牢记住，还是早就因为经验丰富已潜移默化地在使用，总之，它们是构造成功交易系统必不可少的因素，而且是基础因素，但往往也是最难实施的因素。

10.1.1　加仓点和减仓点

塔韦尔斯的《商品期货游戏》对资金管理这个问题有一番精彩的评论，把保守的交易风格推崇为最终取胜之道，"……甲交易者成功的把握较大，但是其交易作风较为大胆，而乙交易者成功的把握较小，但是他能奉行保守的交易原则。那么，从长期看，实际上乙交易者取胜的机会可能比甲更大。"

仓位控制，其实就是资金管理，它是指控制每笔交易投入的资金量，合理分配资金并以此控制风险，保存交易的实力。当我们买入一只股票时，是全仓介入，还是半仓，或是少量参与；当我们卖出一只股票时，是一次性清仓离场，还是分几次来实施。资金管理看似简单，然而很多投资者在实盘操作中，却常常是重仓买卖，这虽然极有可能提高收益率，但是也成倍地放大了交易风险。因而，我们要有一个好的交易习惯，一是尽量不要重仓买卖一两只股票，要分散风险；二是结合股价波动来控制仓位，实现仓位的滚动调度。其中，结合股价波动控制仓位常用到分散布局的方法及金字塔调度方法。

1. 分散布局的方法

将全部资金压在一两只个股身上，期望其成为"大黑马"，这往往是一种碰运气的交易方法。当我们将精力更多地放在手中持有的一两只个股上时，往往会忽略市场上的其他热点，从而错失更好的短线机会。

而且，重仓买卖一两只个股还存在一种潜在的非系统性风险——个股"黑天鹅事件"风险。大盘走势往往是较为稳健的，但个股却未必，很可能就会因为一些利空消息，例如大股东减持、业绩造假、重组失败等因素而出现股价暴跌。

分散布局的具体做法是，可以采用长短结合的交易策略，即中长线布局一些有潜力、有业绩的个股，让账户资金状态稳定；短线上则可结合市场热点，参与一些题材品种。一旦我们成功地捕捉到了短线黑马股，我们的账户资金增值速度就会加快。而且，即使一笔交易出现错误，对整个账户的影响也不大，这样，我们在操作上就会更主动，交易上也能更好地进行理性判断。通过这种分散布局的资金管理策略、一长一短的交易方式，我们就可以实现在股市中稳定获利，并且获利幅度明显高于市场平均回报的愿望。

2. 金字塔调度方法

金字塔调度方法包括金字塔加仓法和倒金字塔减仓法。

金字塔加仓法也称为累进加码方法。这一方法主要应用在行情抄底时，当投资者对底部预判正确，买入部分仓位之后，可以实现利润的滚动增长。

金字塔加仓的过程大致是这样，假设投资者在 A 点买入了股票；随后，股价上涨，这笔交易处于获利状态，由于升势刚刚展开，投资者仍然看涨后市，就可以在价位更高的 B 点加仓，但此时的买入金额应少于 A 点；当行情涨至 C 点，投资者认为这不过是这轮涨势的中间点，于是再次加仓扩大战果，但买入金额少于 B 点；临近顶部才完全平仓，获利出局。

金字塔加仓法远比平均加码法更为有效，因为金字塔加仓法在低点买得多，高点买得少，既增加了利润，又规避了错误加仓带来的风险。

想要正确应用金字塔加仓法，有 3 点是必须要注意的。

第一，赚钱时才加码，因为赚钱时加仓属于顺势而行，顺水推舟。

第二，不要在同一个价位附近加仓。

第三，不要采用倒金字塔加仓法，即加仓的分量只能一次比一次少，这样才能保住前面的收益；如果加仓分量一次比一次重，很可能会导致一次加仓错误就使之前的收益全都损失掉，甚至出现亏损。

倒金字塔减仓法正好相反，它可用于逃顶时。在获利较为丰厚的情况下，投资者也面临着两难选择：是让利润尽情增长，还是注重风险、清仓离场。此时不妨采用倒金字塔减仓法，即首次减仓的数量可以少一些，因为就实际情况来看，我们能在最高点卖出的概率是极小的；随后，个股若再度下行，我们则可适当增加减仓的仓位，直至最终清仓离场。这种减仓法很有实战价值，能让我们在降低风险的情况下，尽可能多地获取利润。

10.1.2　止损点和止盈点

股票价格走势充满着变数，当我们预测成功时，要懂得见好就收、锁定利润，这是止盈；当我们预测错误的时候，也要学会及时纠错，这是止损。

止盈止损不是简单的主观臆测，而是在我们难以判断个股后期走向的时候才需要采取的方法。特别是止损，在我们实施了一笔买入交易后，应设立适当的止损价，以保证我们的本金不会因价格的反向运行而蒙受过大的亏损。

止损的重要性，从实盘上的亏损率来分析或许更能有所感悟。当你的资金从 10 万元亏成了 9 万元时，亏损率是 $1 \div 10 = 10\%$；此时，你从 9 万元再恢复到 10 万元需要的盈利率只是 $1 \div 9 \approx 11.1\%$，这似乎并不难。但亏损总是在不断加大的，而且，一些个股跌起来很难见底，在弱市下，亏损率超过 50% 的个股比比皆是。如果你从 10 万元亏成了 5 万元，亏损率是 50%，那么需要股价上涨 100% 才能回本。要想在随后可能出现的震荡行情或上升行情中坐稳一只股价上涨 100% 的黑马股，这可是非常困难的。换句话说，如果我们有这样的能力与运气，或许当初就不会买到这样的个股，也不会亏损 50% 了。

有一个较为合理的亏损率——5%，它使我们不至于因价格的小波动而被"洗"出去，也能尽可能保护本金安全。例如，在追涨时，如果个股在我们买入后又下跌了 5%，这证明个股也许并不如我们想象的那样强势，这是一笔错误的交易；在抄底时，这表明当前的点位支撑力并不强，否则也不会再跌 5% 了。

止损价的设立更多地取决于我们愿意承担多大的风险。当然，止损价的设立也并非固定了就好。止损价的设立也是一门艺术，它需要结合同期的股市走向情况、个股的走向情况等因素来设定，此外，还要考虑这笔交易所投入的资金量。如果个股的股性较活跃，易见大起大落的走势，并且我们投入的资金量较多，则止损价应设在离买入价近一点的位置，这样可以降低一笔交易所承担的风险。反之，则可适当地放宽止损价。

10.1.3 顺势交易的策略

在市场上，投资者要"永远顺着趋势交易，决不可逆趋势而动"，或者说"趋势即良友"。顺势而为可以说是证券交易市场中的基本原则和经典操作理念。股票市场充满着智力与心理的挑战。失败的交易者常常会抱怨"跌了这么多，该涨了"或"涨了这么多，该跌了"。要知道，市场不会因为你的个人意见而发生改变，市场的走势是受到多数人影响的，投资者要做的就是看准大势，顺势而为。

顺势交易会轻松获利，逆势交易则会吃力不讨好。但趋势的运行并不是那么好判断的。当市场资金充足、节节攀升的时候，我们可以适当多买入一些，这种情形并不常见；当市场遇冷、节节下滑时，我们则应保持足够的耐心，等待市场回暖；当我们发现市场的走势并不明朗、充满变数的时候，则应控制好仓位，设立好止盈、止损价位。总之，应以顺势策略展开交易，而不是被市场牵着鼻子走。

10.1.4　综合分析的策略

股票交易绝不是盲目进行的。在进行一笔交易之前，投资者必须下功夫研究所要交易的个股的情况，比如个股近期的走势、成交量、大盘走势、基本面情况等。这就要求投资者不能单纯依靠别人的观点来下决断。

在股票投资分析中，最重要的两种分析方法是基本因素分析和技术分析。基本因素分析方法和技术分析方法各有所长、互为补充，加上股票市场有许多因素相互制约和影响，因此盲目偏信某一个因素或指标，都有可能形成错误的判断，给自己造成直接的经济损失。

投资者既要理解并学会运用多种分析方法，也应学着将这些分析方法综合起来，组合运用。当多种分析方法均发出买入信号时，这是买点的"共振"，此时实施买股或加仓操作，成功率显然更高；反之，以保护本金安全为核心，当某种分析方法发出卖出信号时，并不需要多种分析方法在卖点上发出"共振"，就应减仓或卖出。

10.1.5　现金为王的策略

股市永远不缺少机会，手中持有现金将永远处于主动地位，因此对于胜算不高的交易，要尽可能避免。我们不能看着这个股票涨停了就想追涨，也不能看着那个股票短期回调幅度较大就想抄底。当我们没有较大的把握时，持有现金才是最好的选择。但是在股票市场中，能真正秉持这一策略的人却并不多。因为即使市场没有大的行情出现，每日也会有小的波动能为投资者带来收益，这让投资者有一种跃跃欲试的冲动。殊不知，在没有把握的情况下就参与进去，风险是很大的。

"现金为王"的策略与"危机投资法"有相似之处。其基本思路是，在投资市场处于正常状况时，不进行任何投资活动，只将钱存入银行，坐享稳当的利息收入，耐心地等待时机，不可心急；当期货或股票投资市场循环到谷底，市场中的每一个人都悲观失望，看不到市场有任何起色时，你再参与进去，随着时间的推移，一旦牛市来临，你的利润将十分丰厚。现金为王的策略告诉我们一个投资市场颠扑不破的真理，即手中有现金，永远有机会。

10.1.6　提升交易素质

再好的原则、策略，若不能很好地运用也是没意义的，成功的股票交易最终还是取决于交易者本人。威廉·江恩，美国证券、期货业著名的技术分析大师，他不仅是一位成功的投资者，还是一位智者和伟大的哲学家。江恩认为，成功的投资者应具备 5 种素质：知识、耐心、健康、资金、胆识。

1. 知识

金融市场固然令人心动，但这是一个专业性较强的领域，即使是专业人士也往往会迷失方向，更何况不了解它的新手。知识是我们理解并把握金融市场运行状况的前提条件，没有足够的知识，我们无法理解股市中的消息面，无法解读宏观经济的运行，无法以史为鉴，也无法预测股市的走向。

2. 耐心

这是成为成功投资者最为重要的资质之一。股市天天有机会，但我们能力所限，不可能把握住每个机会，我们只能捕捉到那些属于自己的少量机会。因而，在看不准行情、拿捏不定的时候，我们一定要有耐心，万不可盲目出击，这是等待机会的耐心。又如，你很看好一只股票，但它可能在你买入很久之后才步入升势，如果缺乏耐心，就会提前卖出。很多技术出众但性格急躁的投资者难以在股市获利，原因就在于他们缺乏耐心。

3. 健康

金融市场的波动幅度是巨大的，任何人都有犯错的时候，我们要有较强的心理承受能力。同时，由于进行股票等证券交易还需要投入大量的时间与精力去观察、分析，这就意味着拥有强健的身体、敏锐的思维是我们成功的必备条件。换句话说，即使在股市中获利了，但却失去了健康，那这种交换也是极不划算的。因而，在参与股市交易时，我们不可过于忘我，劳逸结合才是智者的行为。

4. 资金

"巧妇难为无米之炊"，我们可以使资产增值、裂变，但却不能"无中生有"。资金是我们参与交易的必备要素，只有当我们有一定数量的资金，才能凭借丰富的知识、足够的耐心等自身能力获利。

5. 胆识

成功者总有丰富的经验，其中既包括成功的经验，也包括失败的经验。金融市场是一个变幻不定的市场，它的走势往往出人意料，没有人能有100% 的获胜把握。风险投资充满了不确定性因素，如果缺乏胆识，长期处于既怕跌又怕涨的心态，则说明该投资者不适宜参与股票市场交易。

好的心态也是成功交易者的必备素质，而且，这是一个核心素质。成功的交易者都有一颗强大的心，在面对失败时，他们不会躲避，而是勇敢面对。"风雨之后见彩虹"，这个道理很简单，但当看到眼前的亏损时，真正能如此淡定、如此坚持的投资者恐怕并不多。我们都知道，炒股要有一颗平常心，在操作上既要有持股的耐心，也要有持币的耐心。笔者在此不做过多的论述。

10.2　短线交易系统

利用 MACD 指标构筑短线交易系统，就是要对 MACD 指标的一些具体波动形态进行抽象概括，得到具有指导意义但又不失准确性的分析模型，进而实施仓位调度。一般来说，可以从 MACD 指标线的形态、柱线变化方式、与零轴的位置关系等方面着手。本书前面的章节中对于 MACD 指标的短线交易中的一些具体的实战形态已做了较为详尽的讲解。本节我们将主要以概括的方式，将一些具体形态抽象化，以了解其内在的市场含义，看看如何利用它们控制交易仓位、交易方向，并以此作为建立 MACD 指标短线交易系统的基础。

10.2.1 结合柱线伸缩控制仓位

MACD 指标中的柱线最为灵敏，它往往走在价格之前，是我们短线上抄底逃顶必看的一个数据。柱线的变化主要有 4 种：红柱线伸长、缩短，绿柱线伸长、缩短，红柱线缩放不明显，绿柱线缩放不明显。

"红柱线缩放不明显"这种形态代表价格走势多处于缓升之中，应持股待涨，不必过早减仓。

"绿柱线缩放不明显"这种形态代表价格走势多处于持续下跌之中，应持币观望，不可过早抄底。

红柱线伸长代表着多方的进攻，是上涨标志，此时应持股待涨；当红柱线放得较长，股价短线上涨幅度较大时，要注意红柱线是否开始缩短，因为这往往就是短线见顶的信号，此时要结合红柱线的变化控制好仓位，将利润牢牢锁定。

绿柱线伸长则是空方进攻、股价下跌的标志，当绿柱线由峰值开始缩短时，价格下跌放缓，但下跌走势引发的恐慌情绪往往更强烈，因而，绿柱线开始缩短在很多时候并不是抄底信号，特别是在价格走势总体下行的背景下，我们要等到股价企稳后再决定。

图 10-1 为浙江富润 2019 年 4 月至 8 月走势图，股价在低位区，个股震荡缓升，此时的红柱线相对较短且股价攀升时变化不大，这时可以持股待涨，不必急于减仓；随后，股价虽然仍在稳健攀升，但红柱线却不断缩短，这时就要陆续减仓、控制风险了。这就是利用红柱线的变化来决定交易方向、控制仓位的方法。也可以依据类似的原理利用绿柱线进行操作。

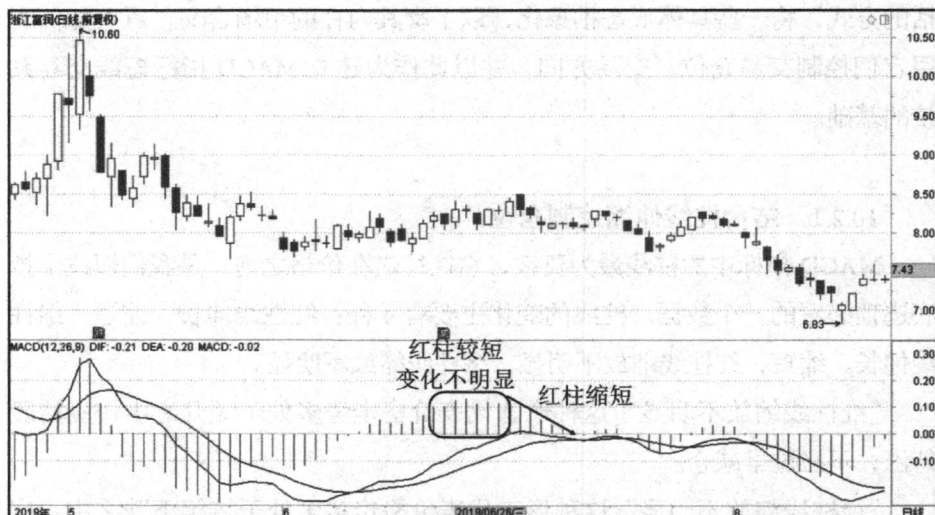

图 10-1　浙江富润 2019 年 4 月至 8 月走势图

10.2.2　结合整理中柱线面积控制仓位

在价格走势不明朗的整理走势中，利用柱线面积的变化，往往可以提前预测价格走向，进而控制仓位。整理走势中出现较大面积的绿柱区域，是空方力量明显增强的信号，随后的价格走向向下是大概率事件，应清仓或减仓；反之，整理走势中出现较大面积的红柱区域，则多预示着随后或有突破上攻行情出现，可以买股或适当加仓。

图 10-2 为 *ST 柳化 2019 年 4 月至 10 月走势图。图中标注了两段整理走势，第 1 段走势出现了大面积的绿柱区域，这是清仓或减仓的信号；第 2 段整理走势出现于更低的位置点且红柱区域面积较大，此时是加仓或买股布局的时机。

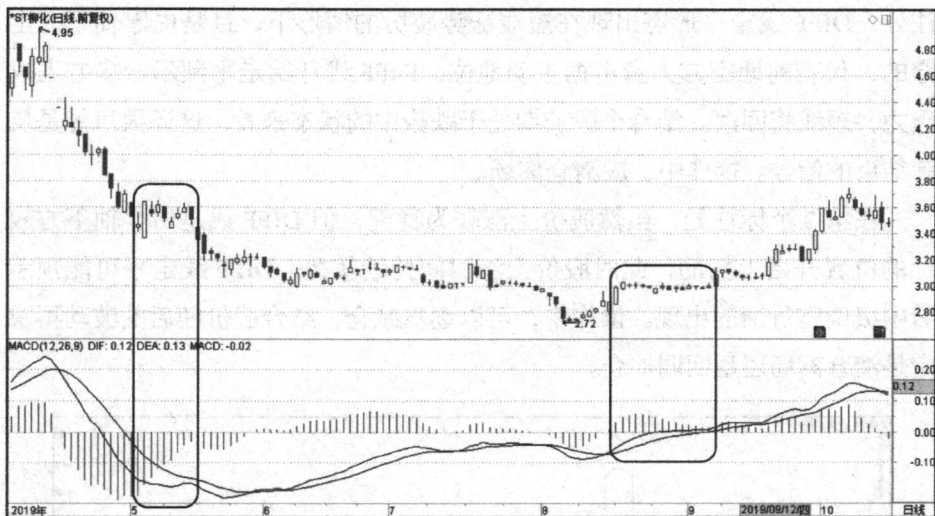

图 10-2　*ST 柳化 2019 年 4 月至 10 月走势图

利用柱线面积的变化，我们就可以更好地了解市场多空力量的变化情况，结合价格走势进一步调度仓位、主动出击。

10.2.3　结合 DIFF 线走平控制仓位

依据柱线面积控制仓位的方法更适合用于小幅度震荡整理行情中，此时的价格波动幅度相对较小，柱线面积可以反映市场的潜在变化。但是，如果个股短线波动较为剧烈，则可以借助 DIFF 线的运行形态来控制仓位。

当股价短线大幅上扬或下跌之后，由于多方或空方力量的减弱，此时的 DIFF 线会有走平趋向，而这往往就是股价将短线反转的信号。一般来说，可以结合 DIFF 线与零轴的位置关系变化来了解 DIFF 线走平的市场含义。如果 DIFF 线由零轴下方上穿且向上远离零轴，则这一波上涨消耗的多方力量较多，DIFF 线一旦开始走平，往往就是中级调整行情。如果 DIFF 线在零轴上方开始上扬，只要 DIFF 线短线的"攻击"角度不是很陡、个股上涨相对稳健，则 DIFF 线走平之后往往还会再度上扬，此时可以继续持仓；反之，则应减仓或清仓离场。下面结合一个案例进行解读。

图 10-3 为青松建化 2019 年 4 月至 11 月走势图。如图所示，在第 1 个标

注处，DIFF 线走平形态出现在短线涨势凌厉的情形下，且是由零轴下方上穿的，代表前期空方力量占据主动地位，DIFF 线开始走平预示着多方上攻乏力，短线将回落。结合个股前期处于跌势中的状态来看，这还很可能是反弹结束的信号。操作中，应清仓离场。

在第 2 个标注处，虽然股价上涨较为稳健，但 DIFF 线是由零轴下方较远的位置开始上扬的，此时股价上涨时间持续较久，DIFF 线走平可能预示着中级调整行情的出现。操作中，可以逐步减仓，结合股价随后的波动再决定是清仓离场还是回调加仓。

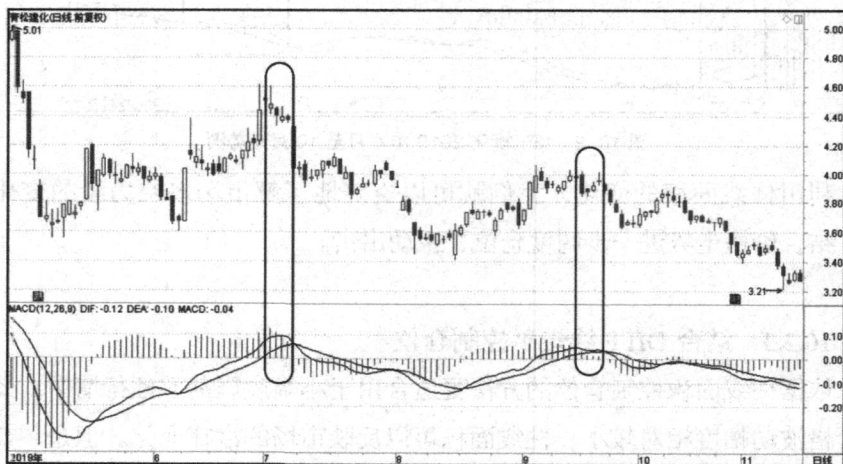

图 10-3　青松建化 2019 年 4 月至 11 月走势图

10.2.4　结合异常量能控制仓位

量能的异动也是决定我们仓位变化情况的重要因素之一。如果量能形态较为异常或难以解读，此时最好的策略是轻仓或空仓；反之，如果量能形态较好（如温和放量、缩量整理等），则可以适当加仓或耐心持有。特别是在上涨或下跌波段，结合量能的变化来控制仓位，不仅能把握获取利润的机会，还能很好地规避风险。

图 10-4 为三元股份 2019 年 5 月至 8 月走势图，个股在长期整理之后，开始突破上行，虽然形态上是大阳线的强势上涨，但成交量的变化明显异

常，量能忽大忽小，我们在前面讲到过，这是"断层式巨量"，预示着个股的上涨潜力不大。

一般来说，在这种量能下，个股很难实现大幅飙升，股价也难以在短线高点站稳。但对于这种量能究竟能推升股价上涨多少，则难以判定。毕竟，在市场好的时候，断层式巨量状态下也可以让股价实现 30% 以上的涨幅；而在市场不好时，则很可能会马上反转。

操作中，我们不妨策略性地控制仓位，在个股出现断层式巨量后，可以先少量减仓，以锁定利润，随后在出现明显的短线卖出信号时，再清仓离场。对于本例来说，在短线高点出现了连续两条放量阴线，这就是短线反转的信号，也是我们清仓离场的信号。

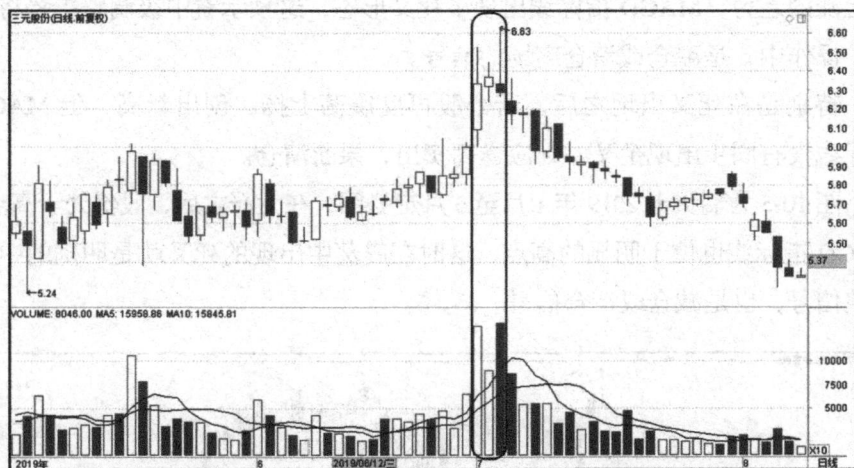

图 10-4　三元股份 2019 年 5 月至 8 月走势图

10.3　中长线交易系统

中长线交易系统，顾名思义，是以价格走势的中级波段为研究对象，建立的一套以技术要素为核心、能够提示仓位控制及交易方向的方法。

MACD 指标是一种趋势类指标，可以很好地呈现趋势。在中长线交易系统中利用 MACD 指标的这个特征，我们可以大致了解趋势运行情况，展开顺势操作。但是，在一些相对复杂的震荡走势中，中级波段的方向则难以判断，本书前面讲到的很多具体的实战形态，都是构筑中长线交易系统的依据。

除此之外，还有一些通用性较强、实战性突出的共性形态。本节我们将以点带面，看看如何利用几种能够辨识中级波动方向的 MACD 指标形态调度仓位、实现风险管控。

10.3.1　双高点死叉减仓法

"双高点死叉减仓法"适用于出现大级别上涨的个股，预示着中级调整走势将出现。它是指个股中短线上涨幅度较大且短线上涨较为凌厉，走势有着极强的独立性，同期的 MACD 指标线也大幅上扬，向上远离了零轴，随着上涨的乏力，MACD 指标线出现了死叉形态，这预示着中级调整走势将出现。操作中，是减仓或清仓离场的信号。

特别是在死叉出现之后，若个股再度震荡上扬、创出新高，但 MACD 指标线没有同步出现金叉，则应逢高卖出，果断清仓。

图 10-5 为瑞贝卡 2019 年 1 月至 5 月走势图，在大涨之后，股价处于高点，MACD 指标线也位于明显的高点，这时在震荡中出现的死叉就是明确的中级调整信号，也是减仓或清仓信号。

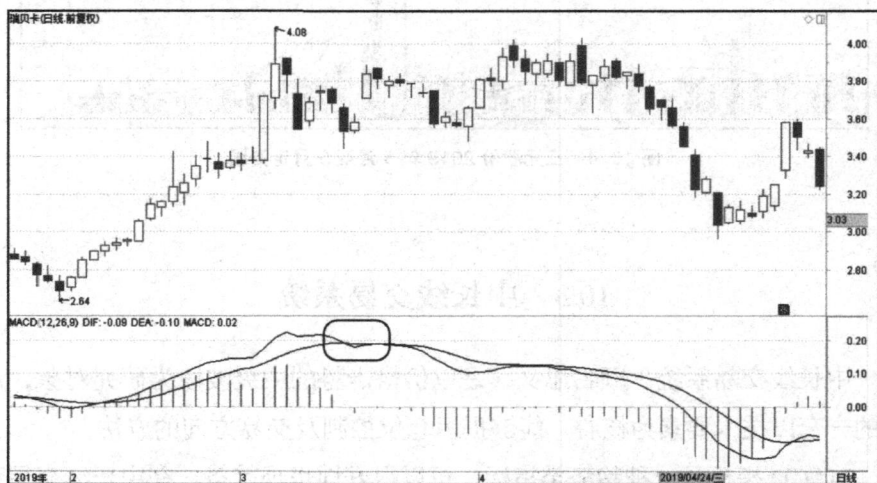

图 10-5　瑞贝卡 2019 年 1 月至 5 月走势图

10.3.2　DEA 阻力判断反弹法

在低位区整理之后，个股突破上涨，这可能是反转，也可能是反弹，错误的判断必然导致错误的仓位调度。此时，可以结合 DEA 线对 DIFF 线的支撑或阻挡作用来分析。如果在反弹后的高点，DEA 线对 DIFF 线的再度上扬形成了有力阻挡，则多预示着此波上涨的性质为反弹，应减仓或清仓；反之，则可以持有、观望。

图 10-6 为时代新材 2019 年 3 月至 8 月走势图，一波突破上涨使得个股开始向上运行，此时的 MACD 指标线也运行于零轴上方，多方力量总体占优。个股在短线高点站稳，股价横向震荡、重心略有下移，从 MACD 指标窗口中可以看到，DEA 线对 DIFF 线构成了有力的阻挡，基于 DEA 线的阻挡作用，可以预测，股价再度突破上涨的概率较小。操作上，本着保护本金安全的态度，应减掉大部分仓位或清仓离场。

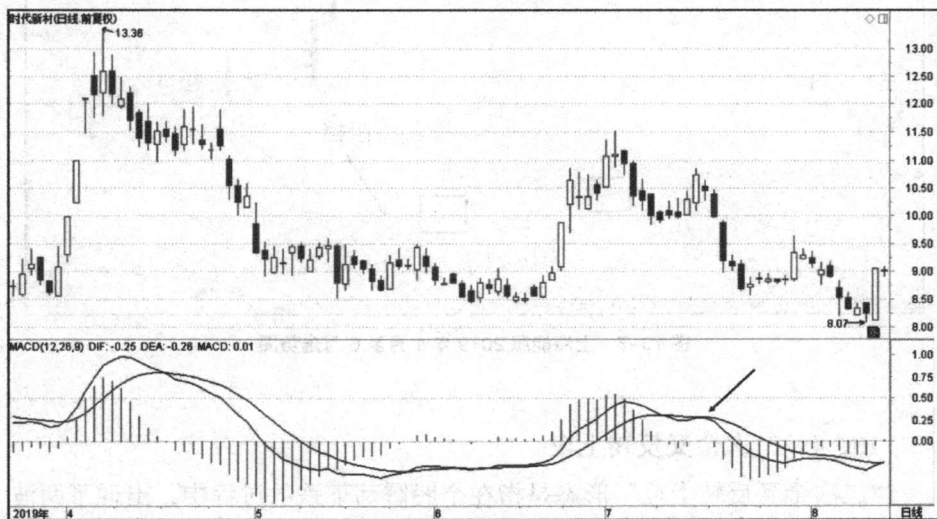

图 10-6　时代新材 2019 年 3 月至 8 月走势图

10.3.3　二次死叉反转下行

"二次死叉反转下行"形态是一种较为经典的 MACD 指标形态，它是指在个股震荡上升的过程中，出现了两波回落，两次形成 MACD 指标线的死叉形态，虽然股价在震荡中创出了新高，但第 2 次死叉的位置点明显低于第 1 次，这是中级反转下跌行情将出现的信号。操作中，第 2 次死叉出现后，应及时地逢震荡之际清仓离场。

图 10-7 为上海能源 2019 年 1 月至 6 月走势图，个股在震荡走高之际，两次出现了死叉形态，第 1 次为回调，第 2 次为多空格局改变，这是一个中线反转信号；随后，DEA 线对 DIFF 线上扬构成阻挡，这是对下跌行情的进一步验证。操作中，利用股价高点的这种双死叉形态，我们就可以逐步减仓直至清仓离场了。

图 10-7　上海能源 2019 年 1 月至 6 月走势图

10.3.4　二次金叉反转上攻

"二次金叉反转上攻"形态是指在个股震荡下跌的过程中，出现了两波反弹，两次形成 MACD 指标线的金叉形态，虽然股价在震荡中创出了新低，但第 2 次金叉的位置点明显高于第 1 次，这是中级反转上涨行情将出现的信号。操作中，第 2 次金叉出现后，应及时地逢震荡回落之际买股布局。

图 10-8 为卓郎智能 2019 年 3 月至 10 月走势图，个股在震荡下跌过程中，两次出现了金叉形态，此时应注意中期底部的出现，第 2 次金叉出现后，股

价再度回落、DIFF 线向下靠拢 DEA 线时，就是中线买入布局的时机。操作中，利用这种双金叉形态，结合股价的大幅下跌，我们可以展开买入、逐步加仓的操作。

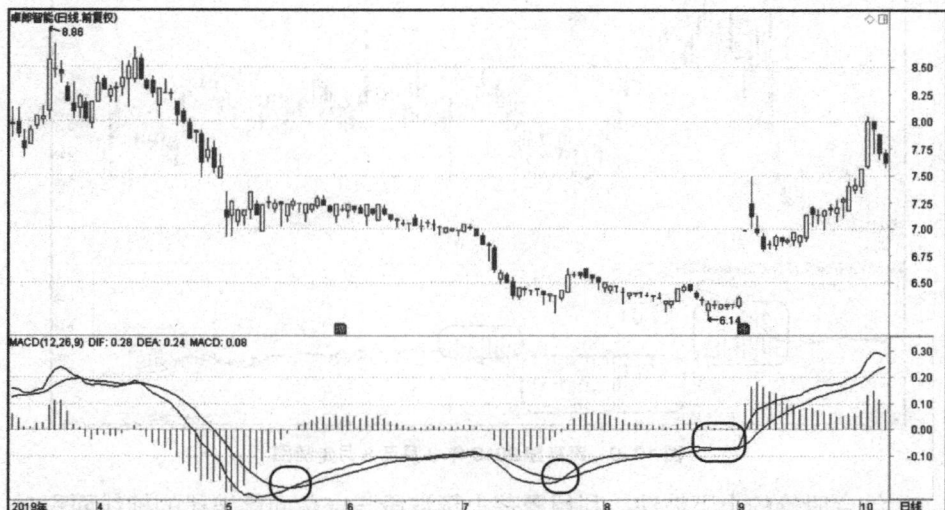

图 10-8 卓郎智能 2019 年 3 月至 10 月走势图

10.3.5 震荡格局的柱线面积

在上下震荡之中，利用震荡上扬波段与震荡下跌波段的柱线面积的对比情况，我们可以大致了解当前市场的多空格局。当多方力量占有相对优势时，可以在震荡回落时加仓且仓位应适当加重；反之，当空方力量占有相对优势或多方力量优势不再时，则震荡回落时的加仓额度应较少，只宜轻仓参与，控制风险，以提防股价向下跌破震荡区。下面结合一个案例加以说明。

图 10-9 为深高速 2019 年 3 月至 8 月走势图。在图中标注的第 1 波震荡上涨走势中，可以看到红柱线的面积很大，这说明此时的市场格局仍以多方占优为主。操作中，应在震荡上扬后的高点保留少部分仓位，而回落后的低点则可以多加些仓位。

在图中标注的第 2 波震荡上扬走势中，虽然股价也在震荡上涨，但红柱线面积却比之前短线回落时的绿柱线面积小，多方力量不再占优。此时，应结合股价的震荡上扬大量减仓或清仓，而当股价再度回落时，即使要参与震荡行情，也只宜轻仓出击。

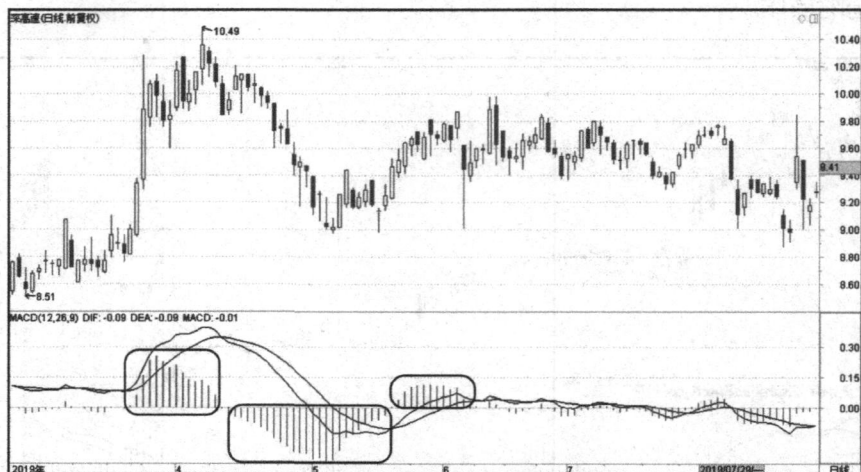

图 10-9　深高速 2019 年 3 月至 8 月走势图

结合股价的上下波动，利用震荡上扬波段与震荡回落波段的柱线面积对比，我们可以大致了解震荡过程中的多空力量实时变化情况，进而采取更为主动的仓位控制方式。